Banzhaf/Theler

Du bist alles, was mir fehlt

Hajo Banzhaf/Brigitte Theler

Du bist alles, was mir fehlt

Suchbild und Selbstbild im Horoskop

KAILASH

KAILASH

Eine Buchreihe herausgegeben von Hajo Banzhaf

Die Deutsche Bibliothek – CIP-Einheitsaufnahme
Banzhaf, Hajo:
Du bist alles, was mir fehlt : Suchbild und Selbstbild im Horoskop / Hajo Banzhaf ; Brigitte Theler. – 2. Aufl. – München : Hugendubel, 1997
(Kailash)
ISBN 3-88034-906-1
NE: Theler, Brigitte

2. Auflage 1997

Umschlaggestaltung: Zembsch' Werkstatt, München
unter Verwendung des Gemäldes »Der Kuß« von Gustav Klimt, 1908, AKG Photo, Berlin
Produktion: Tillmann Roeder, München
Satz: SatzTeam Berger, Ellenberg
Druck und Bindung: Spiegel Buch, Ulm
Printed in Germany

ISBN 3-88034-906-1

Inhalt

Anhang

Einleitung

Betrachtet man die menschlichen Sehnsüchte im Spiegel der Schallplattenindustrie, dann gelten Liebe und Partnerschaft zweifellos als das höchst erstrebenswerte Gut unserer Zeit. Schenkt man ihren Texten Glauben, dann müßte dieses Ziel eigentlich mühelos zu erreichen sein. Die Intensität, mit der dort eine Form der Liebe besungen und beschworen wird, die alle Anzeichen einer Mutter-Kind-Beziehung trägt (»Ohne dich kann ich nicht sein«, »Du, nur du, nur du allein« usw.), hat deutliche Züge von Massenhypnose. Demzufolge scheinen – in unserem Kulturkreis – die meisten Menschen zumindest insgeheim darauf zu hoffen, daß eines Tages der oder die Richtige auftaucht und dann endlich alles gut wird; was immer sie sich darunter vorstellen.

Vergleicht man dieses Wunschdenken mit der Wirklichkeit, muß man über soviel Optimismus staunen. Vielleicht ist es eine Folge der sanften, aber suggestiven Berieselung durch die Medien, daß viele Menschen einzig die Phasen der Verliebtheit als Ausdruck der wahren Liebe betrachten, während die Enttäuschung, die das natürliche Abebben der Verliebtheit mit sich bringt, stets als Beweis dafür gewertet wird, daß man sich geirrt hat und es doch nicht der oder die Richtige war. Und so hofft man jedesmal wieder auf das nächste Mal.

Schaut man sich aber mit offenen Augen um, so findet man einerseits, daß Beziehungen ohne heftige Krisen zu den eher seltenen Ausnahmen zählen, und andererseits, daß gerade lebendige und intakte Beziehungen oft erst tiefe Krisen durchstehen mußten, bevor sie wirklich reif wurden. Es scheint in diesem Lebensbereich irgendwie um mehr zu gehen, als daß Traumfrau und Märchenprinz einander finden und sich fortan in ewiger Umarmung unbeschwerter Glückseligkeit erfreuen. Es scheint sogar, daß die Reibung in der Beziehung notwendig ist, damit jeder das Beste aus sich hervorbringt.

Wenn wir das Streben nach Ganzheit als unsere Lebensaufgabe betrachten, dann können wir auch erkennen, daß gerade die Auseinandersetzung mit dem anderen Geschlecht ein wesentlicher Katalysator für wichtige Entwicklungsschritte auf diesem Weg ist. Dabei geht es, wie sich zeigen wird, nicht nur um die Reifung der bewußten Persönlichkeit, sondern auch um die volle Entfaltung unserer zunächst unbewußten, inneren Gegengeschlechtlichkeit, die C.G. Jung Anima beziehungsweise Animus nannte.

Solange wir Dinge als harmonisch erleben, werden wir uns ihrer Natur nicht sonderlich bewußt. Erst der Konflikt macht uns wach. Solange Adam und Eva nichts vom Baum der Erkenntnis wußten, lebten sie in paradiesischer Harmonie. Erst das Verbot, von seiner Frucht zu essen, brachte den Konflikt, dessen weitere Folge bekanntlich die Erkenntnis war.

Der Zustand vor der Erkenntnis ist oftmals paradiesisch, und nichts in uns drängt uns in solchen Phasen zu mehr Erkenntnis. Erst wenn es Ärger im Paradies gibt, wenn es plötzlich nicht mehr so schön ist, wie es war, fragen wir uns, was da schief gelaufen ist. Erkenntnis ist immer die Folge eines Konflikts, der uns aus dem Schlummer paradiesischer Einfalt herausreißt. Deshalb wird die Urerkenntnis, das Erwachen der Menschheit zum Bewußtsein oft mit Schuld, Sünde und Erbsünde verbunden. Denn irgend jemand muß es ja zu verantworten haben, daß die schöne Zeit naiver Unschuld vorüber ist. Natürlich bezichtigen wir erst einmal alle anderen dieser Schuld. So hat schon Adam ganz unverblümt Gott die Schuld in die Schuhe geschoben: Nicht ich war es, sondern die Frau, die *du* mir gegeben hast! Eva war etwas weniger unverschämt und hat ihre Schuld nur der Schlange gegeben, die sie ihrerseits nicht weiter abwälzen konnte und sich seither als Inbegriff böser Verschlagenheit in ihrer Schuld windet. In gleicher Weise sind heute viele Psychotherapien »Elternbeschuldigungsveranstaltungen«, bei denen der Patient den Grund all seiner Enttäuschungen und Probleme seinen Eltern anhängt, statt zu begreifen, daß der natürliche Preis für Reife, Erkenntnis und Erwachsenwerden notwendigerweise darin besteht, daß unsere kindlich-naiven Glückserwartungen enttäuscht werden. Betrachten wir die Verliebtheit als die paradiesische Zeit in unserem erwachsenen Leben, nimmt es nicht wunder, daß auch wir empört Gott und der Welt die Schuld geben, wenn wir merken, daß unser Gegenüber nicht länger unser Märchenprinz oder unsere Traumfrau ist, sondern sich mehr und mehr als Mogelpackung entpuppt.

Aber muß es uns nicht zu denken geben, daß aus allen Hitparaden stets die Verklärung symbiotischer Verliebtheit erklingt, daß die Medien sich darum reißen, von Traumhochzeiten zu berichten, während andererseits die Scheidungsquote Jahr für Jahr neue Höchststände erklimmt, unsere Beziehungen immer unverbindlicher und kurzlebiger werden und vom ursprünglichen Lebensgefährten oft nur noch der Lebensabschnittsgefährte übriggeblieben ist?

Das 20. Jahrhundert wird wohl als die Zeit des großen Werteverfalls in die Geschichte eingehen. Was sich nicht in Geldwerten ausdrücken läßt, gilt heute als wertlos. Nachdem inzwischen sogar die Zeit zu Geld geworden ist, hat natürlich kein Mensch mehr Zeit für Muße, Beschaulichkeit und andere »wertlose« Gepflogenheiten. Das Abendland, das in der Antike aufbrach, den Geist zu verherrlichen, und seitdem alles nur Körperliche und Materielle im Laufe der letzten 2000 Jahre immer geringer schätzte und zuletzt wahrhaftig verteufelte, wurde offenbar inzwischen von seinem so massiv verdrängten Gegenpol eingeholt und erstickt nun geradezu am so verachteten Materialismus. Das aber hat zur Folge, daß dem Menschen der Sinn verloren gegangen ist, der sich auch beim besten Willen nicht aus Geld herausquetschen läßt. Da aber jeder Mensch von einem tiefen Bedürfnis nach Sinnerfüllung getrieben wird und die Antworten der Religionen immer weniger überzeugen, suchen heute viele Menschen den Sinn in Bereichen, die damit eigentlich überfordert sind. Vor allem der Beruf, die Liebe und eine auf die drei Buchstaben Sex reduzierte Sinnlichkeit sind die bevorzugten Quellen, aus denen sich Menschen Erfüllung und Lebenssinn erhoffen. Natürlich ist jedes dieser Segmente hoffnungslos überfordert, weil der Sinn nur im Ganzen erfahren werden kann. Entsprechend groß aber sind die Enttäuschungen, die immer wieder erlebt werden, wenn eine neue Aufgabe oder eine neue Liebe die anfängliche Faszinationskraft verliert, von der wir ganz erfüllt waren, und wir betrübt feststellen müssen, daß die unbeantwortet gebliebene Frage nach dem Sinn immer dringender an unsere Türen klopft.

Auch wenn Liebe und Partnerschaft allein nicht den Sinn des Lebens vermitteln können, gibt es in diesem Bereich wichtige und äußerst *sinn*volle Erfahrungen zu machen. Die aber liegen gewiß nicht in den tausendfach besungenen, schnulzig-süßen Platitüden, sondern erschließen sich nur den Menschen, die bereit sind, tiefer zu gehen und sich wandeln zu lassen. »Das Zusammentreffen zweier Persönlichkeiten«, sagt C.G. Jung, »ist wie eine Mischung zweier verschiedener chemischer Körper: tritt eine Verbindung überhaupt ein, so sind beide gewandelt.« Daß der Mensch durch die Beziehung gewandelt wird, darin liegt eine ihrer wesentlichen Bedeutungen. Wie und wozu, das will dieses Buch zeigen.

Die beiden Konfliktherde und ihre Aufgabenstellung

Wir suchen, was uns fehlt

Nach antiker Lehre schuf Gott zunächst die vier Elemente und wob aus ihnen die gesamte Schöpfung. Daher bestehen alle Geschöpfe – und damit jeder Mensch – aus Feuer, Erde, Luft und Wasser, allerdings in jeweils unterschiedlicher Mischung. Diese ursprüngliche Lehre von den vier Grundtemperamenten bildet nicht nur die Basis der zwölf astrologischen Sternzeichen, sondern findet ihre Entsprechung in klassischen wie modernen Typenlehren. Auch die bekannten Charakterkunden sind Vierermodelle, die einander wie folgt entsprechen:

Die Entsprechungen der vier Grundcharaktere in den verschiedenen Typenlehren				
TYPENLEHRE				
ELEMENTE	Feuer	Erde	Luft	Wasser
TEMPERAMENTE	Choleriker	Melancholiker	Sanguiniker	Phlegmatiker
FRITZ RIEMANN[1]	Hysteriker	Zwanghafte	Schizoide	Depressive
C.G. JUNG[2]	Fühltyp[3]	Empfindungstyp	Denktyp	Intuitionstyp[3]

Die gemeinsame Viererstruktur dieser Typenlehren hat insofern eine tiefere Bedeutung, als traditionell das Ganze stets in Form von vier Aspekten beschrieben wird. C.G. Jung sprach im Zusammenhang von der Quaternität (der Vierheit) als einem Archetyp an sich, weil nach seiner Erkenntnis die Psyche das Ganze stets in vier Aspekten beschreibt.

Im Unterschied zu geläufigen Vorstellungen ist diese Charakterkunde nicht so zu verstehen, daß man von den vier Elementen nur

1 Fritz Riemann, Grundformen der Angst
2 C.G. Jung, Typologie
3 Über eine eindeutige Zuordnung von Fühl- und Intuitionstyp ist man sich auch in Fachkreisen nicht einig.

eines »hat« oder lebt und die anderen deshalb nicht weiter wichtig sind. Im Gegenteil: In jedem Menschen sind alle vier Elemente als vier Bewußtseinsstrukturen angelegt, als vier Arten, die Wirklichkeit wahrzunehmen. Allerdings sind sie nicht in gleichem Maße entfaltet. Solange aber auch nur ein Element mehr oder weniger unbewußt ist und unserem Bewußtsein fehlt, nehmen wir die Wirklichkeit verzerrt und unvollständig wahr. Ähnlich wie ein Farbdruck vierer Druckvorgänge bedarf, von denen erst der vierte das Bild in seiner ganzen Farbigkeit wiedergibt, können wir das Leben nicht in seiner wahren Fülle erkennen, solange wir einen dieser vier Aspekte der Wirklichkeit nicht in uns entfaltet haben. Dementsprechend ist es auf dem Weg der Ganzwerdung zunächst wichtig, herauszufinden, welche Elemente in uns gut angelegt sind und sich leicht entfalten und wo unsere Schwachstellen liegen, die besonderer Aufmerksamkeit bedürfen.

Wie C.G. Jung aufgrund seiner Erfahrungen als Arzt und Therapeut sowie anhand der Symbolsprache von Mythen und Märchen, aber auch der Alchemie nachweisen konnte, sind es drei dieser Grundqualitäten, die jeder Mensch zunächst mehr oder weniger stark entfaltet, während eine vierte vernachlässigt wird und deshalb weitgehend unbewußt bleibt. Dieses Phänomen entspricht dem häufig anzutreffenden Märchenmotiv von einer verkauften Seele oder von der Kugel, die – wie beim Froschkönig – zu Beginn der Geschichte in den Brunnen fällt. Da die Kugel ein typisches Symbol der Ganzheit ist, bedeutet ihr Verlust ebenso wie der Verkauf der Seele, daß der Märchenheld seine in ihm zwar angelegte, aber unbewußte Ganzheit zu Beginn der Geschichte verliert und erst wieder erlangt und bewußt erfährt, wenn es ihm gelungen ist, die Kugel aus der Tiefe, die Seele aus der Unterwelt – dem Unbewußten – zurückzuholen.

Wie Jung weiter zeigte, geht es auf dem Entwicklungsweg des Menschen zunächst darum, die Bewußtseinsstrukturen, das heißt die Elemente zu entfalten, die stark in uns angelegt sind. Im Laufe des Lebens aber wird dann das fehlende Element immer mehr zum Thema, da es uns nicht nur zu unserer Ganzheit *fehlt,* sondern vielfach auch die Quelle unserer *Fehler* ist. Mythen und Märchen schildern die Suche nach dem fehlenden Element als die Suche nach dem schwer erreichbaren Gut, nach dem Schatz, der gehoben werden muß.

Die Kraft, die uns Menschen bei dieser Suche leitet, ist das tiefe Verlangen unserer Seele nach Ganzheit. Jeder kennt diesen inneren Drang aus spielerischem Erleben als die Lust, eine Patience oder ein Puzzle zu Ende zu bringen, oder als die Leidenschaft eines Sammlers, die solange nicht ruht, bis die Sammlung vollständig ist. Auf dem Weg zu unserer inneren »Vollständigkeit« führt oder verwickelt uns dieser innere Trieb in stets neue Situationen, die uns allesamt helfen können, unser verdrängtes und verlorenes Element wiederzufinden. Ob unser Bewußtsein diese Hinweise wirklich versteht oder sich nur empört und sich darüber ärgert, immer wieder in so merkwürdige Situationen verstrickt zu werden, hängt stets vom einzelnen ab. Ein außerordentlich wichtiger Lebensbereich, in dem wir unserem fehlenden Element immer wieder begegnen, ist die Partnerschaft. Dies sogar in dem Maße, daß wir ohne weitere Vorkenntnisse und mit hoher Wahrscheinlichkeit aus diesen Begegnungen ablesen können, welches Element uns fehlt. Völlig instinktiv und ohne die geringste Ahnung von diesem Grundkonzept der vier Elemente zu haben, neigen wir dazu, uns einen Partner zu suchen, der uns ergänzt, indem er das lebt, was wir verdrängt haben oder was uns unbewußt geblieben ist. Wenn wir also wissen möchten, welches Element, welche Bewußtseinsstruktur uns fehlt, müssen wir nur den Menschen betrachten, mit dem wir die wichtigste Beziehung leben oder gelebt haben. Das, was dieser Mensch für uns verkörpert, ist in aller Regel genau das, was uns fehlt. Und deshalb ist es so vollkommen richtig, wenn wir unserer »besseren Hälfte« aus der Tiefe unserer Seele eingestehen:

»Du bist alles, was mir fehlt!«

Es gibt natürlich noch andere Wege, herauszufinden, welches unser fehlendes Element ist. Das Horoskop ist eine ergiebige Informationsquelle, auch wenn die verschiedensten Formeln, die zur Ermittlung der Elementeverteilung angeboten werden, erfahrungsgemäß zu kurz greifen. Solange es aber nur darum geht, das fehlende Element zu erkennen, ist es oftmals ausreichend, festzustellen, in welcher Zeichengruppe sich die wenigsten oder keiner der klassischen sieben Planeten befinden. Die neueren Planeten Uranus (♅), Neptun (♆) und Pluto (♇) sind bei dieser Betrachtung deshalb zu vernachlässigen, weil sie so langsam laufen, daß sie für ganze Jahrgänge im gleichen Zeichen stehen und die individuelle Aussage ihrer Zeichenstellung entsprechend gering ist.

Die Verteilung der vier Elemente im Tierkreis			
FEUER	ERDE	LUFT	WASSER
♈ Widder	♑ Steinbock	♎ Waage	♋ Krebs
♌ Löwe	♉ Stier	♒ Wassermann	♏ Skorpion
♐ Schütze	♍ Jungfrau	♊ Zwillinge	♓ Fische

Um das fehlende Element zu ermitteln, genügt es normalerweise, festzustellen, in welcher dieser Dreiergruppen keiner oder die wenigsten der sieben klassischen Planeten stehen: ☉ = Sonne, ☽ = Mond, ☿ = Merkur, ♀ = Venus, ♂ = Mars, ♃ = Jupiter, ♄ = Saturn.

Wer sein fehlendes Element auch ohne Kenntnisse seines Horoskops ermitteln möchte, findet in der Kurzbeschreibung im nächsten Kapitel die wesentlichen Merkmale der einzelnen Elementartypen. Damit sollte es leicht möglich sein, das fehlende Element zu erkennen, sei es direkt oder indem man in der Beschreibung seinen Partner wiedererkennt und damit zugleich das fehlende Element, durch das wir uns ergänzt fühlen.

Die vier Elemente – oder wer mit wem?

Nach traditioneller Lehre passen von den vier Elementen jeweils zwei gut zueinander, während die anderen Verbindungen schwieriger sind. Feuer und Luft gelten beide als männliche, einander verwandte Elemente, die gut miteinander harmonieren, ebenso wie die weiblichen Elemente Erde und Wasser. Nach diesem einfachen Grundmuster sind die astrologischen Partnerschaftsaussagen gestrickt, die heute vorzugsweise auf Zuckerwürfeln zu finden sind. Natürlich verträgt man sich gut mit den Zeichen des gleichen Elements. Mit ihnen oder unter ihnen ist man ja in seinem Element, was besagt, daß man die Welt im wesentlichen durch die gleiche Brille sieht. Darüber hinaus versteht man sich gut mit dem verwandten Element, so daß man bei dieser sehr grundlegenden Betrachtung bei den zwölf Sternzeichen sechs männliche von sechs weiblichen unterscheidet, die jeweils untereinander gut harmonieren.

Die männlichen Elemente		**Die weiblichen Elemente**	
FEUER	LUFT	ERDE	WASSER
♈ Widder	♎ Waage	♑ Steinbock	♋ Krebs
♌ Löwe	♒ Wassermann	♉ Stier	♏ Skorpion
♐ Schütze	♊ Zwillinge	♍ Jungfrau	♓ Fische

Ob man es sich bei der Beurteilung eines so essentiellen Lebensbereichs wie der Partnerschaft derart einfach machen darf, sei dahingestellt. Schon der Volksmund macht dazu zwei äußerst widersprüchliche Aussagen. Zum einen heißt es dort: »Gleich und gleich gesellt sich gern«, zum anderen sagt man: »Gegensätze ziehen sich an.« Welcher dieser beiden elementaren Theorien darf man nun Glauben schenken? »Gleich und gleich« ist sicherlich eine gute Basis für Freundschaften, die man pflegt, für gemeinsames Erleben in einer Gruppe. Hierher gehören auch die Aussagen über miteinander harmonisierende Elemente. »Gegensätze ziehen sich an« ist dagegen das Motto für die Partnerschaft; denn was wäre wohl ein größerer Gegensatz als der zwischen Mann und Frau? Deshalb ist es sehr fragwürdig, wenn astrologische Partnerschaftsaussagen nur nach diesem einfachen Grundmuster gemacht werden. In der Tat hat sich oft genug gezeigt, daß man sich zwar mit dem eigenen und dem verwandten Element gut versteht, daß eine solche Verbindung aber vielleicht nicht genügend Spannung hervorbringt, um eine Beziehung lebendig zu halten. So verstanden sind natürlich Beziehungen aller Elemente – und aller astrologischer Zeichen – untereinander möglich, ohne daß die schwierigen Verbindungen deshalb zu den schlechteren oder gar aussichtsloseren zählen.

Da wir letzten Endes nur ganz werden, indem wir alle vier Elemente in uns entfalten, müssen wir zunächst verstehen, wo die Eigenart jedes einzelnen Elements liegt, wie es sich mit den anderen Elementen versteht und wodurch es von diesen ergänzt wird. In den nachfolgenden Beschreibungen wird deshalb jedes Element so beschrieben, als würde ein Mensch nur aus diesem einen Element bestehen. Das gibt es in dieser Extremform zwar nie, da wir alle Mischtypen sind. Doch ist bei jedem Menschen ein Element so stark entfaltet, daß er vorwiegend als ein Vertreter dieses Elementartyps erscheint.

Das Feuerelement

Der Willensmensch

Der Feuermensch lebt in einer Welt von Optimismus, Enthusiasmus und großer Begeisterungsfähigkeit. Sein Mut zum Risiko und der starke Glaube an sich selbst sind die Basis seiner schier unerschöpflichen Antriebskraft. Er vertraut der Kraft seiner Intuition, folgt seinem Willen, seinen Überzeugungen und stellt sich dabei durchaus gern ins Zentrum allen Geschehens. Beachtung ist ihm einfach wichtig; deshalb tut er auch viel, um gesehen zu werden. Mit seiner Feuerkraft vermag er auch andere anzustecken und für seine Ziele zu begeistern. So bringt er Entwicklungen in Gang, gibt dynamische Impulse, motiviert, feuert an, stürmt voran und setzt sich stets gekonnt in Szene. Seine Leidenschaft ist es, seinen Willen zum Ausdruck zu bringen. Deshalb liebt er die noch ungestaltete Zukunft, die er nach seinem Willen formen kann. Er wagt gern den großen Wurf, den Neuanfang, der sein Blut in Wallung bringt. Er sucht die Herausforderung, und selbst wenn er dabei einmal scheitert, erholt er sich schnell, steht auf und versucht es noch einmal. Für ihn gibt es immer wieder ein nächstes Mal, einen neuen Versuch.

Er ist der Meister des Anfangs, doch bei der Umsetzung seiner Projekte läßt sein Feuer oftmals nach. Ungeduld ist sein Merkmal, und die Zeit, die zwischen Saat und Ernte liegt, wird ihm oft zu einer harten Geduldsprobe. Feuer entflammt zwar leicht, aber Durchhaltevermögen und behutsamer Umgang mit den Kraftreserven sind nicht seine Stärke. Routinearbeit ist ganz und gar nicht seine Sache, weil sie seiner Spontaneität keinen Raum läßt und sie zudem seinem Drang nach Freiheit und der Lust auf Neues leidige Schranken setzt.

Die Vergangenheit ist für Feuermenschen höchst uninteressant und langweilig, weil sie sich selbst mit bestem Willen nicht mehr verändern läßt. Deshalb sagt ihm *Rück*sicht nicht viel, er stürmt lieber voran und will der Erste sein. Der Glaube an das Ziel ist der Motor, der ihn treibt. Feurige Menschen greifen lieber aktiv ins Leben ein, als abzuwarten, und nehmen, was auf sie zukommt. Innere Spannungen erträgt der Feuermensch schlechter als jedes andere Element, weshalb er Impulse und Triebe schnellstmöglich umsetzt und abreagiert. Diese unmittelbare Ausdruckskraft, die bisweilen kindliche Spontaneität und die ungenierte Art, immer gleich den ganzen Kuchen für sich zu beanspruchen, haben in ihrer Unbekümmertheit zumindest solange etwas durchaus Gewinnendes, wie sie nicht zu extrem gelebt werden. Die hohe Risikofreude, der Mangel an Selbstkontrolle und die tiefe Abneigung gegenüber jeder Kritik – von Selbstkritik ganz zu schweigen – in Verbindung mit feuriger Ungeduld kann allerdings so manch edles Vorhaben zu einem ungeahnten Abenteuer werden lassen, an dessen Ende auch mal Schutt und Asche stehen können.

Mit den Erdzeichen hat Feuer seine liebe Mühe, obwohl deren Wirklichkeitsnähe, Bedächtigkeit und Objektivität ein gutes Ge-

gengewicht bilden. Aber aus Feuersicht ist Erde einfach viel zu langsam, zu langweilig, meldet immer nur Bedenken an, mahnt dauernd zu Vorsicht und verlangt obendrein auch noch Fakten, mit denen der Feuermensch seine hehren Überzeugungen begründen soll. Das ist ihm alles viel zu mühsam, zu phantasielos und zu trocken, zumal sein Enthusiasmus daran zu ersticken droht.

Doch auch mit der Emotionalität der Wasserzeichen tut sich Feuer immer wieder schwer, weil deren Antriebsarmut verbunden mit dem oftmals pessimistischen Grundton seine Flammen löschen könnte. Und die Feinfühligkeit, die den Wassermenschen mal vorsichtig, mal schüchtern sein läßt, wird vom Feuermenschen oft als Feigheit ausgelegt. Dabei könnte ihn gerade dieser Gegenpol lehren, wahrzunehmen, was um ihn herum vorgeht, statt sich einfach nur selbstbewußt oder selbstherrlich in den Mittelpunkt zu stellen.

Luft dagegen ist das das Feuer anfachende Element. Deshalb liebt der Feuermensch die Lufttypen, weil deren luftige Ideen seinem Feuerwillen stets neue Nahrung geben. Er liebt sie zumindest solange, wie sie ihn mit ihren neunmalklugen Fragen verschonen und es ihm ersparen, seine heißen Überzeugungen zu begründen. Dort wo Idee (Luft) und Wille (Feuer) sich gut verbinden, wird natürlich manch gutes Projekt geboren, aber manches bleibt auch einfach heiße Luft oder endet in Schall (Luft) und Rauch (Feuer).

Das Erdelement

Der Wirklichkeitsmensch

Die Welt des Erdmenschen ist die Welt von Fakten, Erfahrungen, Ordnung und Struktur. Er schätzt und verläßt sich auf alles, was er mit seinen Sinnen erfassen und überprüfen kann. Für feurige Spekulationen kann sich der Erdmensch nicht erwärmen, abgehobene Theorien sind ihm zu sehr aus der Luft gegriffen, und auch die wäßrigen Phantasien sagen seinem Realitätsbewußtsein nicht viel. Der Spatz in der Hand ist ihm allemal lieber als die Taube auf dem

Dach! Für ihn zählt, was unter dem Strich bleibt, was er in der Tasche hat, was er abends mit nach Hause nehmen kann. Erdbetonte Menschen sind in ihren Handlungen zwar langsam und bedächtig, dafür aber beharrlich und ausdauernd. Haben sie sich einmal auf ein Vorhaben eingelassen, verfolgen sie geradlinig und konsequent ihr Ziel. Ihr starkes Vertrauen auf Erfahrungswerte macht sie zum Hüter der Tradition und zugleich argwöhnisch gegenüber kühnen Utopien. Bewährte Methoden schätzen sie weit mehr als moderne Lösungen, ebenso wie ihnen Vergangenheit und Gegenwart mehr am Herzen liegen als eine fiktive Zukunft, die noch nicht gestaltet und letztlich immer unberechenbar ist.

Dem bodenständigen Erdmenschen mangelt es zumeist an der Bereitschaft, manchmal aber auch ganz einfach an der nötigen Vorstellungskraft, um sich für die Welt der Ideale, der Sehnsüchte oder der Ideen zu erwärmen. Er hegt und pflegt das Vertraute und Gewohnte, weil er es kennt und sich darauf verlassen kann. Deshalb liebt er die Routine und die Wiederholung des Gleichen und tut sich mit Veränderungen und Neuerungen entsprechend schwer. An seiner Sturheit, der mangelnden Flexibilität und seinem Widerstand gegen alles Ungewohnte hat sich schon mancher die Zähne ausgebissen. Wenn ihn sein Sicherheitsbedürfnis zu sehr am Bewährten und Erreichten festhalten läßt, wenn er sich zu krampfhaft an Geld, Gut, Besitz und Wirklichkeit klammert, besteht allerdings die Gefahr, daß ihm darüber der Lebenssinn abhanden kommt, daß alle Lebensfreude mangels Inspiration und visionärer Kraft erstickt.

Die lebhaften, unruhigen Luftzeichen machen dem Erdmenschen nicht selten einfach zuviel Wind. Zu leicht wirbeln sie seine klaren Strukturen kurzerhand durcheinander, kommen ständig mit irgendwelchen abgehobenen und viel zu neumodischen Ideen daher, mit denen er nichts anfangen kann. Er begreift nicht, warum er sich auf solch verstiegene »Hirnakrobatik« einlassen sollte, zumal ihm Theorie und Praxis immer wieder auseinander zu klaffen scheinen. Erkenntnisse haben für ihn eben nur dann einen Wert, wenn er wirklich etwas damit anfangen kann. Eine Erkenntnis um der Erkenntnis willen erscheint ihm ziemlich überflüssig. Dabei täte ihm eine etwas größere Aufgeschlossenheit für die Luftwelt durchaus gut, weil ihm der Erfindergeist der Luft tatsächlich viele einfache Lösungen und manche Erleichterung in seinen Alltag brächte.

Mit Feuer hat Erde ein ganz besonderes Problem, weil Feuer unbekümmert all die Reserven »verheizt«, die Erde so mühsam aufgebaut hat, und am Ende nichts als verbrannte Erde hinterläßt. Das ungestüme Vorwärtsdrängen des Feuers ist dem Erdmenschen nicht nur zu unökonomisch, sondern angesichts der großen, unkalkulierbaren Risiken auch viel zu unbedacht. Im rechten Maß aber tut das wärmende Feuer der Erde gut, zumal der Schwung, die Lebensfreude und der immer wieder aufflammende Optimismus der Feuermenschen gesunde Spannung und Lebendigkeit in sein Leben bringen.

Wasser ist das die Erde befruchtende Element. Seine Gefühlstiefe verhindert, daß der Erdmensch verkrustet und erstarrt. Wasser macht Erde auch formbar. Wenn es allerdings zur Überflutung kommt, verwandelt sich der fruchtbare Boden in gefährliche Sumpfgebiete!

Das Luftelement

Der Verstandesmensch

Der Luftmensch bewegt sich mit Leichtigkeit in der Welt der Theorien, Gedanken und Abstraktionen. Er besitzt eine schnelle Auffassungsgabe und ein gewandtes sprachliches Ausdrucksvermögen. Sein Bedürfnis nach Kontakt und Austausch treibt ihn von einem Ort zum anderen, der Wunsch nach Freiheit und Unabhängigkeit läßt ihn aber nirgends allzu lange verweilen. So geht der Luftmensch zwar offen und freundlich auf andere zu, wirkt dabei aber doch zumeist etwas distanziert und kühl. Seine oftmals sprunghaften Gedankengänge bewegen sich vor allem an der Oberfläche. Sie brillieren, informieren, kreieren Ideen, vermitteln Wissen, knüpfen Verbindungen, relativieren und zweifeln an und meiden aber stets Verbindlichkeit und Tiefe sowie emotionales Engagement. Diese leichte, lebhaft neugierige Stimmung führt häufig zu Ungeduld, Nervosität und Zersplitterung. Sein unermüdliches Interesse (lat. »dazwischen sein«) an jedem und allem läßt ihn keine eindeutige Stellung beziehen und macht ihn zum heimatlosen Überflieger. Die Zukunft ist das liebste Tummelfeld seiner Gedanken, da sie sich noch erdenken und erfinden läßt. Das Neue hält noch alle Möglichkeiten offen und läßt Spielraum für Experimente und Utopien.

Obwohl sich der Luftmensch stets um Klarheit und Objektivität bemüht, kann er sich in den abgehobenen Labyrinthen seiner Gedankenwelt bisweilen auch verirren. Er gleicht dann dem skurrilen Professor, der weltfremd in seinem Labor an verstiegenen Theorien herumexperimentiert, mit denen niemand wirklich etwas anfangen kann, selbst wenn sie sich einmal nicht als Windei erweisen.

Mit Erde tut sich Luft im wahrsten Sinn des Wortes oftmals schwer. Deren unbeirrbarer Wirklichkeitssinn läßt so manches schöne Luftschloß auf dem harten Boden der Realität zerschellen. Andererseits ist aber gerade diese Verbindung wertvoll, weil luftige Ideen erst im Zusammenspiel mit Erde praktisch brauchbar werden.

Auch die Wasserzeichen sind für den Luftmenschen zumeist ein Buch mit sieben Siegeln. Die Welt der Gefühle ist ihm zu diffus, sie ist für ihn nicht nachvollziehbar, überhaupt nicht logisch, höchstens psycho-logisch, worüber er nur lächeln kann. Dabei wären es gerade die Wasserzeichen, die seine abstrakten Ideen beseelen und dadurch menschlicher machen könnten.

Hingegen schätzen Luftmenschen die Wärme der Feuerzeichen und deren Begeisterungsfähigkeit und deren Schwung, selbst wenn das impulsive, kopflose Vorwärtsstürmen des Feuers sogar dem Luftmenschen manchmal zu schnell geht.

Das Wasserelement

Der Gefühlsmensch

Der Wassermensch schwingt sich gefühlsmäßig auf seine Umwelt ein. Seine Antennen sind permanent auf Empfang eingestellt, was ihm einerseits ein ausgezeichnetes Einfühlungsvermögen gewährt, andererseits aber seine Abgrenzung gegen Außeneinflüsse erheblich erschwert. Wassermenschen nehmen sehr viel auf und lassen sich dabei auch von Energien und Kräften beeinflussen, die gar nicht für sie bestimmt sind. Ihr Feingefühl läßt sie stets wissen, was andere von ihnen erwarten. Infolge der großen Bereitschaft, auf die Wünsche anderer zu reagieren, finden sich hier die Menschen mit tausend Gesichtern, die jedem Gegenüber so erscheinen können, wie dieser Mensch es sich gerade wünscht. Entsprechend schwer fällt es Wassermenschen, ein Gefühl für ihre Identität und für ihre Grenzen zu entwickeln. Bei alledem wäre es aber falsch, ihren instinktiven Drang zum Ziel zu unterschätzen; denn nichts kann Wasser letztlich daran hindern, seiner wahren Bestimmung zu folgen, auch wenn es dazu Umwege machen muß, die aus der Sicht anderer Elemente sehr merkwürdig erscheinen. Hilfsbereitschaft, Mitgefühl, Instinktsicherheit, Einfühlungsvermögen und nicht selten auch ein gutes Maß an Medialität sind die Stärken des Wassers, weshalb sich diese Menschen auch häufig therapeutischen Aufgaben widmen.

Der Wassermensch kann zwar wunderschön erzählen, sich aber nur schwer formal ausdrücken und etwas sachlich erklären, da die Welt nüchterner Rationalität nicht die seine ist. Viel eher ist er in der reichen Bilderwelt der Phantasie und der Seele zu Hause. Er ist der geborene Seelenarzt, der anderen zuhören kann, der Anteil nimmt und tiefes Verständnis zeigt. Und natürlich ist er der Märchenerzähler, der Poet, der Künstler oder der Zauberer. Seine Empfindsamkeit läßt ihn weniger wagemutig sein als die anderen Elemente und manchmal auch weniger lebenstüchtig. Wenn die Anforderungen der äußeren Welt so hart werden, daß er sich ihnen nicht mehr gewachsen fühlt, zieht er sich schnell in sein Innenleben oder in eine Traumwelt zurück und hofft, sich im Äußeren irgendwie durchmogeln zu können. In extremen Fällen führt dies zur Weltflucht, zur hartnäckigen Verleugnung der Wirklichkeit, zum Sprung ins Irrationale, zur Flucht in den Rausch. Dann hält ihn die Vergangenheit mit ihren Bildern fest, und sein Blick schweift öfter zurück als nach vorne. Immer wieder bleibt seine Seele an Erinnerungen hängen und bringt Altes, Vertrautes in intensiven Träumen hervor, auch noch Jahre, nachdem das alles längst verflossen ist. Wasser ist das Element, das es wie kein anderes in die Tiefe zieht und das erst dann ruhig wird, wenn es ganz unten angekommen ist. Aus eigener Kraft kommt Wasser nicht von der Stelle. Dazu braucht es Impulse von außen oder besser noch eine Neigung, die ihm eine Richtung gibt, sowie einen Rahmen, der ihm Halt verleiht.

Daher schätzt der Wassermensch die Nähe von Erdmenschen, die ihm Struktur und Sicherheit vermitteln. Dies allerdings nur so lange, wie sie nicht beginnen, seine Wasser trocken zu legen, indem sie zum Beispiel versuchen, mit phantasielosem Faktendenken die von ihm gespürten inneren Zusammenhänge zu verdrängen.

Luft ist aus der tiefen Wassersicht eher ein zu oberflächliches Element. Wenn Luft sich zu kalt und feindlich nähert, verschließt sich Wasser, indem es eine Eisdecke bildet und so den kalt analysierenden Verstand nicht in seine Tiefe, in seine Seele blicken läßt. Dort aber, wo diese beiden Elemente sich gut verbinden, sind die Künstler zu Hause, die die Bilder der Seele in Worten oder durch Musik auszudrücken verstehen, aber auch die wirklichen Seelsorger und Wegweiser.

Vor den heißen Feuerzeichen flieht das Wasser als Dampf, weil es sich durch die hitzige Direktheit schnell überrumpelt oder in den Gefühlen leicht verletzt fühlt. Andererseits könnte gerade der Schwung des Feuers, sein Optimismus und seine Lebensfreude den Wassertyp so manches Mal aus seinem Phlegma herausreißen.

Die Achillesferse als Konfliktherd

Hinter der Neigung, uns mit einem Partner zu verbinden, der das verkörpert, was uns fehlt, hat C.G. Jung zwei Gründe vermutet: Zum einen glauben wir mit diesem durchaus unbewußten Schachzug das leidige Problem für immer los zu sein. Soll sich doch der andere darum kümmern! Zum anderen gibt uns eine solche Verbindung genügend Anlaß, uns über den anderen zu mokieren, über ihn zu lästern, ihn aufzuziehen. So gesehen sind wir zwar heilfroh, endlich jemanden gefunden zu haben, der den Bereich übernimmt, mit dem wir uns so schwer tun, zugleich aber schauen wir oftmals auch mit einer gewissen Mißachtung auf diese uns so fremde Art, in der Welt zu stehen, herab. Ganz ehrlich gesagt können wir eigentlich nicht verstehen, daß sich ein Mensch ernsthaft und wirklich gern mit diesem Element befaßt, und haben deshalb – zumindest heimlich – nur ein mildes Lächeln, wenn nicht gar offenen Spott, dafür übrig.

Unsere Stärken liegen natürlich nie in unserem fehlenden Element. Im Gegenteil, dort findet sich unser Schwachpunkt, unsere verletzbare Stelle, unsere Achillesferse. Deshalb ist es so wohltuend, jemanden zu haben, der diesen schwachen Punkt schützt. Andererseits bedarf es natürlich eines immensen Vertrauens, die verletzbarste Stelle in die Obhut eines anderen zu geben. Die Mythen berichten hinlänglich, wie sehr das schiefgehen kann. Siegfried, Achilles, Herakles und Samson wurden zum Opfer, weil andere ihre schwache Stelle kannten.

Dementsprechend erleben wir die Ergänzung durch unser Gegenüber durchaus zwiespältig. Selbstverständlich sind wir in der Phase der Verliebtheit im höchsten Maße beglückt, endlich das gefunden zu haben, was uns immer fehlte. Auch Menschen, denen zuvor nicht bewußt war, daß ihnen etwas fehlte, fühlen sich in dieser Zeit sehr bereichert und blühen auf. Wenn aber die erste Verliebtheit nachläßt – und das ist erfahrungsgemäß spätestens nach sechs Monaten der Fall –, dann beginnen uns manche Eigenarten unseres Gegenübers merkwürdig zu befremden, und dann dauert es meist nicht mehr sehr lange, bis die ersten tiefen Enttäuschungen eintreten, an denen das anfänglich heile Bild des oder der Liebsten immer mehr zerbricht. Dabei stimmt keines dieser Bilder. Weder im verliebten Zustand noch in der Befremdungsphase oder in der Enttäuschung sehen wir den anderen, wie er wirklich ist. In allen Fällen läßt unser fehlendes Element ein verzerrtes Bild entstehen. Das Spektrum von der lichten Seite über die zwielichtige Phase bis hin zum Schattenaspekt sieht jeweils so aus:

Fehlt uns Feuer, sind wir anfangs natürlich Feuer und Flamme, daß ein Mensch in unser Leben tritt, der Schwung und Optimismus hineinbringt. Wir finden es toll, wie spontan und unternehmungslustig dieser Mensch ist, wie großartig und selbstbewußt er auftritt. Wir sind von seiner imposanten Ausstrahlung ganz verzaubert, bewundern seinen Mut, seine Willensstärke und seine Risikofreude, schätzen seine Großzügigkeit und genießen es, in seiner Nähe selbst Feuer zu fangen, uns für Unternehmungen zu »erwärmen«, die wir uns sonst nie zugetraut hätten und einfach (sportlich) aktiver zu werden.

Nach einiger Zeit aber dämmert uns, daß es mit unserer Ruhe nun wohl für immer vorbei ist. Dieser Mensch heizt uns ständig ein, und während wir außer Atem hinter ihm her hecheln, merken wir, daß uns das alles viel zu anstrengend ist. Kritisch aber wird es erst, wenn sich die Schattenseite konstelliert. Dann spüren wir plötzlich nichts mehr von der Wärme, dann wird uns immer deutlicher bewußt, daß dieser Mensch sich nur um sich dreht, daß er ein rücksichtsloser Egomane ist, der sich immer wieder mit pathetischen Gesten und impertinenter Selbstverständlichkeit in den Mittelpunkt stellt und unverblümt die ganze Aufmerksamkeit, den gesamten Applaus, einfach den ganzen Kuchen für sich kassiert. Spätestens dann ist unsere »Flamme« erloschen, und wir fragen uns fassungslos, was uns je an diesem Menschen fasziniert hat.

Fehlt uns Erde, sind wir anfangs ganz hingerissen, endlich jemanden zu haben, dem wir ganz und gar vertrauen können, ein Hort von Ruhe und Gelassenheit; jemand, der ein Fels an Zuverlässigkeit ist, auf den wir bauen, hinter dem wir uns verstecken, an den wir uns anlehnen können. Erleichtert merken wir, daß dieser Mensch tatsächlich all die langweiligen Dinge tun mag, die uns stets den ganzen Alltag verleidet haben. Daß er Regelmäßigkeit und Struktur in unser Leben bringt, daß er mit leichter Hand Ordnung halten kann, patent ist und wirklich geschickt mit den Dingen dieser Welt umgeht. Vor allem aber, daß er in jeder Hinsicht hält, was er verspricht, einen Sinn für Werte hat, und daß er es geradezu liebt, über Geld nachzudenken und mit Geld umzugehen.

Mit der Zeit aber merken wir, daß dieser wunderbare Mensch auch etwas sehr Mühsames haben kann, daß er pingelig, langsam und immer öfter langweilig ist. Daß er am liebsten immer nur und immer wieder das gleiche tut, keine neuen Interessen entwickelt, keine neuen Freunde kennenlernen möchte und daß er als durch und durch nüchterner Rationalist ganz knochentrocken nur das für wirklich hält, was er anfassen kann. Wenn dann der Lack ganz ab ist, erkennen wir, daß sich dahinter eigentlich nur ein phantasieloser Erbsenzähler, ein verbohrter Sturkopf, ein äußerst kleinkarierter Spießbürger verborgen hat, ein Mensch, der so aufregend und so lebendig ist wie ein Kartoffelsack, der uns mit seinen ewigen Bedenken, seiner Angst vor allem Fremden und Neuen, seiner Langsamkeit und seinem penetranten Perfektionismus schließlich nur noch ein Klotz am Bein ist, der uns den ganzen Lebensschwung nimmt.

Fehlt uns Luft, sind wir anfangs wahrlich beflügelt, jemanden gefunden zu haben, der soviel frischen Wind, Leichtigkeit und Frühlingsluft in unser Leben trägt. Jemand, der so intelligent ist, soviel weiß, offenbar alle Bücher dieser Welt gelesen hat und obendrein alle Lexika auswendig kennt; jemand, der mit Scharfsinn analysieren kann und für jedes Problem eine pfiffige Lösung parat hat; ein Mensch, mit dem es nie langweilig wird, weil er stets etwas zu erzählen hat, der uns mit so vielen Informationen versorgt und uns dazu bringt, Bücher zu lesen, an die wir früher nie gedacht hätten. Jemand, der es versteht, sich meisterlich auszudrücken und mit Worten zu spielen, dem es keinerlei Mühe bereitet, sondern sogar noch Freude macht, Briefe und andere Texte zu formulieren, Ideen zu entwickeln, und dem selbst in der langweiligsten Runde niemals die Worte ausgehen, weil er sich, wenn es unbedingt sein muß, auch über das abwegigste Thema unterhalten und daran Interesse zeigen kann. Ein Mensch, den es freut, Kontakte für uns zu knüpfen und – wenn nötig – auch Verhandlungen für uns zu führen. Es ist einfach wunderbar, daß Herr oder Frau Geistreich persönlich in unser Leben getreten sind und uns so vieles bewußt machen, was wir zuvor nicht gesehen haben, und uns manches klar werden lassen, was wir zuvor nicht durchschaut haben.

Aber mit der Zeit dämmert uns, daß nicht alles, was sich klug anhört auch wirklich gescheit ist, daß vieles leichter gesagt als getan ist, daß manch pathetischer Wortschwall nur Belanglosigkeiten hervorbringt und auch die wohlklingendsten Formulierungen aus leeren Worthülsen bestehen können. Es wird uns immer klarer, daß wir einem Klugschwätzer, einem neunmalklugen Besserwisser auf den Leim gegangen sind. Haben wir unseren ursprünglichen Engel dann so weit entzaubert, daß er für uns nun nach und nach in die Schattenwelt sinkt und wir nur noch seine dunkle Seite erkennen, dann spüren wir plötzlich, wie eiskalt Luft sein kann, wie doppelzüngig, listig, herzlos kalkulierend und erschreckend unverbindlich. Schaudernd wird uns klar, daß es für diesen Menschen offenbar überhaupt keine Werte gib, daß er alles in den Wind schreibt, daß ihm alles relativ ist, er über alles spotten und lästern kann, selbst über unsere tiefsten Gefühle und daß er auch in heiligsten, berührendsten und intimsten Augenblicken mit einem dummen Spruch das ganze Wasser ausschütten kann. Wir merken, daß wir uns auf einen Luftikus eingelassen haben, der eigentlich nur an seine Freiheit, seine heißgeliebte Unabhängigkeit denkt, der ein Schurke und Verräter ist, dessen Worte und Versprechungen keinen Pfifferling wert sind.

Fehlt uns Wasser, sind wir anfangs trunken und verzaubert, wenn dieser Mensch mit seinen tausend Gesichtern in unser Leben tritt. Wir können es nicht fassen, wie tief Wasser fühlen kann, wie hingebungsvoll und einfühlsam dieses Element ist. Wir spüren, wie wir dahinschmelzen, wenn dieser Mensch auch unsere geheimsten Wünsche erfühlt und erfüllt. Nie zuvor hat uns jemand so tief verstanden, nie zuvor war jemand so anschmiegsam, so nah, so einfühlsam, so umsorgend. Wasser bringt unsere Gefühle zum Überfließen, Wasser reißt uns mit in eine Welt der Phantasie, von der wir zuvor nicht einmal zu träumen wagten. Wasser hat ein intuitives Wissen und spricht mit einer Selbstverständlichkeit davon, wie zukünftige Entwicklungen verlaufen werden, daß wir oft den Eindruck haben, unser Gegenüber sei eine Sphinx.

Wenn aber das erste Schwärmen nachläßt, erkennen wir mehr und mehr, daß auch hier nur mit Wasser gekocht wird, daß manch schöner Traum wie eine Seifenblase platzte und daß die Phantasie immer öfter mit unserem Gegenüber durchgeht. Hat unsere Sphinx dann endgültig ihre Leuchtkraft verloren, so daß wir nur noch tiefes Schwarz wahrnehmen, hat sich auch die ursprünglich beglückende Verzauberung in ihren dunklen Gegenpol gewandelt. Dann merken wir plötzlich, wie antriebsarm Wasser ist, wie ohnmächtig dieser Mensch, der anderen soviel Hilfe geben kann, in eigene Probleme verstrickt ist. Und die schöne Welt der Phantasie entpuppt sich mehr und mehr als eine Fata Morgana, als ein tückisches Netz reinen Wunschdenkens, in dem unser Gegenüber hoffnungslos gefangen ist. Dann wird uns plötzlich klar, wie vereinnahmend Wasser ist, wie es alles, was sich ihm überläßt, saugend in die Tiefe zieht, wie gefährdet wir sind, mit in die Verstrickungen hineingezogen zu werden, und Panik bricht aus, wenn wir erkennen, daß hinter dem anfangs so verklärten Bild ein Schlawiner hervortritt, der wahrlich mit allen Wassern gewaschen ist.

Bei vielen Menschen bricht mit dieser Enttäuschung das Bild des bislang heißgeliebten Menschen so sehr zusammen, daß sie ihn als eine »Mogelpackung« beschimpfen, als jemanden, der sie bösartig getäuscht habe, und daß sie den, der bislang ihr Engel war, nun schleunigst zum Teufel wünschen. Sie begehen den Fehler, zu glauben, daß sie erst jetzt in der Enttäuschungsphase tatsächlich die nackte Wahrheit sehen und daß alles zuvor nur Lug und Trug war. Das stimmt natürlich nicht. Aber in dem Maße wie die Verliebtheit das Bild des anderen zuvor überhöhte, wird er nun diabolisiert. Die Wirklichkeit liegt dazwischen. Denn sicher ist, daß der andere ein Mensch mit Licht und Schatten ist. Wenn wir ihn als solchen nehmen können, kann die eigentliche Beziehung beginnen.

Sich zu verlieben und in den folgenden sechs Monaten auf Wolken zu schweben, ist wunderschön, aber keine Kunst. Die Verliebtheit als Gradmesser für die Tiefe der daraus hervorgehenden Beziehung zu nehmen, ist jedoch töricht. Verliebtheit scheint nur ein Lock- und Bindemittel zu sein, um den Menschen aus seiner Reserve zu holen und ihn soweit einzubinden, daß er nicht mehr so leicht zurück kann, wie er es in Augenblicken tiefer Enttäuschung gern tun würde. Die Verliebtheit lockt den jungen Menschen aus der Geborgenheit des Elternhauses hinaus ins Leben; Verliebtheit lockt später den erwachsenen Menschen aus seiner Zurückhaltung, damit er sich trotz aller Fehlschläge und Verletzungen erneut auf einen Menschen einläßt.

Ist Verliebtheit deshalb nur ein gemeiner Trick, eine üble List des Lebens, die uns nur zu immer neuen Enttäuschungen führt? Oder steckt mehr dahinter? Es scheint die Sehnsucht unserer Seele nach Ganzheit zu sein, die uns immer wieder treibt, uns mit dem, was uns fehlt, zu verbinden. Die naive Vorstellung aber, daß der Weg zur Ganzheit ein Sonntagsspaziergang sei, oder das gänzliche Unwissen über diese Zusammenhänge sind die wesentlichen Gründe für die dadurch zwangsläufigen Ernüchterungen und Enttäuschungen. Die Ganzheit will errungen sein, und der Bereich von Liebe und Partnerschaft spielt dabei eine zentrale Rolle. Und daß man dazu des öfteren über des Messers Schneide balancieren muß, machen all die Märchen deutlich, die uns von der Suche nach dem schwer erreichbaren Gut, der Hebung des Schatzes, der Befreiung der schönen Gefangenen oder von einem anderen schwierigen Erlösungswerk als Analogie zur Ganzwerdung erzählen.

Natürlich kann die Entwicklung auch in gegensätzlicher Richtung verlaufen. Wenn wir zunächst die dunkle Seite des fehlenden Elements auf den anderen übertragen, sehen wir in ihm den Feind oder einen Bösewicht, einen Primitivling, eine verachtenswerte Kreatur. Viele Menschen belassen es einfach dabei und zementieren so ihre persönlichen Feindschaften und Animositäten dauerhaft. Manchmal kommt es aber durch einen Zufall oder durch bewußtes Hinschauen zur Wandlung. Dann begreifen wir plötzlich, daß sich hinter dem so verachteten und oftmals bekämpften Bild ein wirklich feiner Mensch verbirgt, den wir auf Grund unserer verzerrten Wahrnehmung einfach verkannt haben. Dann erkennen wir auf einmal, daß Liebe und Haß tatsächlich wie Licht und

Schatten zusammengehören, daß sie die zwei Seiten einer Münze sind. Dann merken wir, wie sehr wir auch den verhaßten Menschen brauchten, warum wir ihn nie los wurden, genauer gesagt: nie losließen. Er gehörte in unser Leben, damit wir unseren Schatten auf ihn projizieren konnten, damit wir einen Sündenbock hatten und wußten, wer für das Böse in der Welt verantwortlich war.

Solange wir einseitig nur Licht *oder* Schatten in unserem Gegenüber sehen, haben wir bloß ein verschwommenes Bild, das ihm gewiß nicht gerecht wird, denn das Profil eines Menschen läßt sich nur in einer Mischung aus Licht *und* Schatten erkennen.

Licht, Zwielicht und Schatten in der Begegnung mit dem fehlenden Element

	FEUER	ERDE	LUFT	WASSER
LICHT	Mut, Selbstbewußtsein, Dynamik, Lebensschwung, Lebensfreude Willensstärke, Optimismus, Spontaneität	Beständigkeit, Zuverlässigkeit, Sicherheit, Verantwortungsbereitschaft, Struktur, Ruhe, Gelassenheit	Beweglichkeit, Scharfsinn, Klarheit, Lösungen, Leichtigkeit, Wissensdurst, Wachheit, Flexibilität	Einfühlungskraft, Geborgenheit, Spürsinn, Verständnis, Hingabefähigkeit, Phantasie, Fürsorge, Spiritualität
ZWIELICHT	Egoismus, Arroganz, Stolz, Aufdringlichkeit	Langeweile, ewige Routine, Unbeweglichkeit	Unverbindlichkeit, Oberflächlichkeit	Launenhaftigkeit, Antriebsarmut
SCHATTEN	Unberechenbarkeit, Rücksichtslosigkeit	gnadenlose Härte, Sturheit, Zwanghaftigkeit	Eiseskälte, Unnahbarkeit, Snobismus, Berechnung	seelische Erpresserei, Wirklichkeitsflucht, Lügnerei, Manipulation

Symbiose oder Autarkie

Haben wir den Menschen gefunden, der uns fehlte, für den wir gerade deshalb eine »Schwäche« haben, weil er genau die Seiten stark entwickelt hat, die uns fehlen, dann gibt es zwei typische Arten, darauf zu reagieren. Die häufigste Reaktion ist das spontane: »Gott sei Dank, daß ich mich um dieses Zeug nicht länger kümmern muß!« Sie führt in die Symbiose, während die andere Reaktion entweder lautet: »Das ist ja wohl das letzte!« oder: »So wirklich nicht!« oder auch: »Alles, nur das nicht!« Dahinter verbirgt sich eine Flucht in die Autarkie, die darauf beruht, daß wir uns über das fremde Element lustig machen, über dessen Eigenarten lästern und spotten, uns aber auch zwanghaft dagegen abgrenzen, weil wir uns – zumindest insgeheim – davon bedroht fühlen. Beide Reaktionen sind Ausdruck von Schwäche. Im Fall der Symbiose flieht man in kindliche Abhängigkeit und unreife Verhaltensmuster, wohingegen die Autarkie zwar nach Stärke aussieht, letztlich aber nur eine schroffe Fassade ist, hinter der sich Angst und mangelndes Selbstvertrauen verbergen. Die Verlockungen, die uns zu symbiotischer Scheinlösung führen, sehen je nach fehlendem Element wie folgt aus:

Fehlt uns Feuer, dann fehlt es uns damit oftmals auch an Motivation, Schwung, Begeisterungsfähigkeit und Optimismus, vor allem aber an Spontaneität, Mut, Durchsetzungskraft und Selbstvertrauen. Unser Energiehaushalt läuft sozusagen auf Sparflamme, und Herausforderungen werden leicht zu Überforderungen. Zwar wissen wir oft genug, wie etwas geht, hätten auch das »Handwerkszeug« dazu und wünschen uns nichts mehr, als daß es getan wäre, aber es fehlt uns an Schwung, wir kommen einfach nicht vom Fleck. Um so erleichterter sind wir natürlich, wenn dann ein Feuermensch auftaucht, der Dynamik, Impulse, Lebendigkeit, Spannung und Zuversicht in unser Leben trägt und obendrein all denen die Meinung sagt, denen wir sie nie zu sagen wagten.

Fehlt uns Erde, haben wir oft Probleme mit der alltäglichen Wirklichkeit. Es fällt uns schwer, mit dem Geld richtig zu wirtschaften und umzugehen, oder aber wir kriegen manche praktische Arbeit nicht geregelt, weil wir zu ungeduldig, zu ungeschickt, nicht patent genug sind oder einfach keinen Sinn für Werkzeug oder Haushaltsgeräte haben. Zwar haben wir oft genug die richtige Idee, eine edle Absicht oder einen tiefen Wunsch, aber es fällt uns furchtbar schwer, diesen Impuls Wirklichkeit werden zu lassen, also Nägel mit Köpfen zu machen. Tritt dann endlich ein Erdmensch in unser Leben, sind wir nicht nur erleichtert, sondern bewundern auch, mit welcher Leichtigkeit er all die Dinge erledigt, mit denen wir immer so viel Mühe haben. Dank unserer Bewunderung ist er natürlich bestens motiviert noch mehr von dem zu tun, was er so gut kann, und so regelt und erledigt er kurzerhand unsere Angelegenheiten gleich mit.

Fehlt es uns an Luft, dann fehlt es uns oft an Leichtigkeit, aber auch an Klarheit, gedanklicher Geschicklichkeit, manchmal auch an Worten und oftmals an der richtigen Idee, der richtigen Lösung. Zwar haben wir immer wieder den tiefen Wunsch, etwas zu verändern, zu erreichen oder ein Problem zu überwinden, und sind auch wirklich guten Willens. Es mangelt auch nicht an Beharrlichkeit. Wir finden nur einfach nicht den Dreh, wie wir es anstellen sollen, wie wir den Knoten lösen können. Es fällt uns eben schwer, Probleme zu analysieren oder Erfahrungen zu reflektieren, und immer wieder hapert es auch an Flexibilität und Improvisationstalent. Wenn wir dann auf einen Luftmenschen stoßen, für den das alles nicht nur kein Problem ist, sondern der obendrein Freude daran hat, diese Aufgaben für uns zu erledigen, nimmt es natürlich nicht wunder, wenn wir mit wehenden Fahnen in seine luftige Welt ziehen und ihm liebend gern all diese unangenehmen Dinge überlassen.

Ist Wasser unsere Schwäche, haben wir genaugenommen keine »Ahnung«. Es fehlt uns am Gespür. Wir können die Dinge zwar berechnen oder auch auf Erfahrungswerte bauen, wir können Vorhaben voller Optimismus angehen, aber einen instinktsicheren Riecher haben wir nicht. Darüber hinaus fehlt es uns an Seelentiefe. Wir sind zu trocken, als daß etwas in die Tiefe unserer Seele dringen könnte oder sie zum Schwingen brächte. Wir tun uns schwer mit allem Irrationalen, mit der Welt der Gefühle ebenso wie mit der Bilderwelt der Seele. Wenn dann plötzlich ein Wassermensch in unser Leben tritt, sind wir fasziniert, mit welcher Selbstverständlichkeit es dieser Mensch zum Beispiel versteht, unsere Träume zu deuten, uns für Welten die Augen zu öffnen, die wir nie für möglich gehalten haben, und uns ein nie dagewesenes Gefühl seelischer Geborgenheit zu vermitteln. Wir spüren, daß jemand tiefer in uns hineinschaut, als wir es selbst jemals taten, und fühlen uns dabei von diesem Menschen verstanden wie nie zuvor.

Was liegt näher, als in all diesen Fällen den bequemen Weg zu gehen und dem anderen all das zu überlassen und anzuvertrauen, was uns so schwerfällt? So verständlich dieser Impuls auch ist, so verfänglich ist er, weil die Symbiose, die daraus entsteht, natürlich geradewegs in Abhängigkeit und Unselbständigkeit führt. Im Fall ihres Scheiterns hinterläßt sie zudem ein tiefes Gefühl von Lebensuntüchtigkeit; denn wenn man sich lange Zeit nicht mehr mit seiner schwachen Seite auseinandersetzen mußte, kommt man mit diesem Lebensbereich noch viel schlechter zurecht als zuvor. Es ist, als sei ein Teil aus uns herausgerissen, ohne den wir nun nicht mehr leben können. Vor allem aber verhindert die Symbiose die Ganzwerdung. Denn wenn wir das, was uns fehlt, einfach von jemand anderem leben lassen, dann werden wir diesen Bewußtseinsaspekt und die ihm entsprechenden Fähigkeiten und Verhaltensweisen sicherlich nie entfalten. Das aber bedeutet, daß uns auf Dauer eine Farbe des Vierfarbdrucks fehlt, und wir deshalb weder uns selbst noch das Leben in seiner ganzen Farbigkeit erkennen und gestalten können.

Die andere typische Reaktion ist die Flucht in die Autarkie. Ihr liegt oftmals die Angst zugrunde, sich die eigene Schwäche oder eigenen Fehler überhaupt einzugestehen. Am besten beginnt man gleich damit, das Konzept der vier Bewußtseinsstrukturen, der vier Elemente oder der vier Wesensarten von vornherein in Frage zu stellen und zugleich die Idee der Ganzheit mitsamt den dazugehörenden Themen, wie die Entfaltung seiner schwachen Seite, als lächerlich zu verhöhnen. Je tiefer diese Angst sitzt und je schwächer das Selbstwertgefühl ausgebildet ist, um so heftiger, ja feindlicher wird die Haltung. Man mimt mehr oder weniger gekonnt den Souveränen, spielt die Bedeutung der fehlenden Qualität herunter, spöttelt immer wieder darüber, was sich der Partner da einbildet, Großartiges zu haben, und geht im Konfliktfall in die Offensive. Dann wird dem Gegenüber klargemacht, daß dessen Stärke doch nun wirklich für diese Welt die verzichtbarste aller Fähigkeiten ist und er sich nur nichts darauf einbilden solle, daß es genaugenommen für die Menschheit sogar besser wäre, wenn es dieses Element, diese Bewußtseinsstruktur, diese Wesensart gar nicht gäbe.

In beiden Fällen wird eine wichtige Chance vertan, die jede Beziehung bietet: Lernschritte auf dem Weg zur eigenen Ganzheit zu machen. Denn statt sich glücklich zurückzulehnen, weil nun ein anderer die Dinge übernimmt, die uns so schwerfallen, oder ihn insgeheim sogar dafür zu hassen, daß er uns ständig vormacht, wie leicht das geht, was uns so schwerfällt, wäre es weitaus klüger, ihn zu bitten: »Zeig mir bitte, wie man das macht.« Das aber setzt allerhand an Bereitschaft, Demut und gutem Willen voraus. Dazu müssen wir nicht nur uns selbst, sondern auch dem anderen die eigenen Schwächen eingestehen. Ferner müssen wir begreifen, daß uns wirklich etwas Wesentliches fehlt und daß es sich dabei nicht nur um einen kleinen Schönheitsfehler handelt. Wir müssen ernsthaft bereit sein, etwas zu lernen, was für uns zäh, klebrig, mühsam und schwierig ist, während unser Gegenüber auf diesem Gebiet ein Virtuose ist.

Wie absurd Symbiose oder Autarkie sind, kann das folgende Bild verdeutlichen. Wenn zwei Menschen in ein Land ziehen, dessen Sprache einer der beiden fließend, der andere aber nur radebrechend spricht, dann liegt natürlich nichts näher, als daß derjenige, der sich problemlos auszudrücken versteht, bei jeder Gelegenheit für beide spricht. Mit der Zeit kann er die Sprache, die er ohnehin schon gut beherrschte, noch besser, während es dem anderen infolge dieser Symbiose nach und nach vollends die Sprache verschlägt. Demgegenüber findet sich der Gegenpol, die Autarkie, vergleichbarerweise im kolonialistischen Herrenmenschengebahren. Auf keinen Fall hätte ein »anständiger Herrenmensch« der Kolonialzeit (ebensowenig wie so mancher dummdreiste Tourist der Neuzeit) die »primitive« Sprache eines Wilden erlernt, sondern selbstverständlich von den »Barbaren« erwartet, daß sie schleunigst lernen, sich anständig und zivilisiert auszudrücken. Der Preis dafür ist hoch. Der Autarke nimmt nie am wirklichen Leben teil und kann deshalb auch nicht vom Leben lernen. Zudem wird er mit der Zeit immer mißtrauischer, weil er ja nicht versteht, was die anderen da miteinander reden. Das isoliert ihn mehr und mehr, so daß er sich zu guter Letzt als Misanthrop in die kalte Einsamkeit stolzer Resignation verirrt.

Lösen und Binden – die Alchemie in der Beziehung

Autarkie und Symbiose verkörpern die Extremformen zweier Grundkräfte, die – in gesundem Maß gelebt – jede lebendige Beziehung steuern: das Lösen und das Binden. In jeder Beziehung gleichen diese beiden Kräfte einander aus. Ob dieses Kräftegleichgewicht entspannt ist und harmonisch zustande kommt, immer neu in heißen Kriegen erstritten wird, zu kalten Kriegen erstarrt oder sich in Apathie und Gleichgültigkeit kleidet, ist einerlei. Ausgleichen werden sich diese beiden Kräfte allemal. Dabei kann es so aussehen, als ob eine der beiden Kräfte vorübergehend verdrängt wurde und die andere die Oberhand gewonnen hat. Ganz sicher aber wurde die scheinbar unterlegene Kraft nur ins Unbewußte verdrängt und konstelliert sich dort neu, um früher oder später wieder aufzutauchen und ihrerseits die Oberhand zu gewinnen. Oftmals werden die zu diesem Kräftespiel gehörenden Rollen zwischen den Beteiligten bereits in den ersten Augenblicken des Kennenlernens verteilt, lange bevor auch nur einer ahnt, daß aus dieser Begegnung eine Beziehung hervorgehen wird. Von Anfang an fällt einem der beiden die Rolle des »Binders« zu, während der andere die des »Lösers« übernimmt. Und dabei bleibt es in aller Regel. Nur in seltenen Fällen kommt es im weiteren Verlauf der Beziehung zu einem Rollentausch.

Die Aufgabe des Binders besteht darin, für die Verbindlichkeit der Beziehung Sorge zu tragen, dafür, daß man möglichst viel zusammen ist und gemeinsam unternimmt, während der Löser die Distanz aufrechterhalten muß, um der Eigenständigkeit der beiden genügend Raum zu sichern. Solange beide ihrer Aufgabe im rechten Maß nachkommen, ist die Beziehung gesund und entwickelt sich lebendig. Dort, wo man sich läßt und wiederfindet, um sich erneut zu lassen und erneut wiederzufinden, ist persönliches Wachstum und das Wachstum in der Beziehung möglich, da keiner der beiden in eine starre Schablone gepreßt oder auf eine Ausdrucksweise reduziert wird, sondern nach und nach mit seinem ganzen Wesen in Erscheinung treten darf. Wo man dagegen nur gebunden ist, klebt man symbiotisch so fest aneinander, daß für Weiterentwicklung kein Raum ist. Und dort, wo nur Distanz vorherrscht, wo alles nur locker und lose ist, fehlt es an der Reibung, die es zur Weiterentwicklung braucht. Deshalb erkannten schon die Alchemisten das Geheimnis jeder Höherentwicklung im steten Wechselspiel von Lösen und Binden. Hinter ihrer altehrwürdigen Tradition verbirgt sich ein umfassendes Wissen um die wahren Gesetze der Wandlung. Wann immer eine tiefgreifende Veränderung in unserem Leben notwendig wird, wann immer wir spüren, daß wir uns wandeln müssen, oder wenn wir feststellen, daß unser Wachstum stagniert und unsere Beziehung sich nicht weiterentwickelt, ist es hilfreich, die Ratschläge dieser hermetischen Wissenschaft zu beherzigen, die C.G. Jung die »Psychologie des Mittelalters« nannte.

Das Interessante an dieser Kräftepolarität liegt darin, daß sie sich gegenseitig bedingt. In der richtigen Mischung ist sie Gewähr für die Lebendigkeit der Beziehung. Verändert aber nun einer der beiden die Spielregeln, zwingt er damit den anderen zur Gegenmaßnahme. Verlangt also der Löser plötzlich mehr Unabhängigkeit, so kann der Binder gar nicht anders, als mehr Verbindlichkeit zu fordern. Das gibt dem Löser das Gefühl, nun endgültig gefangen zu sein, weshalb er mehr Freiraum fordert, wodurch der Binder die Beziehung so sehr gefährdet sieht, daß er seinerseits mehr Verbindlichkeit fordert. Und so kann man sich gegenseitig so lange hochschaukeln, bis beide nur noch »Daueralarm« geben. In solcher Extremsituation kann es dann auch zu den eher seltenen Positionswechseln kommen. Wenn beispielsweise der Binder derart frustriert ist, daß er aufgibt und die Beziehung beendet, bewirkt er damit nicht selten, daß die ganze Distanziertheit des Lösers zusammenbricht, dessen heilige Freiheiten plötzlich ganz unbedeutend sind und der bisherige Löser zum besten aller Binder wird. Diese Umpolung funktioniert allerdings niemals als taktische Maßnahme, sondern nur, wenn die dazugehörenden Schritte echt sind. Wenn der Binder nur so tut, als wolle er gehen, innerlich aber nur auf den Umschwung beim Löser hofft, bleibt alles beim alten.

Symbolisch betrachtet ist das Trennende eine männliche Qualität, wohingegen das Weibliche als die verbindende Kraft angesehen wird. Analog dazu ist männliches Denken auf Unterscheidung ausgerichtet, wohingegen das weibliche Denken stets das Gemeinsame erkennt und betont. Auch wenn in dieser Zuordnung keinerlei zwingende Rollenverteilung für die Geschlechter liegt, tendieren Männer dennoch eher dazu, das Trennende, den Unterschied, das Detail zu betonen, während Frauen ihr Augenmerk vorwiegend auf das Verbindende, das Gemeinsame und das Ganze richten. Die Jungsche Psychologie vermutet hinter dieser Tendenz die jeweilige Urerfahrung, die jeder Mensch mit der ersten Bezugsperson, der Mutter, hat. Während der Knabe von Anfang an den polaren Unterschied spürt und seine Identität auch in den weiteren Jahren im Unterschied zur Mutter entwickeln muß, erlebt das Mädchen als erstes die Gemeinsamkeit mit der Mutter und kann sich bei der Entfaltung seiner Identität sehr wohl an der Mutter ausrichten. Dementsprechend tut sich ein Junge in der Entwicklung seiner Eigennatur viel schwerer als ein Mädchen. Die »ausgleichende Gerechtigkeit« besteht allerdings darin, daß der Knabe von der Mutterbrust an gewöhnt ist, seine Lust und seine Bedürfnisse am anderen Geschlecht zu befriedigen, während darin für das heranwachsende Mädchen die herausfordernde Lernaufgabe liegt.

Ein weiterer Ausgleich liegt darin, daß auf der unbewußten Ebene das Gegenteil von dem soeben Gesagten gilt. Dort reagiert der Mann weiblich und die Frau männlich und das zumeist, ohne es zu wissen. Die archetypischen Kräfte, die das bewirken, heißen in der analytischen Psychologie Anima und Animus. Was darunter zu verstehen ist und welche tiefe Bedeutung darin liegt, zeigt das folgende Kapitel.

Animus und Anima – der oder die innere Geliebte

Es liegt in der Natur des Unbewußten, sich stets kompensatorisch, also ausgleichend, zu unserem Bewußtsein zu verhalten und damit einen Gegenpol zu bilden zu all dem, womit wir uns bewußt identifizieren. Deshalb ist es nicht unproblematisch, sich einseitig für alles Gute, Lichte, Edle und Wahre zu engagieren. Marie-Louise von Franz warnt davor, einseitig idealistisch den Wunsch zu hegen, nur gut und recht zu handeln, weil wir damit unfreiwillig dem Bösen in die Hände arbeiten, und sie folgert daraus: »Gutes zu tun mag immer noch das Ziel sein, aber man wird bescheidener im Wissen, daß man durch Allzugutsein die kompensierende destruktive Seite konstelliert.«[1]

Aus diesem Grund findet sich dort, wo viel Licht ist, bekanntlich auch immer viel Schatten. Doch so einleuchtend dieses Phänomen auch ist und so leicht wir es bei anderen erkennen können, wenn es um uns selbst geht, mag unser Ego von diesem Grundsatz am liebsten nichts hören und macht ständig Sonderregeln geltend. Wir sind eben alle Ausnahmen! Deshalb fühlen sich Menschen, die ganz und gar davon überzeugt sind, durch und durch »licht« zu sein und bestimmt keine Schattenseite zu haben, oftmals so »verkannt«, wenn sie zu ihrer Überraschung von anderen kritisiert oder sogar in ihrem Gutsein in Frage gestellt werden. Aber leider müssen eben diese anderen die Schattenseiten erleben und ertragen, die der angeblichen Lichtgestalt so gänzlich unbewußt sind. Diese Eigenart des Unbewußten erklärt so manche Widersprüchlichkeit. Warum zum Beispiel Menschen mit Gewalt für den Frieden kämpfen oder warum gerade die Moralprediger der Nation immer wieder in schmutzige Affären verwickelt sind. Das Unbewußte hat die wirklich undankbare Aufgabe, den dunklen Gegenpol zum eitel leuchtenden Ichgefühl zu bilden und das selbstgerechte Ego immer wieder in Versuchung zu führen, damit es sich

1 Marie-Louise von Franz, Die Erlösung des Weiblichen im Manne

seiner unbewußten dunklen Seiten bewußt wird. Es deshalb als Teufelswerk zu verdammen, wie es oft in engstirnigen, religiösen Kreisen geschieht, zeugt nicht von tiefer Einsicht in die wichtige Bedeutung dieses Gegenpols.

Wie C.G. Jung bei der Erforschung des Unbewußten erkannte, gehören zu dessen Inhalten urtümliche Bilder, die jedem Menschen zu eigen sind, wie etwa der Held, der Drache, die Jungfrau und der alte Weise. Jung nannte diese inneren Bilder Archetypen oder Urbilder der menschlichen Seele. Unter ihnen gibt es zwei, denen nach seiner Beobachtung eine besondere Rolle zukommt. Sie sind sowohl Mittler zwischen Bewußtem und Unbewußtem eines Menschen als auch der innere, zunächst unbewußte Gegenpol zu seinem bewußten Geschlechtsverhalten. Diese Kräfte, die dafür sorgen, daß das Unbewußte des Mannes weiblich, das der Frau dagegen männlich reagiert, nannte Jung Anima und Animus, wobei die Anima die Frau im Manne ist, der Animus dagegen die innere Männlichkeit der Frau.

Ein Phänomen, an dem sich das Wirken dieser Archetypen leicht erkennen läßt, ist eine aus vielen Beziehungen bekannte Konfliktsituation: Während der Mann ständig von seinem ihm heiligen Freiheitsbedürfnis, seinem Drang nach Unabhängigkeit und der Unmöglichkeit, sich wirklich fest zu binden, redet, beschwört die Frau das Gemeinsame und ist bereit, ihr letztes Hemd für die Verbindlichkeit der Beziehung zu geben. Das ist zumindest die äußere Wirklichkeit auf der bewußten Ebene. Im Unbewußten dagegen konstellieren sich die Gegenpole. Die Anima, die innere Weiblichkeit des Mannes, tut ihr bestes, um dessen bewußten Unabhängigkeitsdrang entgegenzuwirken. Das Ergebnis ist beeindruckend. Anstatt seinem angeblichen Freiheitsdrang wirklich nachzugehen, fühlt sich der Mann innerlich im gleichen Maß zu seiner Frau hingezogen, wie er ihr die Ohren von seinem Bedürfnis nach Unabhängigkeit vollschwatzt; denn genauso stark, wie er bewußt nach Ungebundenheit strebt, bindet ihn seine weibliche Seite, seine (unbewußte) Anima in die Beziehung ein. Da wir unbewußte Kräfte gern auf andere projizieren, wird dieser Mann natürlich seiner Frau die Schuld an seiner vermeintlichen Unfreiheit geben und ihr vorwerfen und unterstellen, daß sie ihn nicht gehen läßt, wohingegen es natürlich einzig seine Anima ist, die ihn bindet. Die Frau ihrerseits wundert sich, wieso der Mann immer wieder zu ihr kommt, wenn er ihr doch eigentlich nur sagen will, daß er bestimmt gehen wird. Doch während sie bewußt mit aller Kraft um den Fortbestand und die Verbindlichkeit der Beziehung ringt, ihn zu becircen und zu umgarnen versucht, konstelliert sich ihre innere Gegengeschlechtlichkeit immer stärker und eines schönen Tages, wie aus heiterem Himmel, zückt ihr innerer Animus das Schwert und läßt sie – auch zu ihrer eigenen Überraschung – die Beziehung zerschlagen, für die sie so lange gekämpft hat.[1] Je unbewußter wir uns dieser inneren Kräfte sind, um so mehr sind wir ihnen ausgeliefert und um so weniger verstehen wir unser Verhalten in Augenblicken, wo wir von ihnen bestimmt werden.

Natürlich zeigt dieses Beispiel nicht die einzige Wirkungsweise von Anima und Animus. Deren eigentliches Anliegen besteht vielmehr darin, den Menschen zu führen. In der Sprache von Mythen und Märchen sind sie die Seelenführer, die uns geleiten. Anima und Animus lassen sich aber auch als die oder der innere Geliebte beschreiben. So wie sie im Unbewußten angelegt sind, so glauben wir, sollte der richtige Partner für uns sein. Wann immer uns ein Mensch begegnet, der uns verzaubert, haben Anima oder Animus ihre Hand im Spiel, da nur das Unbewußte die Kraft hat, das Bewußtsein zu verzaubern. Anders gesagt: Dieser Mensch, der uns »draußen« begegnet und fasziniert, bietet eine geeignete Projektionsfläche, einen »Haken«, an dem wir unser Seelenbild, das Bild unseres inneren Partners aufhängen können. Ist das gelungen, dann sind wir – zumindest für eine Weile – davon überzeugt, der oder die Richtige sei nun endlich in unser Leben getreten. Ein leidiges Problem liegt allerdings darin, daß die Kraft der Projektion mit der Zeit nachläßt, das geliebte Bild rissig wird und die wirklichen Konturen des anderen immer deutlicher hervortreten. Da

1 Natürlich enden nicht alle Verbindungen dieser Art so. In einer »Mutter-Sohn-Beziehung« etwa, wie sie auf Seite 79 beschrieben wird, kann es ein Dauerzustand sein, daß der Mann herumstromert, während seine immer verbitterter werdende Frau mehr oder weniger geduldig und verständnisvoll zu Hause auf ihn wartet.

aber leider nur das innere Seelenbild vollkommen sein kann, die äußere Wirklichkeit jedoch stets unvollkommen daherkommt, liegt in dieser Ernüchterung stets auch Enttäuschung und Trauer über den Verlust des vergötterten Bildes. In ihrer Arbeit über Anima und Animus sagt Emma Jung dazu sehr treffend: »Wenn diese Unterscheidung zwischen dem Bild und seinem Träger einsetzt, so werden wir zu unserer großen Verwirrung und Enttäuschung gewahr, daß der Mann, der das Animusbild zu verkörpern schien, diesem gar nicht entspricht, sondern sich dauernd anders verhält, als er nach unserer Meinung sollte.«[1] Welche Frau kennt das nicht? Und welcher Mann nicht auf seine Weise?

Ein weiteres Problem entsteht dann oftmals daraus, daß alle Seelenbilder polar sind, das heißt, eine lichte und eine dunkle Seite haben. Wann immer ein Engel in unser Leben tritt, haben wir natürlich die lichte Seite auf diesen Menschen übertragen. Sofern es sich dabei um eine rein unbewußte Projektion handelt, kann sie sehr schnell in ihr Gegenteil kippen. Denn wenn jemand einen geliebten Menschen grenzenlos anschwärmt, all seine Fehler übersieht und in ihm nur den Engel zu erkennen vermag, kann es im Normalfall nicht lange dauern, bis der Engel in die Hölle stürzt und zu Teufel oder Hexe wird. Dieses dunkle Bild entspricht der äußeren Wirklichkeit natürlich genausowenig wie zuvor der Engel. Es wird aber mit der gleichen Intensität erlebt und mit der gleichen Vehemenz bekämpft, mit der das geliebte Bild zuvor begehrt wurde. Daher ist es so wichtig, sich dieser inneren Person und der Tatsache, daß wir sie projizieren, bewußt zu werden, da anderenfalls die Gefahr besteht, aus Unwissenheit Wertvolles zu zerstören.

Offensichtlich ist es die Absicht dieser Seelenführer, den Menschen in den Lebensbereich zu führen, in dem er mehr über sich erfahren kann als in jedem anderen: die Beziehung. Nur in der innigen und ständigen Auseinandersetzung mit dem anderen Geschlecht können wir uns unserer unbewußten Gegengeschlechtlichkeit bewußt werden und Animus und Anima als die Kräfte

1 Emma Jung, Animus und Anima, Seite 19

begreifen, die uns letztlich zur Ganzheit führen wollen. Das innere Bild aber einfach nur dem anderen an die Nase zu hängen, zu glauben, endlich den oder die Richtige gefunden zu haben, und zu hoffen, nun für immer Seelenfrieden zu haben, heißt, es sich etwas zu leicht zu machen und den billigsten Wunschträumen auf den Leim zu gehen. Sicherlich ist die erste Verliebtheit, die uns im Augenblick der gelungen Projektion verzaubert, ein wunderschöner, erhebender Zustand. Aber nach allem, was Psychologie und Lebenserfahrung dazu herausgefunden haben, sagt der Grad der Verliebtheit nur etwas über den Grad der Enttäuschung aus, die ihr früher oder später folgen muß, interessanterweise jedoch absolut nichts über die Tiefe und Beständigkeit der Beziehung, die aus ihr hervorgehen kann. Selbst aus dem rosigsten siebten Himmel kann ein Absturz erfolgen, der die ganze Beziehung mit in den Abgrund reißt, während andererseits auch ohne anfängliche Verliebtheit eine tiefe Beziehung zwischen zwei Menschen erwachsen kann.

Die Verliebtheit, die unsere inneren Partner stimulieren können, ist offenbar so etwas wie ein Zaubertrank, der unser Bewußtsein beflügelt, uns Grenzen überschreiten läßt und uns mit einem anderen Menschen zusammenbringt. Aber diese liebestrunkene Übersteigerung der Wirklichkeit ist genausowenig als Ziel an sich oder als Dauerzustand gemeint wie irgendein anderer Rausch. Die eigentliche Beziehung beginnt erst nach der Ausnüchterung, wenn wir unser Gegenüber nicht länger als Traumfrau oder Märchenprinz anhimmeln, sondern in ihm mehr und mehr den Menschen erkennen, der er wirklich ist. Im verliebten Zustand ewige Treue zu schwören ist leicht und genauso billig, wie die oft zu hörenden Beteuerungen chronischer Singles oder alternder Casanovas, daß sie sich nichts mehr ersehnen, als sich sofort auf ewig zu binden, wenn nur endlich der oder die Richtige käme.

Den oder die Richtige gibt es ganz bestimmt. Aber gewiß nicht so, wie wir uns diesen Menschen in jungen Jahren sehnsuchtsvoll erträumen. Es gibt ihn nicht »fertig«. Er kann nur zum Richtigen werden, indem wir uns für ihn entscheiden. Das soll nun nicht heißen, es sei beliebig, mit wem wir uns verbinden. Sicherlich gibt es Menschen, die eher füreinander bestimmt sind und besser zueinander passen als andere. Solange wir uns aber nur unter dem Vorbehalt aufeinander einlassen, daß uns der andere nicht enttäuscht oder bereits erkannte »Mängel« schleunigst behebt, haben wir uns nicht wirklich eingelassen. Auch wenn wir – vor allem in der Verliebtheitsphase – noch so sehr von unserer Liebe überzeugt sind, gilt stets: Eine Liebe unter Vorbehalt meint nie den anderen, sondern immer nur unser inneres Seelenbild, für das der andere ein möglicher Kandidat ist. Nichts ist einfacher, als die Vorstellung zu lieben, die wir uns von einem Menschen machen, da sie unserem inneren Partnerbild entspricht. Dabei lieben wir aber eben nur unsere *Vorstellung*, die wir uns vom anderen machen, sozusagen unser inneres Bild, das wir *vor ihn stellen*. Natürlich merken wir zunächst nicht, was wir da tun. Eine Projektion wird immer so lange als die reine Wirklichkeit erlebt, bis uns – wenn überhaupt – langsam dämmert, daß wir einmal mehr unserer Vorstellung aufgesessen sind.

Störungen, die uns das bewußt machen wollen, kommen früher oder später ganz unvermeidlich. Ob wir deren Ursache erkennen und diesen Zusammenhang begreifen, bleibt allerdings offen. Aber vermeiden ließen sich diese Störungen nicht einmal in den »guten« alten Ehen, die inzwischen recht selten geworden sind und die immer wieder als Beweis dafür herhalten müssen, daß es heutzutage mit Sitte, Moral und Verbindlichkeit endgültig bergab geht. Selbst wenn das der Fall sein sollte, so ist die patriarchale Ehe, die zumindest seitens der Frau unberührt begann und unbescholten blieb, bis daß der Tod sie schied, nicht gerade geeignet, als rühmliches Vorbild zu dienen. Wo sie wirklich »funktionierte«, gelang das vor allem deshalb, weil der Mann, dank seiner Machtmittel, die Frau manipulieren und dazu zwingen konnte, seine Anima zu verkörpern. Wann immer eine Frau das tut, darf sie sicher sein, von ihrem Mann auf Händen getragen zu werden. Und das erscheint natürlich verlockend, zumal für eine Frau, die finanziell und gesellschaftlich von ihrem Mann abhängig ist. In den meisten Fällen wird sie sich gar nicht bewußt sein, daß sie »gekauft« ist, daß sie verwöhnt wird und seine Zuneigung und Großzügigkeit in dem Maß erfährt, wie sie sein liebes Mädchen, sein Liebchen oder, seit den fünfziger Jahren, sein Baby ist. Der Preis dafür ist hoch. Es ist der Preis der Selbstverleugnung. Denn wann immer eine Frau versucht, die Anima, das Suchbild ihres Mannes zu verkörpern, kann sie das natürlich nur zu Lasten der Entfaltung ihres wahren Wesens tun. Statt die eigene Persönlichkeit zu entfalten, ist sie nur eine Summe von Fremderwartung. Dort, wo ihr das nicht bewußt wird, oder sie trotz besserer Einsicht nicht aus dem Korsett fremdbestimmter Identität ausbricht, macht sich dieser Selbstverrat früher oder später durch seelische Störungen oder körperliche Leiden bemerkbar. Hysterie und Migräne sind zwei dafür typische Ausdrucksformen[1], weshalb es nicht Wunder nimmt, daß diese Leiden in der Spätblüte der patriarchalen Ehe zu Beginn des 20. Jahrhunderts noch als reine Frauenkrankheiten abgetan wurden.

Natürlich erliegen nicht nur Männer der Versuchung, ihre Frau mit geschickter Manipulation und mehr oder weniger sanfter Gewalt in die Schablone ihrer Anima zu zwängen. Genügend Frauen versuchen ihrerseits ihren Mann zu verführen und ihn mit List und Tücke dahin zu bringen, ihr inneres Idealbild, ihren Animus zu verkörpern. In all diesen Fällen gilt die Liebe stets nur dem inneren Bild, während der angeblich geliebte Partner nun ein Kandidat ist, dem eine Frist gewährt wurde, innerhalb derer er sich als fähig erweisen muß, das Gewand und die Rolle unserer Anima oder unseres Animus würdig auszufüllen. Unser Gegenüber aber als den Menschen zu nehmen und zu lieben, der er wirklich ist, und ihn obendrein in der weiteren Entfaltung seiner Eigenart großherzig zu fördern und zu unterstützen, ist natürlich etwas ganz anderes. Das aber setzt voraus, daß wir uns für den anderen wirklich interessieren, ihn mit freundlicher Aufmerksamkeit beobachten und ihn in seinen Eigenheiten studieren. So selbstverständlich sich das anhören mag, so wenig sind wir dazu bereit, sobald unser Bild vom anderen zu zerbrechen droht. Aber nur dort, wo ein Mensch den anderen erkennt und liebt als das lebendige Original, das er ist, statt ihn in das Klischee seines Wunschbilds zu pressen, kann man wirklich von Liebe sprechen. Alles andere ver-

1 Natürlich gibt es für diese Krankheiten auch viele andere Ursachen.

dient den Namen nicht, weil es egoistischen Motiven entspringt, wie etwa dem Wunsch, sich mit seinem Partner zu schmücken, nie mehr allein zu sein oder materiell und erotisch versorgt zu werden.

Um dahin zu gelangen, ist es nicht nur wichtig, sich seines oder seiner inneren Geliebten bewußt zu werden, sondern sich auch intensiv mit diesem inneren Bild auseinanderzusetzen. Denn die Ursache vieler Probleme in einer Beziehung ist nicht – wie man gern glaubt – der oder die andere, sondern eine dieser inneren Figuren. C.G. Jung macht das sehr deutlich, wenn er sagt: »Es ist ein Irrtum, zu glauben, daß die persönliche Auseinandersetzung mit dem Partner die Hauptrolle spiele. Letztere fällt im Gegenteil der inneren Auseinandersetzung des Mannes mit der Anima, der Frau mit dem Animus zu.«[1] Die Reibung mit dem Partner ist allerdings insofern unentbehrlich, als daß Anima und Animus uns nur in der Beziehung zum Gegengeschlecht bewußt werden können, weil unsere Projektionen nur dort wirksam werden. Eine Hilfestellung zu dieser Bewußtwerdung bietet dieses Buch im zweiten Teil durch die Beschreibung zwölf weiblicher und zwölf männlicher Typen und deren Stärken und Schwächen. In Verbindung mit dem Horoskop läßt sich damit die persönliche Prägung umreißen, sozusagen ein Phantombild von Anima oder Animus erstellen, mit dem es leichter fällt, sich bewußt zu machen, wie dieses Seelenbild in uns angelegt ist.

1 C.G. Jung, Die Psychologie der Übertragung, Grundwerk Band 3, Seite 209

Der Suchbildkonflikt

Gleich den vier Aspekten unseres Bewußtseins, die den Elementen Feuer, Erde, Luft und Wasser entsprechen, ist auch unsere innere Gegengeschlechtlichkeit als eine Viererstruktur angelegt. Erst wenn diese vier Aspekte voll entwickelt sind, haben sich auch Anima oder Animus zur Ganzheit entfaltet. Zunächst aber schlummern sie im doppelten Sinn des Wortes einfältig – manchmal auch schon »zweifältig« – in uns und warten auf ihre Entfaltung. Einfältig und zweifältig insofern, als daß die Tiefenpsychologie lehrt und die Astrologie zeigt, daß in jedem Menschen anfangs nur ein oder zwei Seiten dieser inneren Vierheit betont sind. Die fehlenden Aspekte werden erst im Lauf des Lebens bewußt, wenn sie durch Begegnungen und Erfahrungen mit dem anderen Geschlecht erlebt und entfaltet werden. Als eine wesentliche, treibende Kraft bei diesem Entfaltungsprozeß erweist sich ein Suchbildkonflikt, dessen tiefgehende Bedeutung weitgehend unbekannt ist und den viele Menschen nur als ärgerliche, lästige oder enttäuschende Erfahrung erleben.

Mit Hilfe der Astrologie läßt sich leicht erkennen, was damit gemeint ist und warum es in vielen Beziehungen früher oder später zu einem Suchbildkonflikt kommen muß. Astrologisch betrachtet ist das uns fehlende Element mit höchster Wahrscheinlichkeit dasjenige, in dessen Zeichengruppe unser Horoskop keinen oder die wenigsten persönlichen Planeten aufweist. Als Ausgleich und Ergänzung verbinden wir uns bekanntlich vorzugsweise mit einem Menschen, der eben dieses fehlende Element stark verkörpert. Zugleich aber tragen wir ein Suchbild in uns, das uns sagt, wie unser Partner idealerweise sein sollte. Diese innere Prägung, die wir als Animus und Anima kennengelernt haben, läßt sich ebenfalls mit Hilfe der Astrologie erkennen. Die Färbung des Animus als Suchbild der Frau zeigt sich in ihrem Horoskop in der Zeichenstellung der männlichen Planeten Mars (♂) und Sonne (☉), wohingegen sich die Anima als Suchbild des Mannes aus der Zeichenstellung der weiblichen Planeten Venus (♀) und Mond (☽) in seinem Horoskop ablesen läßt. Nun ist es aber sehr unwahrscheinlich[1], daß beide Suchbildplaneten in Zeichen stehen, die zur Gruppe des fehlenden Elements gehören, denn dann wäre dies wohl kaum das fehlende Element. Anders gesagt: Wenn man aus der Zeichenstellung der sieben persönlichen Planeten Sonne (☉), Mond (☽), Merkur (☿), Venus (♀), Mars (♂), Jupiter (♃) und Saturn (♄) die Verteilung der Elemente abliest und man das fehlende Element daran erkennt, daß in den dazugehörenden Zeichen keiner oder die wenigsten dieser Planeten stehen, dann kann es schon mathematisch nicht sein, daß in dem fehlenden Element zwei Planeten stehen. Denn wie immer man sieben Planeten in vier Gruppen aufteilt, stets verbleibt eine Gruppe mit höchstens einem Planeten.

Wir neigen also dazu, uns mit einem Menschen zu verbinden, der uns zwar ergänzt, weil er unserem fehlenden Element entspricht, der aber nicht oder nur teilweise unser inneres Suchbild verkörpert. Deshalb erleben wir ihn, sobald die Freude über die geglückte Ergänzung nachläßt, auch immer öfter als eine Beleidigung unseres inneren Bildes, als einen Affront für Animus oder Anima. Und dann kommt der Tag, an dem wir ihm vorzuwerfen beginnen, daß er nicht so ist, wie wir meinen, daß ein richtiger Mann oder eine richtige Frau zu sein hätte.

Fehlt uns Feuer und stehen unsere gegengeschlechtlichen Planeten[2] in Erde, Luft oder Wasser, dann werden wir uns nach anfänglicher Begeisterung für die Dynamik, das Temperament und all die anderen feurigen Qualitäten unseres Partners darüber beklagen, daß er nicht so bodenständig (Erde), so cool und ideenreich (Luft) oder so phantasievoll und einfühlsam (Wasser) ist, wie es unserem inneren Bild entspricht.

---

1 Der Fall kann nicht völlig ausgeschlossen werden, weil die Zeichenstellung der Planeten zwar der gewichtigste, aber nicht der alleinige Indikator für die Elementenverteilung ist.
2 Die gegengeschlechtlichen Planeten sind im Horoskop einer Frau Sonne (☉) und Mars (♂) und im Horoskop eines Mannes Mond (☽) und Venus (♀).

Fehlt uns Erde und stehen unsere gegengeschlechtlichen Planeten in Feuer, Luft oder Wasser, dann werden wir nach anfänglicher Begeisterung für die Bodenständigkeit, die Zuverlässigkeit und all die anderen erdhaften Qualitäten unseres Partners darüber klagen, daß er nicht so spontan und begeisterungsfähig (Feuer), so pfiffig und gewandt (Luft) oder so feinfühlig und hingabevoll (Wasser) ist, wie es unserem inneren Bild entspricht.

Fehlt uns Luft und stehen unsere gegengeschlechtlichen Planeten in Feuer, Erde oder Wasser, dann werden wir nach anfänglicher Begeisterung für die Leichtigkeit, den frischen Wind und all die anderen luftigen Qualitäten unseres Partners darüber klagen, daß er nicht so warm und temperamentvoll (Feuer), so praktisch und so beständig (Erde) oder so romantisch und fürsorglich (Wasser) ist, wie es unserem inneren Bild entspricht.

Fehlt uns Wasser und stehen unsere gegengeschlechtlichen Planeten in Feuer, Luft oder Erde, dann werden wir nach anfänglicher Begeisterung für die Gefühlstiefe, die Instinktsicherheit und all die anderen wäßrigen Qualitäten unseres Partners darüber klagen, daß er nicht so unternehmungslustig und so dynamisch (Feuer), so klar und so unbeschwert (Luft) oder so sachlich und konsequent (Erde) ist, wie es unserem inneren Bild entspricht.

Ein Blick in die Horoskope von Hillary und Bill Clinton soll diesen Suchbildkonflikt verdeutlichen:

Horoskop von Bill Clinton

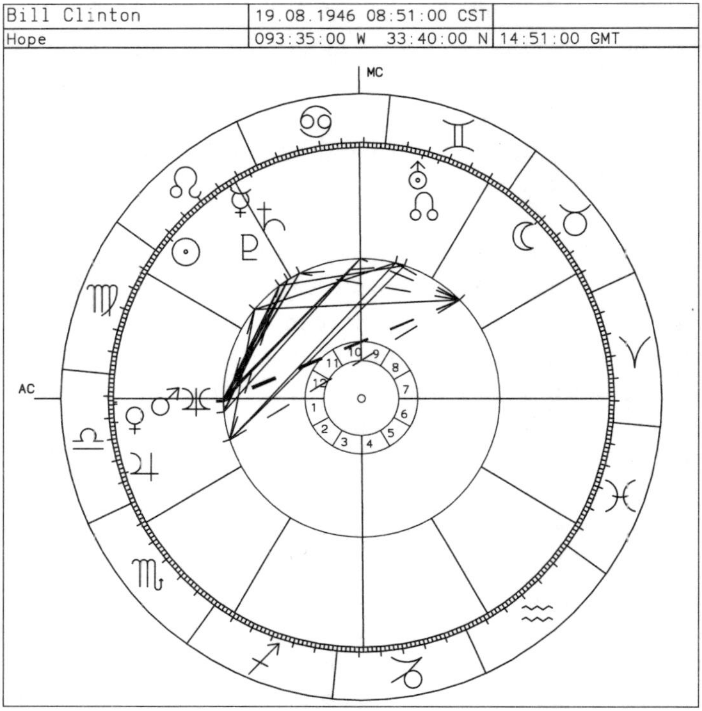

Die Auflistung der persönlichen Planeten ergibt folgende Elementeverteilung:

Bill Clinton				
Planet		Zeichen		Element
☉	Sonne	♌	Löwe	Feuer
☽	Mond	♉	Stier	Erde
☿	Merkur	♌	Löwe	Feuer
♀	Venus	♎	Waage	Luft
♂	Mars	♎	Waage	Luft
♃	Jupiter	♎	Waage	Luft
♄	Saturn	♌	Löwe	Feuer
Dominantes Element				Luft
Fehlendes Element				Wasser
Suchbild				Luft (♀) und Erde (☽)

Horoskop von Hillary Clinton

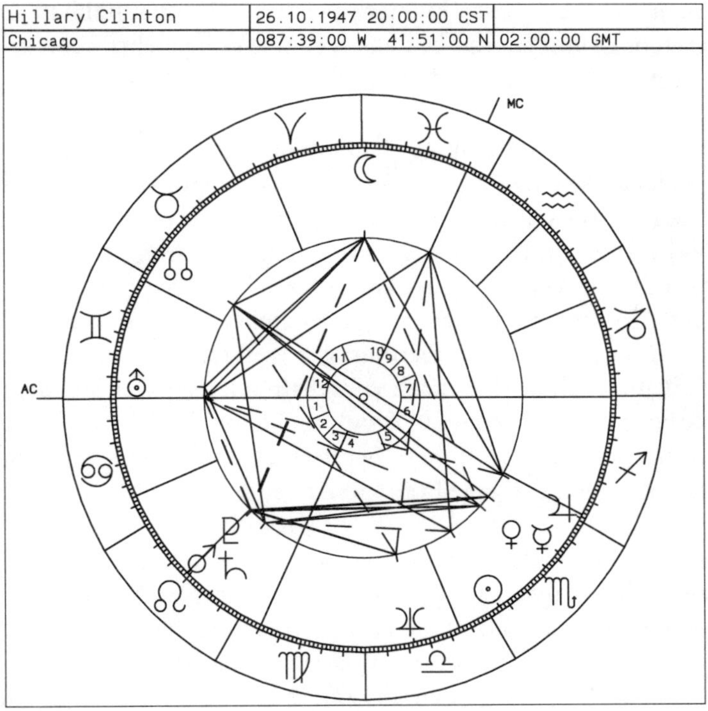

Die Auflistung der persönlichen Planeten ergibt folgende Elementeverteilung:

Hillary Clinton				
Planet		Zeichen		Element
☉	Sonne	♏	Skorpion	Wasser
☽	Mond	♓	Fische	Wasser
☿	Merkur	♏	Skorpion	Wasser
♀	Venus	♏	Skorpion	Wasser
♂	Mars	♌	Löwe	Feuer
♃	Jupiter	♐	Schütze	Feuer
♄	Saturn	♌	Löwe	Feuer
Dominantes Element				Wasser
Fehlendes Element				Luft und Erde
Suchbild				Feuer (♂)und Wasser(☉)

Während in Bill Clintons Horoskop kein Planet in einem Wasserzeichen steht, ist dieses Element bei seiner Frau auffallend stark vertreten, womit sie ihn bestens ergänzt. Umgekehrt kann er ihr die Luft geben, die ihr fehlt, und auch ein wenig Erde.

Der Suchbildkonflikt entsteht nun daraus, daß Bill Clinton naheliegenderweise eine Frau mit starker Wasserbetonung gesucht hat, ihm andererseits aber seine innere Weiblichkeit ein anderes Frauenbild vermittelt. In seinem Fall ist es eine Mischung aus Luft und Erde, da seine Venus (♀) in dem Luftzeichen Waage (♎) und sein Mond (☽) im Erdzeichen Stier (♉) steht. Demzufolge wird er früher oder später darüber irritiert gewesen sein und seiner Hillary aller Wahrscheinlichkeit nach vorgehalten haben, daß sie nicht so geradlinig und konsequent (Erde) ist und auch nicht so klar und diplomatisch oder so unbeschwert (Luft), wie ihn seine Anima Glauben macht, daß eine Frau zu sein hätte.

In umgekehrter Richtung sieht es nicht ganz so kraß aus, weil Bill Clinton dem Löwemars (♂/♌) als den feurigen Anteil aus Hillarys Suchbild mit seinen vielen Feuerplaneten leicht entsprechen kann. Dagegen fehlt ihm die Wasserqualität, die aufgrund ihrer Skorpionsonne (☉/♏) ebenfalls Teil ihres Suchbildes ist. Insofern wird sie ihm sicherlich schon öfter vorgeworfen haben, daß es ihm an Tiefe fehlt, an Einfühlungsvermögen, Instinktsicherheit und an anderen Wasserqualitäten.[1]

Natürlich gibt es auch Fälle, in denen der Weg in eine Beziehung anders verläuft. Dann wird der Partner oder die Partnerin wirklich und nachhaltig als die Verkörperung des Seelenbildes erlebt. Astrologisch entspricht das einer weitgehenden Übereinstimmung der Suchbildplaneten des eigenen Horoskops mit den gleichen Planeten im Partnerhoroskop. Aber so schön das auch klingen mag, und so sehr diese Verbindungen in manchen astrologischen Büchern gepriesen werden, es mangelt ihnen an etwas

1 Bei diesem und ähnlichen Beispielen sollte man sich stets vor Augen halten, daß die Probleme, die beide miteinander haben, nicht unbedingt identisch sind mit dem, was die Medien berichten.

ganz Entscheidendem. Diese Menschen haben genaugenommen noch nicht gefunden, was ihnen fehlt. Ihnen fehlt die Ergänzung durch das fehlende Element und damit oftmals auch die Gegensatzspannung, derer es bedarf, damit wir uns an ihr reiben und das Beste aus uns hervorholen.

All das soll nicht heißen, daß Beziehungen grundsätzlich dramatisch sein müssen oder daß es naiv und aussichtslos wäre, trotz allem ein harmonisches Miteinander anzustreben. Doch gerade in schwierigen Phasen ist es außerordentlich hilfreich, die grundlegende Bedeutung und die Wichtigkeit der Konflikte zu erkennen, die fast jeder Beziehung innewohnen, die Konflikte zwischen dem Suchbild, das wir als Anima oder Animus in uns tragen, und dem Menschen, mit dem wir uns vorzugsweise verbinden, weil er das verkörpert, was uns fehlt. Daß es sich dabei weniger um eine Gemeinheit des Schicksals noch um einen bösen Streich der Schöpfung handelt, sondern daß in der Lösung dieses Konflikts ein ganz wesentlicher Teil unseres Reifeprozesses liegt, macht das folgende Kapitel deutlich.

Die Entfaltung von Animus und Anima

Die Bewußtmachung und Entfaltung von Animus und Anima ist schon deshalb wichtig, weil diese archetypischen Kräfte auf einer rein unbewußten oder schlecht integrierten Ebene viele Probleme verursachen können. Es ist, als würden sie den Menschen so lange zwicken und in Konflikte führen, bis er sich ihrer bewußt wird, sie als innere Personen erkennt und integriert. Typische Animaprobleme eines Mannes sind Launenhaftigkeit, Maulen und Schmollen, schmierige Schwülstigkeit und die kapriziöse Empfindsamkeit des Primadonnentyps, der seine ganze Umgebung durch ständiges Beleidigtsein zu tyrannisieren versteht. Animusprobleme der Frau sind beispielsweise Denkprozesse, die nicht bis zur Lösung eines Problems vordringen, sondern bei dessen Beschreibung stehen bleiben, oder sogar ihre ganz Kraft durch Konzentration auf den Beweis verschleißen, daß das Problem niemals zu lösen sein wird. Zweckpessimismus, Leiden am Leben, häufiges Unglücklichsein bis hin zu depressiven Schüben sind die Folge. Ein weiteres typisches Merkmal sind als Meinungen verkleidete Thesen, die bei einer Diskussion oder in einem Streitgespräch stets in der Mehrzahl und vorzugsweise mit metallisch-scheppernder Stimme vorgetragen werden. Sie erinnern in Schnelligkeit, Vielzahl und dem oft fehlenden inneren Zusammenhang an eine sehr breit gestreute Attacke und hören sich nicht wie gezielte Entgegnungen auf eine gemachte Äußerung an.

Solange Animus oder Anima noch einfältig, das heißt unentfaltet in uns wirken, haben wir nur ein naives, einseitiges und verzerrtes Bild vom anderen Geschlecht. Dessen ungeachtet aber glaubt fast jeder Mann, die Frau an sich zu kennen; ebenso wie kaum eine Frau ihr Bild von einem »richtigen« Mann in Frage stellt. Gerade in der Partnerschaft (aber nicht nur dort) neigen wir dazu, uns ein Bild von der Wirklichkeit zu machen und die Wirklichkeit hinter diesem Bild leicht zu übersehen. Wir glauben, ganz sicher zu wissen, wie unser wirklicher Partner ist. Wir gehen sogar so weit, unser Bild als das objektive hinzustellen, während er von sich ja »nur« ein subjektives haben kann. Daß wir ihn mit unserem Bild vielfach verkennen, vergewaltigen und ihm Unrecht tun, wird uns nur in den wenigsten Fällen bewußt.

Vielleicht ist diese menschliche Neigung der Grund für das alttestamentarische Verbot, sich ein Bild zu machen von »irgend etwas am Himmel droben, auf der Erde unten oder im Wasser unter der Erde«[1], ein Verbot, das im Islam noch so lebendig ist, daß sich kaum ein gläubiger Muslim fotografieren lassen mag. Das Bild, das wir uns von einem anderen machen, wird zu leicht zu einer zu engen Schablone, in die wir ihn hineinzwingen wollen. Dies um so mehr, als es zu den verbreitetsten Irrtümern gehört, zu glauben, der oder die andere sei letztlich doch mehr oder weniger so wie wir selbst. Auch wenn von vielen Seiten immer wieder betont wird, daß jeder Mensch anders ist, machen wir uns viel zu wenig bewußt, was das tatsächlich bedeutet. Wie unterschiedlich Menschen wirklich sind, wie einmalig in ihrer Anlage, vermag uns allem voran die Astrologie vor Augen zu führen, die die Prägung jedes einzelnen Menschen, der lebt, gelebt hat und leben wird, in einem einzigartigen, niemals wiederkehrenden Horoskop zu veranschaulichen vermag. Der größte Unterschied, die größte Gegensatzspannung aber liegt zweifellos in der Polarität zwischen Mann und Frau. Wer diesen Unterschied gleichmacherisch herunterspielt, der muß Grundlegendes übersehen haben und Gleichwertigkeit mit Gleichartigkeit verwechseln.

Um das andere Geschlecht in seiner Andersartigkeit wirklich verstehen zu können, ist es notwendig, unsere innere Gegengeschlechtlichkeit zu entfalten. Solange Animus und Anima nur im Unbewußten wirken, werden wir unserem Gegenüber niemals gerecht, sondern nehmen von ihm nur ein naives, beschränktes Bild wahr, das wir selbst auf ihn projizieren. Erst mit allmählicher Bewußtwerdung erkennen wir langsam mehr und mehr, wie unser Partner an sich ist, und lernen, zwischen ihm und dem Bild zu unterscheiden, das wir bislang von ihm hatten. Aber erst, wenn sich

1 2. Mose 20,4

als weiterer Bewußtwerdungsschritt unser inneres Suchbild zu entfalten beginnt, wachsen wir über die einseitige Enge unserer anfänglichen Wahrnehmung hinaus und beginnen, das andere Geschlecht in seiner ganzen Andersartigkeit zu begreifen und wertzuschätzen. Dieser Bewußtwerdungsschritt ist deshalb so unerläßlich wichtig, weil nur etwas, das uns bewußt geworden ist, von uns überhaupt wahrgenommen und wirklich wertgeschätzt werden kann. Was nicht in unserem Bewußtsein ist, liegt im dunkeln und wird von uns so lange verkannt oder gänzlich übersehen, bis es uns vielleicht eines Tages langsam dämmert und einzuleuchten beginnt. Erst dann beginnen wir etwas im »rechten Lichte« zu betrachten, erst dann wird es uns klar, erst dann können wir es in seiner Eigenart und seinem Eigenwert erkennen und schätzen.

Daß diese innere Auseinandersetzung weit über die Partnerschaft hinaus Früchte tragen kann, soll die folgende Überlegung verdeutlichen. Für das Weibliche steht immer der Mensch im Mittelpunkt. Deshalb kann das Weibliche in uns nie verstehen, wie man(n) etwas der Sache oder eines Prinzips wegen tun kann. Das Männliche in uns aber fühlt, daß alle Ordnungsstrukturen bedroht sind, wenn man wichtige Grundsätze nicht konsequent durchsetzt und deren Einhaltung überwacht. So gesehen wäre ein gereifter Mensch jemand, der beide Aspekte in würdiger Form in sich vereint, der es in seinem Leben – und nicht nur in seiner Vorstellung – versteht, in rechtem Maß strenge Konsequenz (der Sache wegen) und nachsichtige Milde (dem einzelnen zuliebe) auszuüben.

Erst wenn wir zutiefst bejahen und es positiv erleben, daß sich beide Geschlechter in ihrer eigenen Weise feurig, erdig, luftig und wäßrig geben können, ohne daß einer der beiden einen dieser Aspekte als seine Domäne für sich gepachtet hat, können wir es zulassen und auch unterstützen, daß sich unser Partner in seiner ganzen Eigenart entfaltet. Die Chance dazu war sicherlich nie größer als heute, zu Beginn des Wassermannzeitalters, in dessen Mittelpunkt der Androgyn steht, der das Männliche und das Weibliche als das Menschliche in sich vereint.

Solange wir aber – trotz aller Aufgeklärtheit und bei allem liberalen Gedankengut – im Inneren nach wie vor glauben, Männer kämen eigentlich auch ganz gut ohne die Wasserwelt der Gefühle aus und Frauen sollten, wenn schon nicht das Denken (Luft), so doch zumindest die Feuerwelt der Selbstbehauptung, der Durchsetzungskraft und des Führungsanspruchs den Männern überlassen, solange steckt unsere innere Gegengeschlechtlichkeit noch in den Kinderschuhen, und solange sind wir von wirklicher Reife noch weit entfernt. Diese drückt sich ja unter anderem auch darin aus, jedem Geschlecht die Freiheit zu gewähren, die Wirklichkeit in eigener Weise zu erleben und zu gestalten, oder – anders gesagt – mit den Elementen in eigener Weise umzugehen. Was damit gemeint ist, verdeutlicht die nachstehende Übersicht, die ganz bestimmt nicht als Rollenfestlegung, sondern als Denkanstoß gemeint ist. Natürlich steht die dort beschriebene männliche Umgangsform auch der Frau offen, ebenso wie sich ein Mann den weiblichen Zugang wählen kann. Wenn wir aber Unterscheiden und Abgrenzen als Qualitäten symbolisch dem Männlichen zuordnen und in der Betonung des Gemeinsamen eine weibliche Tendenz erkennen, dann lassen sich die vier Elemente sehr wohl aus diesen Blickwinkeln in unterschiedlicher Weise erleben und gestalten. Ein weiteres Unterscheidungsmerkmal wäre etwa, die nach außen gerichtete

Unterschiede und Gemeinsamkeiten beim Zugang zu den vier Elementen

	Gemeinsame Ebene	Männlicher Zugang	Weiblicher Zugang
Feuer	Wille, Ideale, Ziele, Enthusiasmus	Pionier- und Kampfgeist, Wettkampf, Eroberung, Konkurrenz	Kreativität und Tanz als lebendiger Ausdruck und Freude an Gemeinsamkeit
Erde	Körper, Fruchtbarkeit	Absicherung des Erreichten, begrenzen, beschützen	Bestellung des fruchtbaren Bodens, Hegen und Pflegen
Luft	Geist, Erkenntnis	kausales Denken, Detailanalyse	analoges Denken, Erkenntnis des Ganzen
Wasser	Seele, Gefühlswelt, Intuition	künstlerischer Ausdruck, Hilfsbereitschaft	Instinktsicherheit, Heilkraft, Fürsorge

Kraft des Männlichen mit der extrovertierten Haltung gleichzusetzen, während dem Weiblichen die introvertierte, nach innen gerichtete und im verborgenen wirkende Kraft entspräche.

Dieses Modell findet eine interessante Parallele in der Typologie von C.G. Jung, der bekanntlich bei jedem der vier Grundcharaktere eine extrovertierte (nach außen gerichtete männliche) von einer introvertierten (nach innen gerichtete weibliche) Ausdrucksform unterschied.

Die vier Grundaspekte des Männlichen und des Weiblichen lassen sich natürlich auch auf kollektiver Ebene als archetypische Vertreter von Feuer, Erde, Luft und Wasser beschreiben. Dabei zeigen sie sich in Urbildern, die – wie alle inneren Bilder – eine lichte Seite und einen dunklen Gegenpol haben. Die nachfolgenden Tabellen zeigen diese vier elementaren Ausdrucksformen der Weiblichkeit und der Männlichkeit als Grundaspekte von Anima und Animus.

Die vier elementaren Grundaspekte der Anima				
	FEUER	ERDE	LUFT	WASSER
ARCHETYP	die Amazone	die Mutter	die Lorelei	die Sphinx
MERKMAL	Temperament	Beständigkeit	Leichtigkeit	Hingabefähigkeit
LICHT	die Forsche	die Patente	die Hellwache	die Einfühlsame
SCHATTEN	die Verletzende	die Verhärtete	die Unhaltbare	die Launische
QUALITÄT	Willensstärke	Tatkraft	Ideenreichtum	Medialität
PROBLEMATIK	Taktlosigkeit	Unflexibilität	Kopflastigkeit	Überempfindlichkeit
ÖFFNET DIE AUGEN FÜR	das Positive	die Wirklichkeit	das Leichte	die Seele
MYTHOLOGISCHE FIGUR	Artemis	Demeter	Athene	die Musen
TYP	die Wilde	die Praktikerin	die Intellektuelle	die Rätselhafte

Die vier elementaren Grundaspekte des Animus				
	Feuer	Erde	Luft	Wasser
Archetyp	der Krieger	der Hirte	der Gelehrte	der Magier
Merkmal	Selbstvertrauen	Verantwortung	Cleverneß	Gefühlstiefe
Licht	der Mutige	der Beschützer	der Geistreiche	der Verständnisvolle
Schatten	der rücksichtslose Draufgänger	der unverbesserliche Sturkopf	der neunmalkluge Besserwisser	der schmierige Schlawiner
Qualität	Willensstärke	Tatkraft	Ideenreichtum	Phantasie
Problematik	Unberechenbarkeit	Unbeweglichkeit	Unverbindlichkeit	Unzuverlässigkeit
Drängt nach	Durchbruch	Verwirklichung	Freiheit	Tiefe
Mythologische Figur	Prometheus	Pan	Hermes	Poseidon
Typ	der Sportler	der Pragmatiker	der Intellektuelle	der Künstler

Um zu verstehen, wie bedeutsam die Entfaltung von Anima und Animus für die Beziehung ist, nehmen wir als Beispiel eine Frau, die infolge ihrer menschlichen Reife sich ihrer Ganzheit bewußt geworden ist und die vier Aspekte ihrer Weiblichkeit, die Amazone, die Mutter, die Intellektuelle und die Sphinx, in sich erkannt und so gut entfaltet hat, daß sie in diesen vier Facetten erscheinen kann und sie lebendig zum Ausdruck bringt.

Trifft diese Frau nun auf einen Mann mit einer noch unentwickelten oder verkümmerten Anima, die ihn bestenfalls zwei Aspekte an einer Frau erkennen läßt, sagen wir Feuer und Erde, dann nimmt dieser Mann sie zwar als ein Wesen wahr, mit dem man viel unternehmen kann (Feuer) und das für manchen sinnlichen Genuß zu haben ist (Erde), daß sie aber auch eine intellektuelle Seite hat (Luft) und emotionale Tiefe gibt und sucht (Wasser), sieht und begreift er nicht. Natürlich wird ihm diese Frau früher oder später sagen, daß sie wirklich gern mit ihm Ski läuft (Feuer) und ins Bett geht (Erde), daß sie sich aber wirklich nur teilweise gesehen, verstanden und angenommen fühlt, wenn er ihre Seelentiefe (Wasser) nicht wahrnimmt und mit ihrem Verstand (Luft) nichts anzufangen weiß. Solange aber seine Anima diese Seiten nicht entwickelt hat, versteht er eigentlich gar nicht, wovon sie spricht und warum ihr das so wichtig ist. Ihm reicht es, ihre feurigen und erdhaften Seiten zu erleben. Wenn seine Anima keinen zusätzlichen Aspekt entfaltet, kann er seine Partnerin nicht in ihrer Ganzheit erkennen. Solange fehlt ihm einfach die Wahrnehmung und damit auch die Wertschätzung für diese zusätzlichen, weiblichen Aspekte. Und deshalb hält er sie bei seiner Partnerin – und letztlich auch bei allen anderen Frauen – für verzichtbar.

Aus diesen Gründen liegt die Voraussetzung für eine reife, lebendige und harmonische Partnerschaft darin, daß beide Partner ihre unbewußte Gegengeschlechtlichkeit entfalten, daß sich also der Mann seiner Anima und die Frau ihres Animus bewußt wird. Nur von diesem reifen Menschen fühlen wir uns wirklich verstanden und angenommen, und nur dann, wenn wir diesen Reifeschritt selbst vollzogen haben, können wir unser Gegenüber in seiner Eigenart wahrnehmen und dafür lieben, daß er so ist, wie er ist, und daß sie so ist, wie sie ist.

Wie kommt es nun zu der Entwicklung von Anima und Animus? Laut Emma Jung ist der Charakter dieser beiden Figuren nicht nur durch die jeweilige andersgeschlechtliche Anlage bestimmt, »sondern er wird noch mitbedingt durch die Erfahrungen, die jeder im Verlauf seines Lebens mit Vertretern des anderen Geschlechts macht.«[1] An dieser Stelle offenbart sich nun die grundlegende Bedeutung des Suchbildkonflikts. Die andersgeschlechtliche Anlage, von der Emma Jung spricht, zeigt sich, wie zuvor beschrieben, in den Zeichenstellungen der Suchbildplaneten eines Menschen. Auf Grund unserer Neigung, uns mit einem Partner zu verbinden, der zwar unser fehlendes Element verkörpert, aber nicht oder nur teilweise unser Suchbild, kommt es zu einem Konflikt, an dem wir

1 Emma Jung, Anima und Animus, Seite 10

uns so lange reiben, bis uns im günstigen Fall ein Licht aufgeht, das heißt, uns etwas bewußt geworden ist. Der Suchbildkonflikt bietet uns die Chance, daß unser bisheriges, zu enges Bild aufbricht, Anima oder Animus einen Entfaltungsschub erleben und unser Bewußtsein vom Wesen des anderen Geschlechts um einen neuen Aspekt bereichert wird. Das ist eine Wachstums*chance*, keine -garantie! Natürlich können wir den Suchbildkonflikt auch anders zu lösen versuchen. Etwa dadurch, daß wir auf unserer zu engen Sicht beharren und zugleich alles tun, um unser Gegenüber in unsere viel zu kleinen Schablonen zu pressen. Oder indem wir uns enttäuscht und empört von diesem Menschen trennen und weiter nach der oder dem Richtigen suchen, nach jemanden, der endlich genau so ist, wie es uns unser noch naives und unentfaltetes Suchbild einflüstert.

Der Sinn des Konflikts ist also einmal mehr, uns einen Anstoß zu innerem Wachstum zu geben. Gäbe es ihn nicht, hätten Animus und Anima kaum eine Chance, sich zu entfalten, da wir uns dann einfach nur auf einen Menschen einließen, der unsere Suchbildplaneten spiegelt. Reifer Partner oder reife Partnerin eines reifen Menschen zu werden, wäre dann aber unmöglich, da uns immer nur ein Konflikt aus paradiesischer Unbedarftheit herausreißt und unser Wachstum stimuliert. Ebensowenig könnten wir innerhalb einer solchen Beziehung reifen, ohne die Gefahr, über die engen Wahrnehmungsgrenzen des anderen hinauszuwachsen und sich ihm damit immer mehr zu entfremden.

Was läßt sich zur Entfaltung von Animus und Anima tun? Situationen, in denen wir lernen und an denen wir wachsen können, brauchen wir nicht zu suchen. Für hinreichende Möglichkeiten sorgt das Leben selbst. Der wesentlichste Faktor liegt vielmehr in der aufmerksamen, wachen und erkenntnisbereiten Beobachtung dessen, was wir im Umgang mit dem anderen Geschlecht erleben. Besonders wichtig ist dabei alles, was uns stört, verunsichert, worüber wir uns immer wieder aufregen, wofür wir alle Männer (alle Frauen) zum Teufel wünschen könnten. Hinter diesen Lästigkeiten und Ärgernissen verbergen sich häufig wertvolle Erkenntnisse, die gemacht werden wollen. Gleich den verzauberten Prinzen und Prinzessinnen der Märchen hoffen sie auf Erlösung. Solange sie aber noch im Unbewußten als Halbwahrheiten gegen unsere Bewußtseinsschwelle drängen, können wir sie nur verzerrt, in ihrer verwunschenen Gestalt wahrnehmen und ihre Bedeutung nicht wirklich erfassen. Deshalb machen sie sich dadurch bemerkbar, daß sie uns in Konflikte führen, als ihre einzige Chance, bewußt zu werden. Haben sie den Sprung über die Schwelle geschafft, sind sie uns erst einmal bewußt geworden, zeigen sie sich sogleich in einem anderen Bild. Dieses größere, ganze Bild umfaßt natürlich auch die bisher allein erlebten Schattenseiten, die aber nun ihren Alleinanspruch verloren haben und aus dem Zentrum unserer Wahrnehmung an den Platz rücken, der ihnen tatsächlich gebührt. Das gibt uns den Blick frei für die eigentliche, wertvolle Bedeutung dessen, was wir zuvor bekämpft, verachtet und gefürchtet haben.

Hier scheint neben allen Zweckmäßigkeitsüberlegungen ein ganz wichtiger Grund dafür zu liegen, warum in den meisten Kulturen die Ehe als Bund fürs Leben geschlossen wird und als unauflösbar gilt. Weil Ganzwerdung *das* Lebensziel der Seele ist und dieses Ziel ohne lebendige Auseinandersetzung mit dem anderen Geschlecht als dem Gegenpol nicht erreicht werden kann, gilt die Ehe als unauflösbar. Anderenfalls würden viele Menschen in der Enttäuschungsphase am Ende der Verliebtheit, oder spätestens wenn der Suchbildkonflikt deutlich wird, Hals über Kopf türmen. Der feste Rahmen aber, den der Lebensbund bietet, stellt zumindest sicher, daß beide Pole in Kontakt bleiben, daß Enttäuschungen ausgesprochen und Konflikte ausgetragen werden und daß beide, während sie sich aneinander reiben, die Chance haben, sich zu wandeln und an und durch diese Auseinandersetzungen zu wachsen.

Wenn aber in der heutigen Zeit unsere Verbindungen immer unverbindlicher werden und Ehen allerorts geschieden werden, stellt sich natürlich die Frage, wie es um diesen Zwang zur Auseinandersetzung steht? Wie immer kann man in solchen Phänomenen Fehlentwicklungen sehen und darüber klagen, daß heute alles viel schlechter ist als früher. Man kann aber auch darauf vertrauen, daß tiefgreifende Veränderungen schon ihren Sinn haben, daß sie einem neuen Bewußtsein entsprechen und eine neue Aufgabenstellung enthalten. In diesem Fall könnte das heißen, daß die Pflicht zur Auseinandersetzung, wie sie die unauflösbare Ehe mit sich brachte, heute durch eine Freiheit zur Auseinandersetzung abgelöst wird. Daß längst nicht jeder die Bedeutung dieser Freiheit versteht und mit ihr in rechter Weise umzugehen vermag, widerlegt diese Vermutung nicht. Um diesen Gedankengang aber wirklich zu verstehen, bedarf es einer kurzen Betrachtung der letzten zwei Jahrhunderte.

Seit der Französischen Revolution (1789) ist der Mensch aus den engen Strukturen ausgebrochen und hat in vielen Bereichen eine niemals zuvor erlebte Freiheit erlangt. Diese neue Freiheit gebührend auszufüllen, verlangt neben echter Verantwortungsbereitschaft allem voran ein größeres Bewußtsein über Sinn und Aufgabe unseres Lebens. War der mittelalterliche Mensch damit zufrieden, wenn seine Lebensaufgabe »bete und arbeite« hieß und seine Glaubenszweifel dank religiöser Dogmen geregelt wurden, so verlangt der Mensch der Neuzeit andere, persönlichere Antworten. Ihm raubt die Enge mittelalterlicher Dogmen die Luft zum Atmen, und es drängt ihn, einen persönlichen Sinn in seinem Leben zu erfahren. Zu gleicher Zeit verändert auch die Astrologie ihr Gesicht. War sie im Mittelalter nahezu ausschließlich ein Werkzeug, um günstige Augenblicke zu erkunden und Prognosen zu stellen, mußte sie mit diesem Anspruch in der Neuzeit scheitern. Ereignisprognosen können nur dort zuverlässig sein, wo die Rahmenbedingungen und die Möglichkeiten, eine astrologische Konstellation zu leben, sehr eng sind. Angesichts der im Vergleich zum Mittelalter geradezu ungeheuren Entfaltungsfreiheit des heutigen Menschen mußte die rein prognostische mittelalterliche Astrologie scheitern und geriet immer mehr in Verruf. Erst als es so schlimm um sie bestellt war, daß sie kaum noch jemand ernst nehmen konnte, ging sie in der Mitte des 20. Jahrhunderts eine neue Ehe ein. Sie verband sich mit der Psychologie, einem Kind des 20. Jahrhunderts, und gewann dadurch nicht nur ihre Glaubwürdigkeit zurück, sondern fand auch eine grundlegend andere Aufgabenstellung. Statt den Menschen vor ein unausweichliches

Schicksal zu stellen, zeigt sie ihm nun seine Lebensaufgabe. Statt ihm zu sagen, ob er gute oder schlechte Aspekte hat, vermittelt sie ihm Bewußtsein für seine Situation und läßt ihn erkennen, was es mit »schlechten« Aspekten auf sich hat, wozu sie gut sind und was er aus ihnen lernen kann.

Eben dieses Wissen, das wir der Psychologie und der psychologischen Astrologie verdanken, eröffnet uns zunehmend Einsichten in die tiefe und unverzichtbare Bedeutung von Konflikten, die früher bestenfalls als gottgegeben ertragen wurden, aber nicht wirklich zu verstehen waren. Wer dieses Wissen beherzigt und sich zudem seiner Verantwortung bewußt ist, muß tatsächlich nicht länger durch eine unauflösbare Ehe zur Auseinandersetzung mit dem anderen Geschlecht gezwungen werden. So betrachtet liegt in der nachlassenden Bedeutung der Ehe vielleicht wirklich mehr, als nur eine weitere dekadente Erscheinung einer im doppelten Sinne des Wortes immer *wert*loser werdenden Gesellschaft.

Wenn es im Leben darum geht, vier Aspekte der inneren Gegengeschlechtlichkeit in der Begegnung mit dem anderen Geschlecht zu entfalten, stellt sich natürlich die Frage, ob es dazu nicht vier verschiedener Beziehungen bedarf, weil nur so die Qualität der vier Elemente beim anderen Geschlecht erlebt werden kann. Diese Frage läßt sich generell weder bejahen noch verneinen. Natürlich besteht die Möglichkeit, innerhalb einer einzigen monogamen Verbindung die verschiedenen Aspekte zu erleben und zu entfalten. Voraussetzung dazu ist allerdings, daß beide freiwillig oder auch durch den Zwang äußerer Umstände die alchemistische Formel jeder Höherentwicklung beherzigen, den Grundsatz »Löse und Binde«. Dort, wo zwei Menschen unlösbar aneinander kleben, kann keine Eigenentwicklung stattfinden. Wenn sie sich aber immer wieder loslassen oder sich aus beruflichen Gründen, durch ihre Wohnsituation oder andere Umstände loslassen müssen, dann wieder neu zueinander finden, sich binden, um sich erneut zu lassen und wieder zu binden, dann hat jeder in den Zeiten des Lösens die Möglichkeit, eine weitere Facette seiner Eigenart zu entfalten, ein Stück mehr er oder sie selbst zu werden und so dem Partner beim nächsten Binden einen anderen Aspekt zu spiegeln. Natürlich heißt dieses Lösen und Binden nicht, permanent die Beziehung in Frage zu stellen, sich immer wieder zu trennen oder sich sonstwie unverbindlich zu zeigen. Es meint vielmehr, den anderen ganz und gar zu nehmen wie er ist, ihn dabei aber nicht auf ein Bild festzunageln, das wir uns irgendwann von ihm gemacht haben, sondern ihn auch wieder zu lassen, ihn weiter werden zu lassen, ihm nicht nur seine eigene Weiterentwicklung zuzugestehen, sondern ihn darin auch zu unterstützen. Das liest sich alles weitaus leichter, als es getan ist!

Vielleicht glauben wir heute, manchen damit verbundenen Schwierigkeiten aus dem Weg gehen zu können, indem wir das Lösen und Binden immer wörtlicher nehmen und uns tatsächlich aus einer Beziehung lösen und eine neue eingehen. Ob wir uns dabei wirklich Probleme ersparen, sei dahingestellt. Doch auch dieser Weg kann weiterführen, sofern er bewußt gegangen wird. Wesentlich ist dabei, zu verstehen, was die zurückliegende Beziehung uns zeigte und lehrte, wozu sie »gut« war. C.G. Jung sprach in diesem Zusammenhang von einer funktionalen Beziehung und meinte damit eine Verbindung, die sich erschöpft, sobald sie ihre Funktion erfüllt hat. Liegt diese Funktion zum Beispiel in einem Bewußtwerdungsschritt eines oder beider Partner, dann erlischt die Spannung zwischen beiden in dem Moment, wo dieser Schritt gemacht ist. Darüber hinaus läßt sich eine solche Beziehung auch mit noch so gutem Willen nicht mehr lebendig halten.

Gewiß werden sich schon manche bei diesen Überlegungen gedacht haben, daß sie sich nichts sehnlicher wünschten, als diese Wachstumsschritte im Beziehungsleben zu machen, daß es dazu aber stets am geeigneten Gegenüber fehle, weil es auf dieser Welt ja leider keine richtigen Männer beziehungsweise keine geeigneten Frauen mehr gibt, weil die ja alle nur ... (und dann folgt irgendeine Platitüde). Wer so klagt, sei daran erinnert, daß jeder stets die Beziehung findet, zu der er *wirklich* bereit ist (denn das allein *wirkt*). Wirklich bereit zu sein heißt mehr, als sich aus seiner gegenwärtigen Situation heraus zu wünschen, etwas anderes zu ersehnen als den Zustand, unter dem man vielleicht gerade leidet. Es heißt, sich ohne Garantien zu öffnen und damit verletzbar zu sein. Es heißt vor allem aber, sich mit dem Menschen auseinanderzusetzen, zu dem uns das Leben führt, statt hochnäsig über ihn hinwegzuschauen auf einen unerreichbaren Horizont, an dem sich all die tollen Typen zu tummeln scheinen, auf die wir uns natürlich sofort einließen, wenn sie doch nur endlich auf uns aufmerksam würden. Wer für den erreichbaren Menschen nicht offen ist, sondern auf seiner »Wartburg« sitzt und wartet bis der Prinz kommt, muß sich manchmal, wie Dornröschen, hundert Jahre gedulden. Das ist für ein Märchenkind kein Problem, aber für ein Menschenleben doch etwas arg lang.

Zusammengefaßt läßt sich sagen, daß die beiden für Beziehungen durchaus typischen Konflikte richtig verstanden und gelebt, wesentlich zur Ganzwerdung beitragen. Das Phänomen, daß wir uns mit einem Menschen verbinden, der das Element verkörpert, das uns *fehlt*, macht uns unsere Achillesferse bewußt und bietet uns die Chance, dieses Element zu erlernen, unseren *Fehler* auszugleichen, unsere wunde Stelle zu heilen und ein ganzheitliches Bewußtsein zu erlangen.

Der Suchbildkonflikt, der es mit sich bringt, daß der uns »elementar« ergänzende Mensch nicht oder nur teilweise unserem Suchbild entspricht, drängt uns dazu, unser Suchbild um einen Aspekt zu erweitern und so Anima oder Animus als das Weibliche im Manne und das Männliche in der Frau zu entfalten. Auch wenn wir es gern anders hätten, sind wir nun einmal so angelegt. Denn »ohne Not verändert sich nichts«, sagt C.G. Jung, »am wenigsten die menschliche Persönlichkeit.«[1]

1 C.G. Jung, Vom Werden der Persönlichkeit, Grundwerk Band 9, Seite 13

Das Beziehungsquartett

Betrachtet man Animus und Anima als innere Personen, so treten in jeder Beziehung jeweils vier Akteure auf: der Mann mit seiner inneren Frau, die Frau und ihr innerer Mann. C.G. Jung hat dieses Beziehungsquartett als den Heiratsquarternio[1] beschrieben. Darin kann jede der beteiligten »Personen« mit jeder anderen in Verbindung treten.

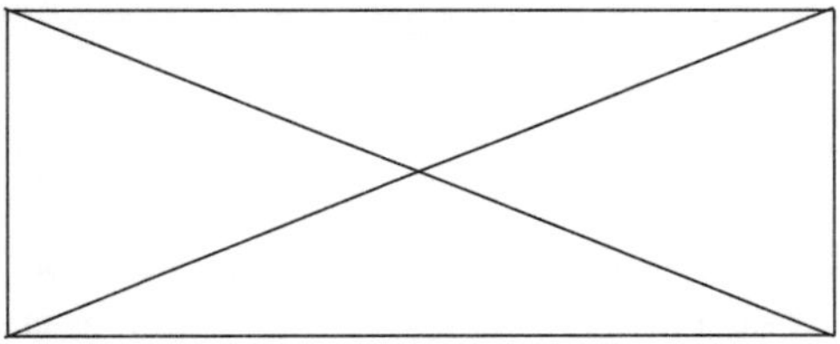

Auf der bewußten Ebene begegnen sich Mann und Frau. Es ist die Ebene auf der wir uns selbst am besten kennen und unser Gegenüber am klarsten wahrnehmen. Sie gilt deshalb auch als die unkomplizierteste[2]. Auf der Selbsterfahrungsebene lernt der Mann seine innere Weiblichkeit (Anima) kennen, während die Frau ihrem Animus, ihrer inneren Männlichkeit, begegnet. Es gibt aber auch Verbindungen vom Mann zum Animus der Frau und natürlich ebenso von der Frau zur Anima des Mannes. Über diese Achsen kann jeder der beiden den anderen für sich gewinnen. Wann immer eine Frau die innere Geliebte eines Mannes erspürt und zu verkörpern vermag, wird er weich, schmilzt dahin und läßt sich um den Finger wickeln. Gleiches gilt in umgekehrter Richtung. Der Animus der Frau kann dem Mann zum »Verbündeten« werden. Falls er es versteht, dieses innere Bild in seinem Auftreten und

1 C.G. Jung, Die Psychologie der Übertragung, Grundwerk Band 3, Seite 175 ff.
2 In der Transaktionsanalyse entspricht sie der Erwachsenenebene.

seiner Durchsetzungskraft zu verkörpern, vor allem aber auch in seiner Art zu denken und sich auszudrücken, wird er der Frau zutiefst imponieren.

Natürlich soll das nicht heißen, daß beide Partner ihre Eigenart verleugnen sollen und sich fortan bemühen müssen, dem anderen etwas vorzumachen, um stets so gut wie möglich dessen Suchbild zu mimen. Hier geht es um etwas ganz anderes. In den meisten Beziehungen schleicht sich früher oder später ein lähmendes Gift ein: das Gewohnheitsrecht. Wann immer wir glauben, ein Recht auf den anderen zu haben oder mit Recht etwas Bestimmtes von ihm fordern zu dürfen, ist es Zeit, sich einen wichtigen Grundsatz zu vergegenwärtigen: Wir haben kein Recht auf einen anderen Menschen, auch nicht auf den Lebensgefährten! Wir können und dürfen aber sehr wohl versuchen, diesen Menschen für unsere Sache zu gewinnen. Das gelingt am leichtesten – allerdings nicht immer und auch nicht nur –, indem wir uns an Anima oder Animus, als unseren Verbündeten im anderen, wenden. Dieser Hintergrund macht einmal mehr deutlich, wie wichtig es ist, daß Anima und Animus sich differenzieren und entfalten. Denn verständlicherweise wird es einem reifen Menschen wenig Freude bereiten, immer nur und immer wieder ein sehr schlichtes und unausgegorenes Suchbild verkörpern zu müssen, um den anderen für sich zu gewinnen.

Die schwierigste Ebene im Quartett ist die Begegnung zwischen Anima und Animus, vor allem, solange diese inneren Kräfte gänzlich unbewußt und unentfaltet gelebt werden. Da zückt der Animus das Schwert seiner Macht, und die Anima spritzt mit dem Gift der Täuschung und Verführung. Zwar brennt auf dieser Ebene auch das Feuer der Leidenschaft, das die Menschen zueinander bringt und aneinander schweißt, doch ebenso lauern hier gefährliche, nicht minder leidenschaftliche Verstrickungen. »Eine der typischsten Äußerungen beider Figuren«, bemerkt C.G. Jung, »ist das, was man seit langem ›Animosität‹ nennt. Die Anima verursacht unlogische Launen, der Animus produziert aufreizende Gemeinplätze und unvernünftige Meinungen.«[1]

---

1 C.G. Jung, Psychologie und Religion, Grundwerk Band 4, Seite 37

Es fällt nicht schwer, dahinter die hart umkämpften Fronten zu erkennen, die sich in den meisten Beziehungen früher oder später herauskristallisieren. Ihr hervorragendstes Merkmal besteht darin, daß sie sich trotz heftigster Gefechte und Auseinandersetzungen um keinen Millimeter verändern. Wann immer dazugehörige Reizthemen auftauchen, reicht eine kleine, an sich unbedeutende Bemerkung und schon entflammt ein neuer Krieg, bei dem es einmal mehr um alles geht. Je nach Temperamentslage wird er hitzig, eiskalt, schweigend oder tränenreich ausgetragen. Mit der Zeit scheint es, als gingen beide Partner beim ersten Signal mit wachsender Selbstverständlichkeit in die bald recht vertrauten Kriegsgräben, damit die alte Schlacht in eine neue Runde geht. Dabei gibt es schon lange kein Argument mehr, das nicht schon längst gesagt wäre und keinen Vorwurf, der nicht schon hundertmal gemacht wurde. »Wer dann den Humor noch besäße, objektiv dem Gespräch zuzuhören, der wäre wohl maßlos erstaunt ob der überwältigenden Menge von Gemeinplätzen, schief angewendeten Binsenwahrheiten, von Zeitungs- und Romanphrasen, abgetragenen Ladenhütern jeglicher Art bis zu ordinären Beschimpfungen und erschütternder Unlogik«, charakterisiert C.G. Jung diese aussichtslose Ebene der Kommunikation und ergänzt: »Es ist ein Gespräch, das sich, unbekümmert um seine jeweiligen Teilnehmer, millionenfach in allen Sprachen der Welt wiederholt und substantiell stets dasselbe ist.«[1] Gleichgültig wie all diese Auseinandersetzungen beendet werden, sicher ist, daß es dabei niemals irgendeinen Landgewinn für eine Seite geben wird.

Wann immer wir in einen solchen Konflikt geraten, sollten wir uns vergegenwärtigen, daß hier zwei unbewußte Kräfte miteinander kämpfen. Keinem der beiden geht es um Einsicht, keiner der beiden ist zu einem ehrlichen Kompromiß bereit. Weil sich jeder hundertprozentig sicher ist, ganz und gar allein im Recht zu sein, kann keiner nachgeben, wollen beide nur gewinnen, und deshalb geht eben gar nichts. Selbst wenn man erkennt, wie völlig aussichtslos diese Kriege sind und wie gut es wäre, sie zu vermeiden, fällt es nicht leicht, diese Einsicht beim nächsten Mal umzusetzen. Die

1 C.G. Jung, Aion, Seite 24

einzige, erfolgversprechende Methode liegt darin, sofort aus der Diskussion auszusteigen; am besten, indem man auf eine andere Ebene überwechselt, etwa in der Art: »Sag mal, wie wäre es, wenn wir heute abend ins Kino gingen?« Natürlich bricht der andere den gerade beginnenden Streit deshalb nicht sofort ab. Schließlich liegen doch schon alle erprobten und bewährten Argumente frisch poliert bereit. Vielmehr wird er – wiederum je nach Temperament – schimpfend, seufzend, zynisch oder schweigend mit eiskalten Blicken fragen: »Wie kommst du überhaupt darauf, ins Kino zu wollen, jetzt wo wir...?«

An dieser Stelle ist es äußerst wichtig, ganz klar zu bleiben und unbeirrbar entschlossen, den Kampf auf keinen Fall fortzusetzen. Das ist trotz aller Einsicht allemal schwerer als man glauben mag. Denn natürlich drückt unser Streitgefährte erst noch einmal einige unserer empfindlichsten Knöpfe, um zu sehen, ob wir nicht doch noch in den Ring steigen, womit dann alle aufgeklärten Vorsätze, es diesmal bestimmt anders zu machen, ein weiteres Mal beim Teufel wären.

Mit all dem soll natürlich nicht gesagt sein, die wahre Konfliktbewältigung läge in der erfolgreichen Verdrängung! Hier geht es nur darum, sich einige der Streitereien zu ersparen, die nicht nur völlig aussichtslos und rein destruktiv sind, sondern eine Beziehung mit der Zeit sehr ermüden und zermürben können. Die Meinungsverschiedenheit, die den Streit ins Rollen brachte, sollte zu einem späteren Zeitpunkt besonnen geklärt und beigelegt werden.

In reifer Form gelebt gleicht das Beziehungsquartett dem ausgewogenen Kräftespiel, wie es aus dem fernen Osten in Gestalt des T'ai-Chi-Symbols ☯ bekannt ist, in dem sich zwei Prinzipien vereinen, die jeweils den Kern des anderen in sich tragen. Es veranschaulicht damit auch die Verbindung von Mann und Frau, deren Unbewußtes als Anima und Animus einen gegengeschlechtlichen Pol bildet.

Suchbild und Selbstbild im Horoskop

Das Beziehungsquartett – astrologisch betrachtet

Nach der ursprünglichen Lehre C.G. Jungs zeigt sich der Schatten eines Menschen auf der Traumebene in Gestalt einer gleichgeschlechtlichen Figur. Die Anima dagegen erscheint in Träumen des Mannes als geheimnisvolle Fremde, während der Animus in Träumen einer Frau üblicherweise als eine Mehrzahl von Männern, beispielsweise als Ältestenrat, auftaucht. Führende Jungianer sind heute infolge ihrer Forschungen zu der Erkenntnis gelangt, daß dieses Konzept zu eng ist. Sie gehen vielmehr davon aus, daß Animus und Anima zu den »inneren Personen« jedes Menschen gehören, und somit auf der unbewußten Ebene auch im Mann ein Animus und in der Frau eine Anima wirkt. Diese Bereicherung unserer inneren Seelenbilder haben wir einem veränderten Verständnis des Schattens zu verdanken. Die gleichgeschlechtlichen Traumfiguren, mit denen er bislang in Verbindung gebracht wurde, deuten heutige Jungianer[1] als Animus des Mannes beziehungsweise als Anima der Frau, während der Schatten allen vom Ego als fremd oder feindlich erlebten Themen und Bildern entspricht. Typische Gestalten, als die Animus und Anima zum Beispiel auf der Traumebene erscheinen, sind: König und Königin, Bruder und Schwester, der unbekannte Knabe, das unbekannte Mädchen, geheimnisvolle Fremde wie Nixen, Vagabunden, Wanderer oder als weiser, alter Mensch[2]. Auch über die Funktionen von Animus und Anima gibt es ein erweitertes Verständnis. Sie spielen eine zentrale Rolle, wenn es darum geht, uns von unseren Elternbildern zu lösen und erwachsen zu werden.

Dieses umfassendere, neuere Konzept gleicht dem Bild, das auch die Astrologie vom Menschen entwirft. In seinem Horoskop hat jeder Mensch vier persönliche Planeten, die dem »Beziehungsquar-

1 So zum Beispiel Joseph Campbell und Verena Kast.
2 Auch hier zeigt sich ein neues Verständnis der heutigen Jungianer. Nicht mehr der oder die alte Weise werden als archetypische Bilder des Selbst aufgefaßt, sondern alle Symbole, die Gegensätze überwinden.

tett« entsprechen, das so gesehen nicht nur in der zuvor besprochen Weise zwischen den Menschen, sondern zugleich in jedem einzelnen Menschen stattfindet. Es sind die männlichen Planeten Sonne (☉) und Mars (♂) sowie die weiblichen Planeten Mond (☽) und Venus (♀), von denen Sonne und Mond den inneren Elternbildern entsprechen, während die Anima zunächst durch die Venus und der Animus zunächst von Mars verkörpert wird. Als inneres »Beziehungsquartett« zeigt sich dadurch folgendes Bild:

Das innere Beziehungsquartett			
MÄNNLICHE SEITE		WEIBLICHE SEITE	
Elternebene	☉ Sonne – Vater	☽ Mond – Mutter	Elternebene
Animus	♂ Mars – Jüngling	♀ Venus – junge Frau	Anima

Wesentlich ist dabei die Erkenntnis, daß Anima und Animus als archetypische Kräfte darauf hinzielen, daß wir uns von unseren Elternbildern lösen und erwachsen werden. Bildlich gesprochen geht es ihnen darum, selbst zu reifen. Der heißblütige marsische Jüngling (♂) muß sich die besonnene väterliche Kraft erringen (☉), wenn er der Animusfunktion als geistzeugendes Prinzip gerecht werden will. Ebenso bedarf es der Verbindung von Mädchen (♀) und Mutter (☽), damit die Anima nicht nur in einer teils kühl koketten, teils launischen Weise wirkt, sondern auch in ihrer reifen, fürsorglichen Art als eine den Menschen führende Kraft. Deshalb geht es bei der Ablösung von unseren Eltern auch nur zum geringeren Teil um die wahren Eltern. Die äußere Ebene ist bestenfalls ein Spiegelbild und ein Gradmesser dafür, wie weit die viel bedeutsamere Auseinandersetzung mit den inneren Elternbildern gediehen ist.

Wie wichtig dieser Schritt ist, vermag die Astrologie zu veranschaulichen, die im Horoskop eines jeden Menschen in den Stellungen von Sonne und Mond die inneren Eltern erkennt. In den Jahren unserer Kindheit sind diese Planeten einer Brille vergleichbar, durch die wir unsere Eltern wahrnehmen, durchaus losgelöst davon, wie sie wirklich sind. Deshalb lassen sich dem Horoskop eines Menschen wichtige Aussagen entnehmen, wie er seine Eltern erlebte, ohne daß dazu deren Horoskope vorliegen. Da Sonne und Mond im Horoskop eines Erwachsenen aber vor allem wichtige Aussagen über seine eigene Wesensnatur machen, kann es nicht darum gehen, die beiden wesentlichsten Planeten auf Dauer nur als Elternbilder zu erleben. Es gilt vielmehr, selbst erwachsen zu werden und sie damit mehr und mehr selbst zu verkörpern. Zumindest auf der eigengeschlechtlichen Seite geschieht das mit zunehmendem Alter ein wenig von selbst, besonders dann, wenn wir selbst Vater oder Mutter werden. Doch oft genug bleibt sogar dann die Entwicklung des eigenen Geschlechtsverhaltens in einem unausgegorenen Reifeschritt stecken, von der Entfaltung der inneren gegengeschlechtlichen Seite ganz zu schweigen. Und solange dies der Fall ist, gilt die psychologische Grundregel, die besagt, daß wir in unserem Beziehungsleben zunächst nur zwei Möglichkeiten haben: entweder wir ahmen die Elternehe nach, oder wir machen genau das Gegenteil. Dabei ist es gleichgültig, ob wir das gleiche oder das Gegenteil tun, denn beides geschieht noch in kindlicher Abhängigkeit vom Vorbild. Erst wenn wir einen dritten Weg gefunden haben, als eine neue, eigene Möglichkeit, in der Partnerschaft miteinander umzugehen, haben wir uns gelöst, sind selbständig und ein Stück erwachsener geworden.

Wie ist dieses Entwicklungsmodell astrologisch zu verstehen? Bildhaft dargestellt sieht es so aus: Die Sonne (☉) entspricht dem Vater, der Mond (☽) der Mutter, Venus (♀) ist die Schöne, die Holde, die anmutig Verlockende und Mars (♂) der Jüngling, der

Vom Männchen zum Mann – vom Weibchen zur Frau					
☉ Sonne Vater König	väterliche Ebene			mütterliche Ebene	☽ Mond Mutter Königin
+	+	reifer Mann	reife Frau	+	+
♂ Mars Jüngling Prinz	»Männchen«- Ebene			»Weibchen«- Ebene	♀ Venus Jungfrau Prinzessin

Um vom Männchen zum Mann und vom Weibchen zur Frau zu werden, müssen die Themen der Elternebene mit denen der jugendlichen Ebene verbunden werden.

Heißsporn, der Eroberer. In einem Märchen erscheinen diese vier Figuren stets als König, Königin, als Prinzessin und als Prinz. Und ebenso wie es im Märchen darum geht, wenn Prinz und Prinzessin endlich zueinander gefunden haben, selbst zu König und Königin zu werden, so auch im wahren Leben. Ein gestandener Mann wäre damit jemand, der Prinz (♂) und König (☉) in sich vereint und damit vom Männchen zum Mann wurde; während aus dem Weibchen eine erwachsene Frau hervorgeht, wenn sie es versteht, in ihrem Leben Prinzessin (♀) und Königin (☽) zu einem Bild zu verbinden.

Welche Eigenschaften sich hinter den einzelnen Begriffen verbergen, soll die folgende Übersicht veranschaulichen:

	Väterliche Eigenschaften	**Mütterliche Eigenschaften**
LICHT	Verantwortungsbereitschaft, Beständigkeit, Besonnenheit, Güte, Willenskraft, Festigkeit	Gemütswärme, Milde, Fürsorge, Hingabebereitschaft, Verständnis, Verzeihen
ZWIELICHT	Verhärtung	Wankelmütigkeit
SCHATTEN	gnadenlose Strenge, Verbissenheit, Tyrannei	Launenhaftigkeit, intrigieren, seelische Abhängigkeiten schaffen
	Männchen-Eigenschaften	**Weibchen-Eigenschaften**
LICHT	Eroberungslust, Ungebundenheit, Spontaneität	verlocken, inspirieren, verschönen und verfeinern
ZWIELICHT	herumstreunen	verführerische Koketterie
SCHATTEN	Brutalität, Roheit, dreiste Rücksichtslosigkeit	Verlogenheit, Durchtriebenheit, Femme fatale

Ein reifer Mensch ist derjenige geworden, dem es nicht nur gelungen ist, beide Aspekte im eigenen Geschlechtsverhalten zu vereinen, sondern darüber hinaus auch die des anderen Geschlechts zu einem Suchbild zu verbinden, also jemand, der das gesamte innere Quartett entfaltet hat. Welches Ungleichgewicht sich ergibt, wenn auch nur ein Aspekt der inneren Vierheit unterentwickelt bleibt, wird an den folgenden Szenarien deutlich. Diese hier als typisch beschriebenen Verhaltensmuster sollten nur als Beispiel gesehen werden. Selbstverständlich gibt es darüber hinaus viele andere Formen möglicher Ausprägung.

Wer die nachfolgend beschriebenen Konstellationen im Horoskop nachsehen möchte, sei daran erinnert, daß es jenseits jeder Aussagegrenze liegt, auf welchem Niveau das Horoskop gelebt wird, und es daher auch nicht möglich ist, zu sagen, wie weit ein Mensch die Qualität eines Planeten entfalten wird oder entfaltet hat. Es läßt sich nur erkennen, ob die Entfaltung leicht oder schwer fällt, nicht aber, ob sie überhaupt erstrebt wird. So wird – unabhängig von der Aspektierung der hier besprochenen vier Planeten – in einem sehr luftbetonten Horoskop oder bei einem stark gestellten Uranus (z.B. am Aszendenten) sehr wahrscheinlich die jugendliche Seite geliebt und so lange wie möglich gelebt, während mit einem sehr erdigen Horoskop oder bei einem stark gestellten Saturn schon früh, vielleicht zu früh, eine erwachsene Haltung eingenommen werden kann.

Die männliche Seite

Den Jüngling drängt der Mars, eine Frau zu erobern. Seine Sonne dagegen zeigt die Art und die Kraft, mit der er für die so entstandene Beziehung Verantwortung übernimmt.

Ein stark entwickelter Mars und eine schwach entfaltete Sonne stehen daher für einen Mann, der von Beruf »Sohn« ist, also stets Jüngling bleibt, keine Verantwortung übernehmen will und folglich letzten Endes von niemandem mehr wirklich ernst genommen wird. Aber auch die umgekehrte Konstellation hat ihre Probleme. Mangelt es an Marskraft, fehlt es dem Mann an Biß, an Durchsetzungskraft, Konfliktbereitschaft, vielleicht auch an Potenz. Mit einer starken Sonne wird er dann der väterliche Freund, der Typ »guter Onkel«, der für alles und jedes Verständnis hat, der seiner Frau aber weniger ein Partner, sondern eher ein Vater ist, weshalb sie ihn auch problemlos vor aller Welt »Papi« nennen darf.

stark entwickelter Mars ♂, schwach entfaltete Sonne ☉

schwach entfalteter Mars ♂, stark entwikkelte Sonne ☉

Vor allem die Venus ist im Horoskop eines Mannes Symbol seiner Anima, seines inneren Suchbildes, das ihn lockt. Wann immer er einer Frau begegnet, die dieses Bild verkörpert oder es sonstwie zu stimulieren vermag, erwacht in ihm die Begierde. Sein Mond ist Ausdruck seines Mutterbildes. Versteht er es nicht, Venus und Mond zu einem Gesamtbild zu vereinen und in diesem erweiterten Bild seine Anima zu erkennen und zu entfalten, kommt es zu einer Störung seines Beziehungslebens als Folge der Spannung zwischen innerer Mutter und innerer Geliebter.

stark entfalteter Mond ☽, schwach entwikkelte Venus ♀

Sie zeigt sich bei starker Mondstellung und schwach entfalteter Venus darin, daß er eigentlich seiner Mutter treu bleibt und – sofern er andere Frauen konsequenterweise nicht gleich ganz meidet – seine Frau am ehesten wie seine Schwester behandelt, wobei sie selbstverständlich den Anweisungen seiner Mutter folgen muß. Falls er sich selbst mehr von der väterlichen Sonnenseite einbringt, wird er sich wünschen, daß sie möglichst bald selbst Mutter wird, damit sie gemeinsam seine Elternehe nachahmen können. Vor allem bei einer schwachen Marsebene wird eine solche Ehe bald sehr hausbacken sein. Ist dagegen seine marsische Jünglingsseite stärker ausgeprägt, wird er sich gegenüber seiner Frau rebellisch, flegelhaft oder penetrant besserwisserisch verhalten, so wie er es schon als Pubertierender gegenüber seiner Mutter getan hat.

bei starker Sonne ☉

bei starkem Mars ♂

stark entwikkelte Venus ♀, schwach entfalteter Mond ☽

Ist die venusische Seite des Mannes stärker entfaltet und das mütterlich Lunare zurückgeblieben, wird er in seiner Frau das Mädchenhafte lieben und sich wünschen, daß sie immer so bleibt. Ihr natürlicher Alterungsprozeß kann ihn ebenso irritieren, wie der Augenblick, in dem sie selbst

Mutter wird. Hat er vor allem seine väterlich-solare Seite entfaltet, wird er vorzugsweise zu einer Vater-Tochter-Beziehung neigen; jener Art von Ehe, die gerade für das Patriarchat so bezeichnend ist, in der die Frau nicht erwachsen werden darf, keine Eigenart entfalten soll, sondern auf die Verkörperung der Anima des Mannes reduziert bleibt. Ist der Mann dagegen Jüngling geblieben, dem es an Besonnenheit (☉) fehlt und der seine Männlichkeit nur mit marsischer Potenz identifiziert, dann wird er die Frauen lieben, allerdings stets in der Mehrzahl. Er wird nicht verstehen, warum er einer treu sein sollte, wo es doch so viele gibt. Läßt er sich dennoch auf eine scheinbar verbindliche Beziehung ein, so wird er seine Partnerin eher früher als später dadurch zur »Mutter« machen, daß er von ihr allen Ernstes fordert, zu verstehen, daß er immer wieder fremdgehen »muß«. Als pubertierender Jüngling durfte und mußte er von seiner leiblichen Mutter Verständnis dafür verlangen, daß er sich für andere Frauen interessierte. Bei einem alternden Jüngling aber wirkt es infantil und grotesk, seine Partnerin in die Mutterrolle zu drängen, indem er von ihr das gleiche Verständnis erwartet. Das passiert spätestens zu der Zeit, in der seine Frau wirklich Mutter wird und sich damit besser als Projektionsfläche für seinen abgewerteten Mond eignet. Solange sein Reifeschritt, der seine Venus mit seinen Mond zu einem Animabild vereint, noch nicht erfolgt ist, wird durch diesen Rollenwechsel der Frau seine Venus »frei«. Das erlebt er, indem ihn plötzlich andere Frauen reizen und er eigentlich gar nicht verstehen mag, warum er diesen Reizen nicht nachgeben darf.

bei starker Sonne ☉

bei starkem Mars ♂

Die weibliche Seite

Venus zeigt sich als die Verlockende und – je nach Konstellation – als die Kokette, der Vamp, die Spröde, als diejenige, die umworben werden möchte, als Quelle der Inspiration oder einfach als die Schöne, die ihre Gunst dem Besten schenkt. Dagegen verkörpert der Mond die mütterliche Seite der Frau, ihre verständnisvolle, einfühlsame Art, eine in manchen Fällen an Selbstlosigkeit grenzende Bereitschaft, für andere Menschen da zu sein, sie zu behüten, zu nähren, zu umsorgen, aber auch festzuhalten.

stark entwickelte Venus ♀, schwach entfalteter Mond ☽

Ist die venusische Seite der Frau stark ausgeprägt, der Mond dagegen schwach, wird sie das ewige Spiel der Liebe lieben. Sie wird gern flirten und es mit Anmut, vielleicht sogar provokant darauf anlegen, begehrt zu sein und umworben zu werden. Gleichgültig ob sie das als kühle Schöne, als heißblütige Tänzerin, als sinnliches Weib oder als hingebungsvolle Muse tut, stets bleibt es ein Spiel, bei dem Schönheit und ewige Jugend die höchsten Trümpfe sind. Darin aber liegt auch die Problematik, weil jeder Mensch, der nur diese Trümpfe kennt, früher oder später verlieren muß. Es ist die Konstellation der ewigen Tochter, die vor dem Sprung zur reifen Frau zurückscheut, keine mütterlichen Qualitäten entwickelt, sich statt dessen lieber von einem »Sugar Daddy« verwöhnen läßt, und das um den Preis, nie als eine erwachsene, selbstbestimmte Frau ernstgenommen zu werden. Statt zu reifen, welkt sie und bleibt dabei zeitlebens ein immer mitleidiger belächeltes Mädchen in einem immer älter werdenden Körper.

stark entwickelter Mond ☽, schwach entfaltete Venus ♀

Im umgekehrten Fall, bei einem starken Mond und einer schwachen Venus, mag es an Anmut,

Charme, an Grazie und erotischer Spannung fehlen. Eine solche Frau ist die verständnisvolle Freundin, die oftmals viele Freundschaften mit Männern wie Frauen pflegt und gern von allen aufgesucht wird, die ihr Herz ausschütten möchten und Verständnis suchen. So gesehen kommt sie schon früh in diese Form der Mutterrolle. Aber auch der Wunsch, baldmöglichst eigene Kinder zu bekommen, ist typisch für diese Konstellation. Das Problem liegt dabei zumeist darin, daß sie von ihren vielen Freunden sehr geschätzt, aber nicht als Frau begehrt wird und sie selbst dort, wo es zu einer Partnerschaft kommt, leicht in die zuvor beschriebene Mutterrolle gedrängt wird, also Verständnis dafür aufbringen soll, einen untreuen Partner zu haben.

Im Horoskop einer Frau ist vor allem Mars Symbol ihres Animus, ihrer inneren männlichen Natur. Wann immer ein Mann dieses Bild verkörpert, stimuliert er damit ihr Suchbild. Ob sie ihn deshalb begehrt, bekämpft oder verachtet, zeigt sich daran, wie gut der Mars in das Gesamtbild ihres Horoskops gestellt ist.[1] Dagegen zeigt die Sonne den väterlichen Aspekt ihrer inneren Männlichkeit, deren besonnene, geistige Seite. Versteht sie es nicht, beides zu entfalten, wird es ihr entweder an Durchsetzungskraft (Mars ♂) oder an Einsicht und Geisteskraft (Sonne ☉) mangeln. Vermag sie nicht, beide Seiten in sich zu vereinen, werden sich daraus Störungen in ihrem Beziehungsleben ergeben, weil sie Männer in Jünglinge und Väter oder – etwas salopp ausgedrückt – in »böse Jungs« und »gute Onkels« unterteilt.

1 Siehe dazu das Kapitel »Die innere Beziehung« auf Seite 216.

stark entwikkelte Sonne (☉), schwach entfalteter Mars (♂)

Bei stark entwickelter Sonne und schwachem Mars wird sie Männer stets an ihrem inneren Vaterbild messen und an ihnen vor allem Großzügigkeit und Klugheit schätzen, so wie deren Vermögen, Sicherheit zu verkörpern. Die körperlich sexuelle Natur des Mannes erlebt sie eher irritierend, weil sie beim Vater tabu ist. Diese Ebene wird – wenn überhaupt – lieber in verbotenen, die Phantasie beflügelnden Abenteuern gesucht.

bei starkem Mond (☽)

Ist ihr Mond stark gestellt, will sie ihren Partner möglichst bald als Vater erleben, um so gemeinsam mit ihm die Elternrolle zu verkörpern, die in ihr so stark angelegt ist. Dabei kann die erotisch-sexuelle Spannung schnell verblassen, spätestens dann, wenn er das erstemal »Mutti« zu ihr sagt.

bei starker Venus (♀)

Ist dagegen die Venus stark entwickelt, ist sie die typische Vatertochter. Damit der Mann ihre Wünsche erfüllt, wird sie ihn mit allem Charme und all ihrer Erotik verführen, sich dabei aber nur kokett in Szene setzen, ohne ihre wortlos gemachten Versprechungen zu erfüllen. Solange sie den Mann in der Vaterrolle sieht, fühlt sie sich »sicher«, weil ein Vater trotz aller töchterlichen Verführungskünste keine sexuellen Übergriffe machen darf. Um so verblüffter, wenn nicht empörter wird sie reagieren, wenn ihr väterlicher Freund sich nicht mit dieser Rolle einverstanden erklärt, sondern von ihr als Mann gesehen werden will.

stark entwickelter Mars (♂), schwach entfaltete Sonne (☉)

Mit einem starken Mars und einer vergleichsweise schwachen Sonne fühlt sich die Frau von einer forschen, direkten und potenten Männlichkeit angesprochen, durchaus in der Couleur eines Machos. Sie sucht und liebt das schillernd Jünglingshafte im Mann. Stärke, Mut und Unternehmungslust imponieren ihr, wohingegen sie seine reife Seite wenig sieht und nicht wirklich zu schätzen weiß. Ist ihr Mond stark entwickelt, mag sie zu einer Mutter-Sohn-Beziehung neigen. Dazu wird sie einen Partner bevorzugen, den sie mit Liebe und viel Verständnis umsorgen kann, der dafür aber zeitlebens auf die Jünglingsrolle reduziert bleibt. Er darf und soll für sie den Helden spielen, manches riskieren und vieles versuchen, an dem sie auf diese Art indirekt Anteil nimmt, ohne es selbst tun zu müssen. Dabei wird sie ihn anfangs eher insgeheim, später aber immer offener bevormunden, was ihn im Alter nicht selten zum dummen Jungen werden läßt. Ist dagegen ihre Venus stärker entwickelt, dann treffen die Holde und der Unhold einander, dann sucht sie die leidenschaftliche Verbindung oder liebt den Kitzel der verbotenen Affäre. Auf dieser Ebene geht es sicherlich am hitzigsten und am unbekümmertsten zu, aber auch am unbeständigsten. Es ist die ewig junge Liebe, die hier zählt. Eine Liebe, die nicht reifen darf und die mit jeder Alterungserscheinung, mit jeder neuen Falte und jedem grauen Haar Stück für Stück erstirbt.

bei starkem Mond (☽)

bei starker Venus (♀)

Vor dem Hintergrund dieser Ungleichgewichte wird deutlich, warum die Entfaltung des Männlichen und des Weiblichen zu den wichtigen Reifeschritten im Leben von Mann und Frau gehören. Würde eine rein intellektuelle Einsicht genügen, ließe sich das Problem gewiß schnell lösen. Aber leider reicht es nicht, die Zusammenhänge nur zu verstehen. Vielmehr lauert hier die große Gefahr, der Illusion zu verfallen, das Problem sei schon überwunden, nur weil man es erkannt oder ihm einen klangvollen Namen gegeben hat. Erkenntnisse, die aus Büchern und Gesprächen gewonnen werden, mögen gewiß hilfreich sein. Für sich allein genommen aber bewirken sie nichts, weil es nicht reicht, nur eine Vorstellung davon zu haben, wie es richtig wäre. Die notwendigen Entwicklungsschritte müssen im Leben gemacht werden, in einer lebendigen Auseinandersetzung mit dem anderen Geschlecht.

Die Karte »Die Liebenden« im Tarot von Aleister Crowley zeigt den gelungenen Reifeschritt, die Verbindung der Vierheit zu einer Einheit, mit dem Bild der Heiligen Hochzeit.

Die Darstellung einer gelungenen Vereinigung der männlich-weiblichen Elternebene mit der Kinderebene, die Verbindung der Vierheit zu einer Einheit, zeigt die Tarotkarte DIE LIEBENDEN von Aleister Crowley als die Heilige Hochzeit, auf der der weise Alte dem »Beziehungsquartett« seinen Segen gibt.

Wie König und Königin, Prinz und Prinzessin als die vier Aspekte von Suchbild und Selbstbild sich im Horoskop eines Menschen erkennen lassen, zeigen die folgenden Kapitel.

Die Bedeutung der männlichen und weiblichen Planeten als Suchbild oder Selbstbild

Aus der Stellung der männlichen Planeten Mars (♂) und Sonne (☉) sowie der weiblichen Planeten Venus (♀) und Mond (☽) läßt sich das individuelle Such- oder Selbstbild eines Menschen aus dem Horoskop ablesen. Natürlich ist die astrologische Bedeutung dieser vier Planeten damit nicht erschöpft. In diesem Buch geht es aber nicht darum, die ganze Bandbreite ihrer Entsprechungen aufzuzeigen, sondern ausschließlich ihre Rolle als Selbst- oder Suchbild innerhalb der Partnerschaft sichtbar zu machen.

Im Horoskop einer Frau zeigt die Venus (♀), wie sie sich als junge Frau in eine Beziehung einbringt, während der Mond (☽) ihr weibliches Selbstbild um den Aspekt der reifen Frau ergänzt und zeigt, wie sie ihre mütterliche Seite zum Ausdruck bringt. Damit lassen diese beiden Planeten nicht nur erkennen, wie sie sich als Frau fühlt, sondern auch, wie sich ihr Selbstbild im Laufe des Lebens wandelt. Zum einen ist aus dem Verhältnis beider Planeten zueinander abzulesen, wie die junge Frau zur reifen Frau steht, ob und wie sich ihr weibliches Selbstverständnis verändern wird, zum anderen machen die Aspekte auf Venus und Mond deutlich, welche Auf- und Abwertungen, welche Stärken und Schwächen, welche Probleme und Erleichterungen mit ihrer Frauenrolle in den verschiedenen Lebensphasen verbunden sind.

So mag eine Frau mit einer Krebsvenus (♀/♋) bereits sehr früh den Wunsch nach Familie und eigenen Kindern haben, steht aber ihr Mond in Wassermann (☽/♒) wird sie in ihrer Rolle als Mutter und grundsätzlich in den reiferen Jahren ihre Unabhängigkeit mehr und mehr schätzen. Eine Frau mit einer Widdervenus (♀/♈) mag sich in jungen Jahren als Amazone, als Motorradbraut und als sehr burschikos erleben, hat sie aber den Mond in Stier (☽/♉) wird ihr kriegerisches Element und ihre Konfliktbereitschaft mit den Jahren einer gutmütigen, friedfertigen und genießerischen Seite weichen. Die sehr differenzierten Aussagen, die sich darüber hinaus aus den Aspekten ablesen lassen, sind in einem eigenen Kapitel beschrieben (Seite 206).

Im Horoskop einer Frau entsprechen Mars (♂) und Sonne (☉) der männlichen Seite der Frau, ihrem Animus, der zunächst mehr oder weniger unbewußt auch als männliches Suchbild erlebt wird. Dabei verkörpert Mars (♂) die jugendliche Seite des Männlichen und die Sonne (☉) den ergänzenden väterlichen Aspekt. Ähnlich dem zuvor Gesagten läßt sich natürlich auch hier ablesen, wie die beiden Themen einander ergänzen, sich widersprechen oder sogar einander auszuschließen scheinen.

Dagegen zeigt Mars (♂) *im Horoskop eines Mannes*, wie dieser als junger Mann auf eine Frau zugeht und sich in eine Beziehung einbringt, während die Sonne (☉) Ausdruck der eigenen, väterlich reifen Männlichkeit ist. Demgegenüber veranschaulichen die Planeten Venus (♀) und Mond (☽) die weibliche Seite des Mannes, seine Anima, die er mehr oder minder unbewußt als sein Suchbild erlebt, wobei hier wiederum die Venus den jugendlichen Aspekt und der Mond die mütterliche Seite verkörpert.

Ähnlich dem, was zuvor für diese Planeten im Horoskop einer Frau gesagt wurde, lassen sich natürlich auch aus diesen Konstellationen Entwicklungsthemen ablesen. So mag bei einem Widdermars (♂/♈) mit Steinbocksonne (☉/♑) aus einem jugendlichen Heißsporn in den reiferen Jahren oder durch die Vaterrolle ein höchst integerer, verantwortungsbewußter und besonnener Mann werden, während ein Mann mit Fischemars (♂/♓) und Löwesonne (☉/♌) vom eher schüchternen Jüngling mit zunehmender Reife zu immer größerer Selbstsicherheit finden wird.

Aufgrund vielfältiger Horoskopfaktoren – wie Häuserstellungen und insbesondere Aspekte – läßt sich der Einfluß, der von den »jugendlichen Planeten« Venus und Mars auf Such- oder Selbstbild ausgeht, aber nur theoretisch so fein säuberlich von der Färbung unterscheiden, die die »reiferen Planeten« Sonne und Mond geben. Dies um so mehr, als daß wir uns des Suchbildes, zumeist aber auch unseres Selbstbildes lange Zeit weitgehend unbewußt sind.

Insofern fließen diese Themen ineinander und lassen aus Mars (♂) und Sonne (☉) ein männliches Bild und aus Venus (♀) und Mond (☽) ein weibliches Bild entstehen. Hinzu kommt, daß es jenseits der Aussagegrenze eines Horoskops liegt, auf welcher Reifestufe der Mensch seine Anlagen lebt. Aus diesen Gründen wäre es wenig ergiebig, bei der Beschreibung der einzelnen Typen in den nachfolgenden Kapiteln zwanghaft zwischen einer reifen und einer unreifen Form zu unterscheiden und sie den Einflüssen von Sonne und Mars einerseits, und denen von Venus und Mond andererseits zuzuordnen. Statt dessen werden dort zwölf weibliche Charaktere in ihrer ganzen Vielschichtigkeit geschildert, die für Venus *und* Mond gleichermaßen gelten und ebenso zwölf männliche Typen für die Bedeutung von Sonne *und* Mars.

Suchbild und Selbstbild – Projektion oder Selbstentfaltung

Seinem Suchbild zu begegnen heißt nicht notwendigerweise, diesen Menschen mit offenen Armen willkommen zu heißen. Es kommt sehr darauf an, wie gut oder wie problematisch sich die Suchbildthematik in das übrige Horoskop eingliedert. Wenn es heißt, die Schützevenus sucht den Mann von Welt, dann einfach deshalb, weil Weite und Weltgewandtheit Schützequalitäten sind, die ihr Herz öffnen. Zeigt ihr Horoskop aber einen Krebsmars, dann ist ihr persönliches Suchbild der Heimatpfleger, dem es im eigenen Haus am eigenen Herd so gut gefällt, daß er nicht wüßte, was in aller Welt ihn bewegen könnte, sich in ferne, unbekannte Länder zu begeben. Man muß also unterscheiden, was einer Schützevenus gut tut und welches spezielle Suchbild ihr Horoskop zeigt.

Zwar sucht ein Mann mit einer Löwevenus ein Luxusweib, wenn aber sein übriges Horoskop durch und durch vom Zeichen Jungfrau geprägt ist, wird er natürlich seine liebe Not mit ihr haben. Zum einen scheut er das Rampenlicht, in dem sie sich ebenso gern wie selbstverständlich badet, zum anderen befürchtet er natürlich ständig, sich ihren – in seinen Augen völlig übertriebenen und unsinnigen – Lebensstil nicht leisten zu können und sich zu ruinieren.

Ebenso steht ein Widdermars im Horoskop einer Frau für den Macho, den sie sucht. Ob sie ihn aber begeistert begrüßt, ihn als Rivalen erlebt, den sie ständig bekämpfen muß, oder diese Art der Männlichkeit voller Empörung ablehnt, läßt sich daran erkennen, wie sich dieser Widdermars mit den übrigen Konstellationen ihres Horoskops versteht.

Je weniger ein Planet in das übrige Horoskop zu passen scheint, um so eher wird er verdrängt und projiziert. Eine Projektion ist an sich ein völlig natürlicher Vorgang. Da wir weit mehr gewohnt sind, nach außen statt nach innen zu schauen, erkennen wir manches, das in uns angelegt ist, oft zuerst in einer äußeren Erscheinung. So wie ein Kleinkind mit beginnender Bewußtwerdung zunächst nur in der dritten Person von sich spricht, bevor es lernt zu sich »ich« zu sagen, so werden wir uns auch im weiteren Leben vieler Dinge erst dadurch bewußt, daß wir sie zunächst als etwas Fremdes erleben, über das wir uns dann vorzugsweise in der dritten Person unterhalten und ereifern (»Haben Sie schon gehört, was dieser Mensch wieder gesagt, getan, gedacht, gewollt, gemacht hat?«). Wenn wir aber nicht auf dieser Bewußtseinsstufe verharren, vermögen wir im Leben immer mehr zu begreifen, daß viele der Phänomene, die wir an anderen mit Bewunderung oder Empörung wahrnehmen, nur ein Spiegelbild unserer eigenen, aber noch unbewußten Anlage sind, also etwas, wozu wir durchaus »ich« sagen könnten. »Die Projektionen«, erklärt C.G. Jung, »verwandeln die Umwelt in das eigene, aber unbekannte Gesicht.«[1] Wenn wir aber erkennen, daß die vermutete Eigenschaft nicht beim anderen, sondern bei uns selbst liegt, spricht man in der Psychologie von der Rücknahme einer Projektion. So ist jede Rücknahme ein Schritt zur Selbsterkenntnis.

Von Kind an sind wir immer schnell dabei, überall dort Projektionen zurückzunehmen, wo wir anschließend besser dastehen und uns toll finden. Deutlich schwerer tun wir uns dagegen mit Feindbildern, die wir in unserer Umgebung ausgemacht haben und die wir mit viel Leidenschaft verfolgen und bekämpfen. Maßt sich dann vielleicht noch jemand an, uns darauf hinzuweisen, daß die Unverschämtheit, über die wir uns so heftig ereifern, etwas mit uns selbst zu tun haben könnte, finden wir das unerhört. Und das zu recht; denn in der Tat handelt es sich dabei im allgemeinen um einen Wesenszug in uns, um eine innere Person, die bislang unerhört geblieben ist. Ob wir nun etwas verdrängen, also etwas wieder unbewußt werden lassen, was schon einmal bewußt war oder gerade bewußt werden wollte, oder ob wir etwas projizieren, in beiden Fällen handelt es sich um wichtige Schutzmaßnahmen unseres Bewußtseins. Hätten wir diese Möglichkeiten nicht, würden wir so

1 C.G. Jung, Aion, Seite 18

sehr von allen Bildern unserer Erinnerung, von allen äußeren Eindrücken, vor allem aber von den Inhalten des Unbewußten derart überflutet, daß wir es nicht aushalten könnten und unser Bewußtsein unter diesem Ansturm zusammenbrechen müßte. Es ist, als würde das Rad der Zeit alle notwendigen Erkenntnisschritte so über unseren Lebensweg verteilen, daß nur eine Erfahrung nach der anderen an unsere Bewußtseinsschwelle tritt und es uns mit diesen »Appetithäppchen« ermöglicht wird, eine Erkenntnis nach der anderen zu verkraften, zu verdauen und so zu integrieren.

So sind Projektionen nicht etwas Frevlerisches oder Falsches, wie gelegentlich zu hören ist. Sie werden ja auch nicht von uns gemacht. Wir finden sie sozusagen vor, denn unser Unbewußtes projiziert seine Inhalte so vollkommen, daß wir schwören könnten, alle damit verbundenen Eigenschaften lägen ausschließlich und ohne Zweifel beim anderen. Das macht es ja gerade so mühsam, sich selbst auf die Schliche zu kommen. »Man muß schon davon überzeugt sein, daß man auch gelegentlich unrecht haben könnte«, bemerkt deshalb C.G. Jung, »um gewillt zu sein, emotional betonte Projektionen vom Objekt abzulösen.«[1] Tun wir das nicht, sondern beharren statt dessen hartnäckig auf der vom Unbewußten suggerierten Scheinwirklichkeit, obwohl uns das Leben schon längst eines Besseren belehren will, obwohl die Zeit schon längst reif ist, sie zurückzunehmen und zu integrieren, dann werden die Projektionen zu einem echten Problem. Sie entwickeln nämlich die Eigenart, uns zunehmend zu isolieren, weil sie uns der Wirklichkeit entrücken. Sie lassen uns so sehr an die Bilder glauben, die wir uns von der Wirklichkeit machen, daß wir gar nicht auf den Gedanken kommen, eine andere Wirklichkeit könnte hinter unseren Bildern liegen. Je mehr wir uns aber auf diese Art und Weise von der Welt entfremden und isolieren, um so mehr projizieren wir auf unsere Umgebung, daß sie sich aus Böswilligkeit von uns zurückzieht. Das treibt uns tiefer in die Isolation, wodurch uns die anderen nochmals böswilliger erscheinen, wir uns noch mehr isolieren – und so weiter und so fort. »Es ist oft tragisch, zu sehen, auf welch durchsichtige Weise ein Mensch sich selber und anderen das

1 C.G. Jung, Aion, Seite 18

Leben verpfuscht, aber um alles in der Welt nicht einsehen kann, inwiefern die ganze Tragödie von ihm selber ausgeht und von ihm selber immer wieder aufs neue genährt und unterhalten wird«, beschreibt C.G. Jung dieses Dilemma und setzt erklärend hinzu: »Sein Bewußtsein tut es allerdings nicht, denn es jammert und flucht über eine treulose Welt, die sich in immer weitere Ferne zurückzieht.«[1]

Natürlich sind es besonders die gesellschaftlich geächteten Themen wie Gewalt, Machtmißbrauch, Verschlagenheit, Verrat oder Feigheit, die wir bevorzugt projizieren. Wenn sich in unserem Horoskop und insbesondere unter den vier inneren Personen, die das Beziehungsquartett bilden, ein Schurke befindet, der zu solchen Schandtaten neigt, leben wir ihn wahrscheinlich lange Zeit in der Projektion. Das fällt uns am leichtesten, wenn es sich um einen gegengeschlechtlichen Planeten handelt. Dann ist einfach »der Mann an sich« ein Chauvi oder »die Frau als solche« böse und so weiter. Auch wenn ein Schatten auf den eigengeschlechtlichen Elternteil fällt, können wir noch leicht projizieren. Aber wir schaffen es selbst im schwierigsten Fall, bei der inneren Person, die unsere eigene Geschlechterrolle verkörpert. Wenn etwa im Horoskop eines jungen Mannes der Mars so »unerhört grausam« gefärbt ist, daß alle anderen Planeten sich über ihn empören, kann es gut sein, daß dieser Mann seine gefährliche Seite völlig verdrängt und sich so verharmlost, daß er glaubt, keiner Fliege etwas zu Leide tun zu können. Gleiches gilt für eine junge Frau, die schnell ein Keuschheitsgelübde ablegt, weil ihre Venus so »unerhört lüstern« veranlagt ist, daß sie unter keinen Umständen bewußt werden darf.

Solche Ein-für-allemal-Lösungen haben aber allesamt ein großes Problem. Das, was wir nicht in unser Bewußtsein lassen, ist nicht verschwunden, sondern nur unbewußt, und macht sich obendrein ständig von außen bemerkbar, um bewußt zu werden. Der harmlose Jüngling wird immer wieder mit Gewalttätigkeit in Berührung kommen und solange provoziert, bis er vielleicht eines Tages platzt und begreift, daß er die ganze Zeit auf einer hochex-

1 C.G. Jung, Aion, Seite 19

plosiven Zeitbombe saß. Die junge Keusche wird immer wieder in ganz unerhörter Weise mit Wollust konfrontiert und in Versuchung geführt, ihr schneeweißes Kleid zu beschmutzen. Bis das passiert, halten aber beide an dem »heilen« Bild fest, das sie von sich selbst haben, und sind zutiefst empört, wenn andere daran zweifeln, weil sie seine Zeitbombe schon mal ticken hörten oder den lüsternen Blick in ihren Augen entdeckt haben.

Wenn es an der Zeit ist, eine solche Einsicht zu machen, führt uns das Unbewußte in alle nur erdenklichen Situationen, um uns das Thema vor Augen zu führen, das als zu uns gehörig erhört werden will. Ob und wann wir diesen Zusammenhang begreifen, hängt von unserer Bereitschaft ab, auch solche Selbsterkenntnisse zu machen, die unserem Ichbewußtsein nicht gerade schmeicheln. Je schwieriger, je unliebsamer die Erkenntnis, um so hartnäckiger projizieren wir sie, um so mehr empören uns die Situationen, in denen wir diesem Thema begegnen. Dabei zeigt die Erfahrung, daß der Grad unserer Empörung zugleich ein zuverlässiger Maßstab für den Grad der Verdrängung ist, für unsere Weigerung, die Projektion zurückzunehmen. Um hier einem naheliegenden Mißverständnis vorzubeugen, sei gesagt, daß es natürlich genügend Unrecht in der Welt gibt, das wir mit Fug und Recht verurteilen. Wenn Menschen gefoltert werden oder die Umwelt verseucht wird, reicht es nicht, reine Nabelschau zu betreiben, sich zu fragen, was uns das sagen will, was das wohl mit uns selbst zu tun hat und sich dabei aus der Verantwortung zu schleichen, couragiert einzugreifen und persönlich Stellung zu beziehen. Ebensowenig reicht es, das Übel an den Pranger zu stellen, ohne zu begreifen, daß es auch einer Seite unserer eigenen, bislang verdrängten Natur entspricht. Und natürlich bedeutet Rücknahme der Projektion schon gar nicht, den Folterknecht in sich selbst zu erkennen, um ihn anschließend hemmungslos auszuleben. Hier geht es vielmehr darum, uns eines Wesenszugs bewußt zu werden, der uns bislang manches tun ließ, wofür wir keine Erklärung hatten, weil uns diese Eigenart unbewußt war, aber gleichwohl gelebt wurde. Wir sprechen dann zumeist davon, daß uns etwas passiert sei. Werden wir uns aber einer bislang verdrängten Veranlagung bewußt, können wir sie in ihren vielfältigen Gestalten studieren und ihr dann einen Ausdruck ermöglichen, den wir wirklich verantworten können. Dabei leistet die Astrologie hervorragende Hilfe, weil sie unsere Veranlagung anschaulich macht und zugleich zeigt, daß es ein weites Spektrum von Möglichkeiten gibt, die jeweilige Thematik zu leben.

So könnte beispielsweise der besagte Folterknecht einem schwierigen Aspekt von Pluto (♇) und Mars (♂) entsprechen. Umgekehrt aber lassen sich Pluto-Mars-Aspekte nicht auf einen Folterknecht reduzieren. Zu den vielen Gestalten, die diese Konstellation annehmen kann, gehören auch Machtgier, Sadismus, sexuelle Besessenheit und ein geradezu schwarzmagischer Vernichtungswille. In der bewußten Begegnung aber kann der Mensch im gleichen Aspekt auch magische Kräfte erkennen, mit deren Hilfe er helfen, heilen und wirklich tiefgreifende Änderungen bewirken, fördern und begleiten kann. Diese Wandlung einer tendenziell destruktiven Anlage zu einer wertvollen, hilfreichen Kraft wird erst möglich, wenn wir uns bewußt mit ihr auseinandersetzen. Solange sie dagegen verdrängt aus dem Unbewußten auf sich aufmerksam machen muß, wird sie sich überwiegend von ihrer problematischen Seite zeigen.

Wenn die Beschreibung von Such- oder Selbstbild nicht zu stimmen scheint

Wenn sich jemand in der folgenden Beschreibung einer oder mehrerer innerer Personen nicht gleich wiedererkennt, wird es interessant, den Ursachen dafür auf den Grund zu gehen. Erfahrungsgemäß liegt die Erklärung in einer oder mehrerer der folgenden Möglichkeiten:

A) Eine andere Beschreibung scheint besser zuzutreffen als die Beschreibung der tatsächlichen Planentenkonstellation. Mögliche Ursachen:

1. Der entsprechende Planet stört den Gesamttenor des Horoskops, indem er eine Sonderrolle spielt, die im Konflikt mit einer Mehrzahl anderer persönlicher Planeten oder dem Aszendenten steht. Bildlich gesprochen kann dann die Planetenmehrheit den Sonderling so an den Rand drängen, daß sich der Mensch dieser »absonderlichen« Veranlagung nur mühsam bewußt wird.

   Beispiel:
   Nehmen wir an, eine Frau habe einen Wassermannmond und erlebt sich, im krassen Unterschied zu unserer Beschreibung, als durch und durch häuslich. Stehen nun viele Planeten in häuslichen Zeichen wie Stier (♉), Krebs (♋) oder Jungfrau (♍), dann prägen sie das häusliche Verhalten dieser Frau und vermögen ihren Unabhängigkeitsdrang, ihre Lust auf individuelle Extravaganzen so sehr zu unterdrücken, daß diese Neigung weitgehend verdrängt im Schatten liegt.

2. Die beschriebene Reinzeichnung des Planeten wird nicht erlebt, weil andere Planeten so kräftige Aspekte dazu bilden, daß das Bild überlagert wird.

   Beispiel:
   Nehmen wir an, ein Mann hat die weiblichen Planeten Venus (♀) und Mond (☽) in der Waage (♎), kann aber mit der dort

beschriebenen leichtfüßigen Muse oder dem Unschuldsengel nichts anfangen, sondern ist vielmehr fasziniert
a) von einer kämpferischen, burschikosen Frau, die ihren »Mann« zu stehen weiß, oder
b) von einer durchtriebenen, verruchten oder zutiefst leidenschaftlichen Frau.

Im ersten Fall werden starke Marsaspekte (♂) sein Suchbild prägen, im zweiten Fall kann es sich um Aspekte von Pluto (♇) handeln. Je gradgenauer diese Aspekte sind, um so mehr scheinen sie das Suchbild wirklich umzufärben. Und dennoch ist es wichtig, das eigentliche Urbild hinter diesem Aspekt zu erkennen, um die eigene Anlage – und damit sich selbst – zu verstehen.

B) Das, was im folgenden als Suchbild beschrieben wird, erlebt ein Mensch ständig als sein Feindbild. Mögliche Ursache:

Die Suchbildplaneten befinden sich im Konflikt mit dem Selbstbild oder anderen starken Horoskopkonstellationen. Insbesondere Quadrataspekte aber auch Oppositionen und sogar benachbarte Zeichen können anfangs den Eindruck erwecken, daß sich die Themen gegenseitig ausschließen und nur als feindlich erlebt werden können. Sicherlich ist hierbei die Herausforderung größer als bei anderen Aspekten; dennoch gilt es natürlich auch hier, genauso wie bei allen anderen Spannungen im Horoskop, eine Synthese zu finden und aus Mißklang Einklang werden zu lassen.

Beispiel:
Ein Mann mit starker Fischebetonung ist sehr intuitiv veranlagt und spürt im Leben viele Zusammenhänge, von denen sich andere kaum ein Bild machen können. Steht nun sein Suchbild in Zwillinge (Quadrat) oder Jungfrau (Opposition) kann daraus leicht ein Feindbild werden, weil ein ausgemachter Zwillingstyp natürlich rein gefühlte, aber intellektuell nicht nachvollziehbare Zusammenhänge ständig anzweifeln muß oder sogar

1 Siehe dazu das Kapitel »Die innere Beziehung« auf Seite 216.

mit beißender Ironie zerreißt, wohingegen für einen Jungfraumenschen nur Handfestes zählt und er Übersinnliches mit so erbsenzählerischer Manie zu widerlegen versucht, daß es den Fischemenschen in der Seele schmerzt.
Oder eine Frau mit starker Schützebetonung hat einen Skorpionmars (benachbartes Zeichen). Dann wird sie mit schützehafter Erhabenheit in olympischen Höhen weilen und sich als gut, edel, rein über alle irdischen Tiefen und Triebe erhaben wähnen und höchst verächtlich auf die Niederungen der Skorpionwelt hinabblicken, die in ihren Augen nur triebhaft, unmoralisch und schmutzig sind.

C) Es scheint überhaupt kein inneres Bild zu geben, oder aber es ist so schwammig, daß alle Beschreibungen darauf zu passen scheinen. Mögliche Ursachen:

1. Neptun (♆) ist im Spiel und vernebelt das Bild. Das ist vor allem dann der Fall, wenn Neptun eine Konjunktion, ein Quadrat oder eine Opposition mit einem Planeten bildet. Je exakter dieser Aspekt ist, um so tauber kann das Gefühl sein, wenn der Mensch dem Planetenthema in sich nachspüren möchte.

2. Der entsprechende Planet steht im 12. Haus des Horoskops. Alle Konstellationen in diesem Feld werden – wenn überhaupt – erst spät im Leben bewußt. Es ist, als stünden sie hinter einem Schleier, der nur einen sehr vagen Eindruck ihrer Konturen erkennen läßt.

Wie sich Suchbild und Selbstbild im Horoskop erkennen lassen

Wer das Männliche und das Weibliche in sich oder in einem anderen Menschen, wer sein Selbst- und sein Suchbild oder das eines anderen mit Hilfe des Horoskops erkennen möchte, sollte zunächst die einzelnen Prägungen auf Grund der Zeichenstellungen der männlichen Planeten Mars (♂) und Sonne (☉) sowie der weiblichen Planeten Venus (♀) und Mond (☽) studieren, wie sie die folgenden Kapitel beschreiben. Der Mann wird sein männliches Selbstverständnis in den Beschreibungen von Mars und Sonne wiederfinden, während sich sein Suchbild, seine Anima, aus der jeweiligen Stellung von Venus und Mond ergibt. Umgekehrt findet eine Frau ihr Selbstbild von Venus und Mond dargestellt, während sich ihr Suchbild, ihr Animus, hinter Mars und Sonne verbirgt. Wie schon zuvor erklärt[1], wird bei den nachstehenden Beschreibungen nur zwischen männlich und weiblich unterschieden, nicht aber zusätzlich zwischen Sonne (☉) und Mars (♂) beziehungsweise zwischen Mond (☽) und Venus (♀).

Sofern nicht die beiden männlichen (☉ und ♂) oder die beiden weiblichen Planeten (☽ und ♀) im selben Zeichen stehen, wird sich das jeweilige Bild aus zwei männlichen beziehungsweise zwei weiblichen Beschreibungen zusammensetzen, die sich jeweils so lesen, als gäbe es nur diese eine Konstellation im Horoskop. Aber natürlich wäre es falsch, den Teil für das Ganze zu nehmen. Bei jeder Charakterisierung handelt es sich um ein Phantombild, das hilft, die eigentliche Idee zu verstehen, den Urtypus, den der jeweilige Planet im Zeichen verkörpert, seinen Beitrag zu unserem Such- oder Selbstbild.

1 Siehe Seite 87f.

Die Beschreibungen der männlichen und weiblichen Typen haben folgenden Aufbau:

Weiblich (♀ und ☽)	**Männlich (♂ und ☉)**
äußeres Profil	äußeres Profil
seelische Grundstimmung	Stärken
ihre Welt	Verzerrung und Schwächen
wie sie zu gewinnen ist	Berufsthemen
Beziehungsverhalten	seine Art, eine Frau zu umwerben
Treue und Erotik	Beziehungsverhalten
Konfliktverhalten	Sexualität und Treue
Häuslichkeit	Konfliktverhalten
Mutterrolle	Vaterrolle

Mit dem unterschiedlichen Aufbau dieser Beschreibungen soll nicht etwa traditionelles Rollenverhalten oder ein Ungleichgewicht von Mann und Frau festgeschrieben werden. Vielmehr wurden typische astrologische Entsprechungen von Mond und Venus bei den weiblichen Typen aufgeführt, während sich ausgemachte Sonnen- oder Marsthemen unter den männlichen Beschreibungen finden. Da aber das Horoskop eines jeden Menschen diese vier Planeten zeigt, hat Mann wie Frau die Möglichkeit und letztlich auch die Aufgabe, alle damit verbundenen Themen in sich selbst zu finden, zu leben und zum Ausdruck zu bringen.

Um Selbstbild und Suchbild vor sich entstehen zu lassen, gehen Sie am besten wie folgt vor:

1. Lesen Sie die nachfolgenden Typenbeschreibungen entsprechend der Zeichenstellung Ihrer Planeten Mond, Venus, Sonne und Mars.

2. Haben Sie die Reinzeichnungen der inneren Bilder studiert, gilt es als nächstes, die teilweise erheblichen, manchmal sogar überlagernden Schattierungen zu berücksichtigen, die durch Aspekte anderer Planeten ausgelöst werden. Zum einen ergeben sich durch bestimmte Aspekte Auf- und Abwertungen, die uns einzelne dieser Bilder als edel und wertvoll erleben lassen, während andere schlechter dabei abschneiden (siehe dazu Seite

200). Zum anderen können diese Aspekte ein Bild so färben und sogar soweit verfärben, daß die ursprüngliche Idee kaum noch zu erkennen ist (siehe dazu Seite 206).

3. Wenn Sie so die Eigenarten von Sonne, Mond, Venus und Mars in allen Schattierungen betrachtet haben, wenn jede der vier inneren Personen ihr eigenes Profil bekommen hat, wird es natürlich interessant, die innere Beziehung zu betrachten, die Art, wie sie – quasi als inneres Beziehungstheater – untereinander und miteinander umgehen (siehe dazu Seite 216).

Die zwölf weiblichen Typen

♈ Widder als weibliches Such- oder Selbstbild

♀ im weiblichen Horoskop Selbstbild der jungen Frau
im männlichen Horoskop Hauptsymbol von Anima und Suchbild

☾ im weiblichen Horoskop Selbstbild der reifen/mütterlichen Frau
im männlichen Horoskop mütterlich-ergänzender Anteil von Anima und Suchbild

ARCHETYP: die Amazone	ELEMENT: Feuer
TYP: die Wilde, die Vagabundin, die Burschikose	STIL UND GESCHMACK: Bevorzugt starke Farben und markante Formen mit Signaleffekt. Liebt alles Experimentelle und Aktionskunst.
REIFE FORM: die Eigenständige, die Couragierte	NAIVE ODER VERZERRTE FORM: das Mannweib, die Widerspenstige, die freche Göre, die Taktlose
STÄRKE: Konfliktbereitschaft, Unkompliziertheit, Direktheit, Spontaneität, Fröhlichkeit, Unbeschwertheit, Wagemut, Abenteuerlust	PROBLEMATIK: Unruhe, Explosivität, Gereiztheit, Ungeduld, Einseitigkeit, Aufdringlichkeit, Derbheit
BEZIEHUNGSSTÄRKE: Die Frau, mit der man Pferde stehlen kann.	BEZIEHUNGSPROBLEMATIK: Konkurrenzverhalten und mangelndes Einfühlungsvermögen
GRUNDSTIMMUNG: hitzig, lebendig und unbekümmert. Reagiert unmittelbar auf Außenreize.	EROTIK: feurig und leidenschaftlich. Liebt brenzlige Situationen und die Liebe auf den ersten Blick.

TYPISCHE PLÄTZE UND SITUATIONEN, WO SIE BERUFLICH ODER PRIVAT HÄUFIG ANZUTREFFEN IST: im Fitneßcenter, im Motorbootclub, beim Schlußverkauf, beim Überholen, auf der Rennbahn, beim Bungeejumping, beim Rock 'n' Roll, in der Sauna, an der Imbißbude, im Sportgeschäft, am Expreßschalter, im Wettbüro, am Lagerfeuer, bei Sonnenaufgang, ganz vorne

LEITSATZ: Lebendig zu sein, heißt zu brennen!

Als weibliches Such- oder Selbstbild gedeutet, steht das Zeichen Widder für eine aktive, burschikose Frau, die ihren »Mann« zu stehen weiß. Ihr Auftreten ist bestimmt und selbstbewußt, ihr Blick forsch und keck und ihre Stimme kraftvoll. Sie ist ein sportlicher Typ und in ihrer Erscheinung liegt eine unbekümmert jugendliche Frische. Am wohlsten fühlt sie sich in Jeans und T-Shirt oder ähnlich leichter, bequemer Bekleidung, die ihre Bewegungsfreiheit nicht einschränkt. Dabei bevorzugt sie kräftige Rottöne, die schon von weitem signalartig auf sie aufmerksam machen.

Auf der Skala der spontanen, direkten, überschwenglichen, aber auch heftigen Gefühlsäußerungen erreicht sie problemlos alle Höchstmarken. Ihr Spektrum erstreckt sich vom enthusiastischen Begeisterungssturm bis hin zu aggressiven Wutausbrüchen. Sie ist so impulsiv, daß jeder seelische Druck sofort an die Umgebung abgegeben wird. Geduld, Zurückhaltung und Bescheidenheit sind Fremdworte für sie, weil ihr inneres Feuer für solche Artigkeiten einfach zu heftig lodert. Doch selbst die vehementesten Gefühlsstürme legen sich ebenso schnell wieder, wie sie aufgetaucht sind. Dennoch können diese Wechselbäder für andere sehr anstrengend werden, nicht zuletzt, weil sie so unerwartet auftreten und zudem unverblümt, direkt und manchmal auch verletzend sind. Andererseits gibt es bei ihr kein langes Schmollen oder Grollen, und sie trägt selten etwas nach.

Ihre Welt ist eine Arena, in der sie ihre Stärke beweisen kann. Am wohlsten fühlt sie sich dort, wo etwas los ist. Unabhängigkeit und Selbständigkeit bestärken sie in ihrem Wertgefühl. Sie liebt es, dort ihre Fähigkeiten zu beweisen, wo ihr Improvisationstalent gefragt ist. Grundsätzlich traut sie sich erst einmal alles zu und nimmt manche Hürde, weil sie einfach ausprobiert, ohne lange zu überlegen. Nicht nur damit kann sie für viele Männer eine echte Herausforderung werden. Mit Vergnügen wetteifert sie mit ihnen wie selbstverständlich in vielen Alltäglichkeiten und natürlich auch in der beruflichen Karriere, wo sie oft genug den Sieg davonträgt. Mit ihrer stark ausgeprägten Wunschnatur und ihrem Erlebnishunger lebt sie am liebsten nach dem Lustprinzip, dem sie ungeniert und jederzeit nachgibt. Sie interessiert sich für alles, was neu, spannend und aufregend ist oder wofür sie engagiert kämpfen kann. Zwar übernimmt sie gern selbst die Führung und reißt immer wieder neue Projekte an, doch bleibt auch manches unerledigt liegen, weil es ihr am nötigen Durchhaltevermögen fehlt.

Das Herz dieser forschen Frau gewinnt man im Sturm oder gar nicht. Ihre Vorstellungen von Romantik finden sich am ehesten in Wildwestfilmen, in denen der Held sich für die Lady prügelt oder gefährliche

Abenteuer wagt, um ihr seine Liebe zu beweisen. Mit Männern, die schüchtern sind oder nicht wissen, was sie wollen, hat sie ihre liebe Mühe. Sie ist bis in die Haarspitzen ungeduldig, und bei einem unentschlossenen Hin und Her verliert sie ganz schnell ihr Interesse. Diese Frau will rasant erobert werden, und wenn es ihr zu lange dauert, ergreift sie kurzerhand selbst die Initiative. Die Damenwahl könnte ihre Erfindung sein, denn die abwartende, hingebungsvolle Rolle wurde nie für sie geschrieben.

Mit einer traditionellen Beziehung tut sie sich recht schwer, weil ihre ungestüme Wildheit, ihre Eigenständigkeit und ihre forsche Direktheit mit dem noch gängigen Bild der Frau nur schwer zu vereinbaren sind. Nicht selten leugnet sie sogar ihr Bedürfnis nach Nähe, nur um ihre Unabhängigkeit bewahren zu können. Innerhalb der Partnerschaft übernimmt sie gern die Führung und sorgt dafür, daß nicht zuviel alltägliche Routine aufkommt. Sie ist eine Frühaufsteherin, die mit ihrem Aktivismus auch ungemütlich sein kann. Entscheidungsfreudig wie sie ist, ziert sie sich auch nicht lange, wenn es darum geht, irgendwo tatkräftig anzupacken. Ihr Leben findet ganz und gar im Hier und Jetzt statt. In ihrer unkomplizierten Direktheit hat sie etwas so erfrischend Ehrliches, daß sie einem offenen Buch gleicht, wodurch man immer weiß, woran man bei ihr ist. Ihre bisweilen heftigen Liebesbekundungen sind zwar herzlich und echt, gelten aber meist nur für den Augenblick. Wer sich ihre Zuneigung auf Dauer erhalten will, sollte sich immer wieder etwas Neues einfallen lassen, um ihr Interesse wach zu halten.

Das soll nicht heißen, daß sie nicht auch treu sein kann, aber wo ihr Routine oder alltägliches Einerlei zuviel werden, hält sie schon mal nach neuen Abenteuern Ausschau, die wieder prickelnde Spannung in ihr Leben bringen. Das Risiko, sich dabei hin und wieder die Finger zu verbrennen, nimmt sie locker in Kauf, denn brenzlige Situationen erlebt sie als erotisch, und im Spiel mit dem Feuer entfacht ihre glühende Leidenschaft. Dabei liegt ihre Stärke in der restlosen Hingabe an den einen Augenblick und der vollkommenen Präsenz aller Sinne.

Wenn es in der Liebe Probleme gibt, ist sie die letzte, die einem Konflikt aus dem Wege geht. Im Gegenteil, einen heftigen Streit kann sie durchaus als anregend erleben, und so fliegen in ihrer Beziehung öfter mal die Fetzen. Inwieweit sich dadurch etwas ändert, hängt vor allem von der Gegenseite ab, denn sie selbst ist nicht wirklich kompromißbereit. Anpassung ist für sie stets das, was ihrer Meinung nach der andere zu tun hat. Dafür kann sie um so besser vergessen, sowohl den Streit als auch die danach getroffene Vereinbarung.

Wer vier stille Wände sucht, ist bei ihr an der falschen Adresse. Die vielen Impulse, die sie braucht und liebt, machen aus ihrem Zuhause eher einen Taubenschlag als ein gemütliches Nest. Ihr Haushalt muß unkompliziert und schnell zu bewältigen sein, da sie sich wirklich Spannenderes vorstellen kann, als Tafelsilber zu polieren. Da sie zudem selten eine große Feinschmeckerin ist, sondern eher eine Freundin der schnellen Küche, sollte man sich nicht wundern, wenn sich hinter der Einladung zum Abendessen ein einfaches Picknick verbirgt. Sie liebt es, häufiger ihre Zelte abzubrechen oder schiebt zumindest immer wieder mal die Möbel umher, damit keine Gewohnheit aufkommen kann. So lebt sie häufig aus dem Koffer, damit sie jederzeit ihren spontanen Impulsen nach Tapetenwechsel nachgeben kann.

Auch durch die Mutterrolle läßt sie sich nicht wirklich einschränken. Sie versteht es gut, ihre Eigeninteressen gegenüber denen ihrer Kinder abzugrenzen. Geduld ist auch hier nicht ihre Stärke, und gerade mit Säuglingen fühlt sie sich manchmal etwas hilflos. Dafür kann sie gut motivieren und sich zeitlebens in die Bedürfnisse junger Menschen einfühlen. Aus Überzeugung fördert sie die Unternehmungslust ihrer Kinder, versteht deren Bewegungsdrang und erzieht sie früh zur Selbständigkeit. Sie ist für manches Abenteuer zu haben, rennt mit ihrem Nachwuchs leidenschaftlich gerne um die Wette und bewahrt sich bis ins hohe Alter eine ungestüme, jugendliche Seele.

Wer eine sensible, hingebungsvolle Partnerin sucht, die Ruhe ausstrahlt oder das Beständige liebt, wird mit dieser Frau hoffnungslos überfordert sein. Wer sich aber eine mutige Kameradin zum Pferde stehlen wünscht, Spontaneität und Abwechslungen liebt, der kann mit ihr viel Spannendes erleben.

♉	**Stier als weibliches Such- oder Selbstbild**
♀	im weiblichen Horoskop Selbstbild der jungen Frau im männlichen Horoskop Hauptsymbol von Anima und Suchbild
☾	im weiblichen Horoskop Selbstbild der reifen/mütterlichen Frau im männlichen Horoskop mütterlich-ergänzender Anteil von Anima und Suchbild

ARCHETYP: die Urmutter	ELEMENT: Erde
TYP: die Naturschönheit, die warmherzig Sinnliche	STIL UND GESCHMACK: Bevorzugt natürliche Materialien und warme Farben. Hat ein Faible für Antiquitäten und liebt die Fülle des Barock.
REIFE FORM: die Beständige, die Traditionsbewußte	NAIVE ODER VERZERRTE FORM: die Schwerblütige, die Träge, die Geizige, die Raffgierige
STÄRKE: Gutmütigkeit, Vertrauen, Geduld, Natürlichkeit, Gelassenheit, Genußfähigkeit, Sinnlichkeit, Wärme, Zufriedenheit	PROBLEMATIK: Neid, Genußsucht, Unbeweglichkeit, Schwerfälligkeit, Vorurteile, Eigensinn, Faulheit, Dickköpfigkeit
BEZIEHUNGSSTÄRKE: die sinnliche, treue und verständnisvolle Lebensgefährtin	BEZIEHUNGSPROBLEMATIK: Neigt zu starker Eifersucht und klammert sich an alles Vertraute.
GRUNDSTIMMUNG: meist gutgelaunt und wohlwollend, mit einem unerschütterlichen Urvertrauen	EROTIK: stark ausgeprägte Sinnlichkeit und tiefe Empfindungsfähigkeit. Liebt eine entspannte, ruhige Atmosphäre im vertrauten Rahmen.

TYPISCHE PLÄTZE UND SITUATIONEN, WO SIE BERUFLICH ODER PRIVAT HÄUFIG ANZUTREFFEN IST: auf dem Bauernhof, in der Natur, in der Küche, im Blumenladen, im Archäologieseminar, auf der Antiquitätenmesse, beim Malkurs, auf dem Flohmarkt, bei der Auktion, beim Bäcker, auf der Bank, beim Töpfern, im Garten, beim Hausbau, an der Sammlerbörse, am Stammtisch, beim Picknick, im Weinkeller

LEITSATZ: Gut Ding will Weile haben.

Als weibliches Such- oder Selbstbild gedeutet, steht das Zeichen Stier für eine warmherzige, sinnliche Frau, die ganz selbstverständlich in ihrer Weiblichkeit zu ruhen scheint und eine natürliche Schönheit ausstrahlt. Ihr Auftreten ist charmant, ihr freundlicher Blick verrät Herzlichkeit und ihre Stimme ist weich und klangvoll. Sie liebt körperbetonte Kleidung, die ihre weiblichen Reize unterstreicht, ohne aufdringlich zu sein. Dabei bevorzugt sie Naturfasern, weiche Stoffe und warme, ruhige Erdfarben.

Diese Frau kennt keine extremen Gefühlsschwankungen, sondern ist von nahezu unerschütterlicher Gelassenheit. Ihre wohltuende Zuversicht und ihre warme, besonnene Art haben auch auf ihre Umgebung eine beruhigende Wirkung. Sie mag körperliche Nähe und braucht das Gefühl von Sicherheit und Beständigkeit. Plötzliche Veränderungen werfen sie aus der Bahn und verunsichern sie zutiefst. Deshalb liebt sie gewachsene Strukturen und Traditionen und hegt und pflegt alles, was ihr lieb und teuer ist mit liebevoller Aufmerksamkeit. Für sie ist es eine wahre Lust, die Schönheit dieser Welt und alles, was sie liebt, mit allen Sinnen in sich aufzunehmen und sich genüßlich einzuverleiben. Will man ihr etwas Vertrautes wegnehmen, ist es mit ihrer scheinbar grenzenlosen Gutmütigkeit aber augenblicklich vorbei. Dann zeigt sie ihre besitzergreifende Seite und stellt klar, wo die Grenzen liegen.

Ihre Welt ist die Natur, der eigene Garten, eine Werkstatt oder das Atelier, einfach ein Platz, wo sie sich durch ihre Hände ausdrücken oder den sie mit ihren Händen gestalten kann. Ihr geübter Blick für Proportionen, Farben und Formen machen sie zur talentierten, geschmackssicheren Handwerkerin. Sie liebt alles Schöne, solange es eine sinnliche Note hat. Eine zwar perfekte, aber kalte Ästhetik sagt ihr dagegen nichts. Sie steht mit beiden Beinen auf dem Boden der Realität und hat einen ausgeprägten Sinn für praktische Lebensführung. Sorgfältig zu planen liegt ihr mehr als spontan zu entscheiden, und deshalb geht sie gern einer soliden Tätigkeit nach, in der nichts überstürzt werden muß und Produkte und Projekte allmählich reifen können. Was sie liebt, das will sie haben, und so sammelt sie, was immer ihr gefällt. Das kann dann problematisch werden, wenn ihr Augenmerk mehr auf Quantität als auf Qualität gerichtet ist, und sie einfach alles hortet, was sich ihr bietet.

Natürlich geht bei dieser Frau auch die Liebe durch den Magen. Wer sie für sich gewinnen will, sollte sie zu einem guten Essen einladen. Für ein Candlelight-Dinner in gepflegter und gediegener Atmosphäre ist sie ebenso zu haben, wie für ein Picknick in der freien Natur; Hauptsache es schmeckt köstlich und es gibt genug von allem. Besonders imponiert es ihr natürlich, wenn ein Mann sie mit eigenen Kochkünsten zu verwöhnen versteht. Aber auch sonst ist sie äußerst empfänglich für die leiblichen und materiellen Genüsse des Lebens. Bei alledem ist es ratsam, genügend Ausdauer mitzubringen, weil es durchaus etwas länger dauern kann, bis sie sich erwärmt. Sie ist grundsätzlich vorsichtig und läßt sich ungern auf ein Abenteuer ein. Am liebsten hätte sie sogar eine Treuegarantie. Hat sie sich aber für jemanden entschieden, ist ihre Liebe beständig, herzlich und tief.

In der Beziehung erwartet sie die körperliche Anwesenheit ihres Partners, denn von Luft und Liebe allein wird sie nicht satt. Bei ihr herrscht gewissermaßen Anwesenheitspflicht. Sie will einen Mann, der da ist, den sie anfassen, fühlen, schmecken und riechen kann. Unerreichbares, Unnahbares und Unbeständiges interessiert sie nicht, deshalb mag sie auch keine räumlichen oder zeitlichen Trennungen, und Wochenendbeziehungen sind für sie tabu. Sie liebt regelmäßige Rituale, langfristige Planung und Absicherungen gegen alles und jedes. Fülle bereitet ihr einfach Wohlbehagen, und von der Hand in den Mund mag sie nicht leben, deshalb legt sie rechtzeitig genügend Reserven an, um karge Zeiten damit zu überbrücken. Wenn es sein muß, kann sie auch Maß halten, aber nicht auf Kosten von Genuß.

Klare Verhältnisse sind ihr ein dringendes Bedürfnis, deshalb ist sie aus der Tiefe ihrer Seele ein treuer Mensch. Verbindliche Zusagen fallen ihr nicht schwer, und eine Ehe ist für sie selbstverständlich eine Entscheidung fürs Leben. So barock wie ihr Geschmack, so satt bis überschwenglich ist auch ihr erotisches Erleben. Aber auch hier ist sie keine Vagabundin, sondern braucht eine Atmosphäre von Vertrautheit, damit ihre warme Sinnlichkeit erblühen kann.

Wenn es in der Liebe Probleme gibt, beweist sie ihre Stärke. Zwar haßt sie Streit und wünscht sich nichts mehr als eine friedvolle, harmonische Beziehung, aber sie bleibt standfest und läßt sich auch durch heftige Auseinandersetzungen nicht so leicht irritieren. Im Gegenteil, dort wo eine Beziehung sich aufzulösen droht, tritt ihre besitzergreifende Seite als heftige Eifersucht hervor. Gleichgültig ob es sich um Dinge oder Menschen handelt, sie trennt sich einfach schwer von allem, was sie einmal als ihr eigen betrachtet hat, und sie verteidigt ihren Besitz vehement und mit unbeirrbarer Entschlossenheit.

Sie liebt die eigenen vier Wände allein schon deshalb, weil niemand sie ihr nehmen kann. Und diese Gewißheit gibt ihr tiefe Befriedigung. Hat sie sich einmal häuslich niedergelassen, baut sie lieber dreimal an, bevor sie aus Platzgründen umziehen würde. So sammelt sich in ihrem Heim mit der Zeit so einiges an, und ihre Vorliebe für Antiquitäten füllt ihre Wohnräume noch zusätzlich. Zudem wirft sie ungern etwas weg, weil sie sich nicht gern von Dingen trennt, die man ja vielleicht doch noch einmal brauchen kann. Aber dennoch herrscht bei ihr immer eine gemütliche Atmosphäre. Ihre Freunde schätzen sie als herzliche Gastgeberin und wissen, daß sie eine hervorragende Köchin ist. So trifft man sich bei ihr im vertrauten Kreis, was ihr sehr entgegenkommt, denn sie liebt das gemütliche Zuhause und muß nicht auf jeder Party dabei sein.

In der Mutterrolle zeichnet sie sich durch wahre Engelsgeduld aus. In ihrem ganzen Wesen ist sie nährend und gewährend und versteht es, eine Atmosphäre sinnlicher Geborgenheit zu verbreiten. Sie ist die Mutter zum Anfassen, die Körperlichkeit und Nähe als ein selbstverständliches, eigenes Bedürfnis erlebt. Ihren Kindern vermittelt sie ein Urvertrauen in die Fülle des Lebens, weil sie stets dafür sorgt, daß immer genug von allem da ist. Kommt aber die Zeit, in der die Kinder flügge werden, fällt ihr die Ablösung meist schwer. Sich vom vertrauten Familienalltag wieder zu lösen und neue Aufgabe zu suchen, bedeutet für sie eine Umstellung, mit der sie sich äußerst schwertut.

Sie ist sicherlich nicht die flexibelste oder wagemutigste Frau, und wer Aufregung und Abwechslung sucht, wird von ihrem Hang zum Gewohnten und Vertrauten auf Dauer irritiert sein. Wer aber ihre bodenständigen Qualitäten zu schätzen weiß, findet in ihr eine sinnliche Genießerin und eine treue, verständnisvolle Lebensgefährtin.

♊ Zwillinge als weibliches Such- oder Selbstbild

♀ im weiblichen Horoskop Selbstbild der jungen Frau
im männlichen Horoskop Hauptsymbol von Anima und Suchbild

☾ im weiblichen Horoskop Selbstbild der reifen/mütterlichen Frau
im männlichen Horoskop mütterlich-ergänzender Anteil von Anima und Suchbild

ARCHETYP: die Gelehrte	ELEMENT: Luft
TYP: die Intellektuelle, die Leseratte, die Clevere	STIL UND GESCHMACK: Bevorzugt verspielte Formen und helle Farbtöne, mag luftige Arrangements in der Art des Jugendstils.
REIFE FORM: die Lebenskluge, die Vielseitige	NAIVE ODER VERZERRTE FORM: die Gerissene, das ewige Mädchen, die Klatschtante, die Zicke, die Neunmalkluge
STÄRKE: Aufgeschlossenheit, Kontaktfreude, Unbeschwertheit, Ideenreichtum, Flexibilität, Freundlichkeit, Geselligkeit	PROBLEMATIK: Oberflächlichkeit, Kühle, Unbeständigkeit, Flatterhaftigkeit, Unverbindlichkeit, Geschwätzigkeit
BEZIEHUNGSSTÄRKE: Die unkomplizierte, fröhliche Kameradin, mit der man über alles sprechen kann.	BEZIEHUNGSPROBLEMATIK: Kann sehr kühl und distanziert sein und unverbindlich bleiben.
GRUNDSTIMMUNG: heiter und unbeschwert mit schnell wechselnden Gefühlslagen	EROTIK: verspielt und raffiniert. Liebt den Flirt im Vorübergehen und den Reiz des Neuen.

TYPISCHE PLÄTZE UND SITUATIONEN, WO SIE BERUFLICH ODER PRIVAT HÄUFIG ANZUTREFFEN IST: auf Wohnungssuche, am Kiosk, in der Buchhandlung, im Treppenhaus, im Straßencafé, im Sekretariat, am Telefon, auf der Post, in der Redaktion, im Sprachlabor, auf der Buchmesse, im Seminar, im Lesezirkel, am Informationsschalter, beim Jonglieren

LEITSATZ: Ich bin nicht durcheinander, sondern einfach gut gemischt!

Als weibliches Such- oder Selbstbild gedeutet, steht das Zeichen Zwillinge für eine kluge Frau, die clever, hellwach und selten um eine Antwort verlegen ist. Ihr Auftreten ist sehr gewandt, manchmal auch keck, ihr Blick ist neugierig und sehr lebendig, ihre Stimme klingt hell und klar. In ihrer Erscheinung ist sie die ewig Junge, die bis ins Alter hinein geistig rege bleibt und leichtfüßig durchs Leben geht. Am liebsten kleidet sie sich in helle Frühlingsfarben, trägt gern leichte, saloppe Stoffe und wechselt ihren Stil immer wieder.

Mit ihrem leicht beschwingten Temperament gleicht sie einem Schmetterling, ist mal hier und mal da, nimmt mit reger Neugierde an allem teil, was um sie herum geschieht und hat zu allem auch eine Meinung. Ihre Seelenlandschaft kennt manch wechselhafte Stimmung, aber in der Regel versteht sie es gut, ihr inneres Befinden dem Verstand unterzuordnen. Über alles, was sie bewegt, kann sie unbekümmert, leicht und offen sprechen, ohne dabei den Anschein zu erwecken, wirklich davon berührt zu sein. Ihre Freude an der Leichtigkeit des Seins läßt nicht zu, von Leidenschaftlichkeit oder grüblerischen Gedanken überwältigt zu werden. Im Inneren bewahrt sie sich stets genügend Unabhängigkeit, um sich jederzeit auf eine neue Situation einstellen zu können. Nur selten erlebt sie diese Ungebundenheit auch als eine seelische Heimatlosigkeit. Und sollte es doch einmal dazu kommen, entrinnt sie diesem Gefühl, indem sie schnell wieder neue, auf- und anregende Kontakte knüpft.

Ihre Welt ist die der Worte. Beim Frühstück liest sie die Tageszeitung und nachts den Krimi, dazwischen stöbert sie durch Buchhandlungen und Antiquariate und steigert dabei ständig die Zahl der Bücher, die trotz aller Schnellesekurse liegengeblieben sind. Sie ist eine Wanderseele, die von ihrem Wissensdurst getrieben wird, der sich gewiß nicht nur für Belanglosigkeiten interessiert. Gern nimmt sie am geistigen und kulturellen Leben teil, besucht Ausstellungen und Vernissagen, liebt Straßentheater und Kleinkunstbühnen, Kinos und literarische Zirkel und versteht überall meisterlich Kontakte zu knüpfen. Da sie voller Neugierde im Leben steht, ist sie natürlich stets gut informiert und weiß, wo etwas los ist und worüber man spricht.

So verliert sie ihr Herz auch zumeist ganz im Vorübergehen. Ein interessanter Kontakt im Zug, ein kurzes Gespräch beim Bäcker, ein Flirt im Straßencafé, einfach jede flüchtige Begegnung kann für sie der Anfang einer großen Liebe sein. Wer mit Worten zu spielen versteht, wer gewitzt, geistig wendig und sprachlich brillant ihre Aufmerksamkeit gewinnt, hat dabei die besten Chancen. Wer dagegen auf den Mund gefallen ist, kann bei ihr nur schwerlich landen. Sie liebt stundenlange

Telefonate, originelle Faxe und aus den Schlagzeilen der Tagespresse zusammengeklebte Liebesbriefe. Aber auch hier behält sie stets genügend lockere, luftige Distanz, denn wenn die Leidenschaft zu intensiv wird, bleibt ihr im wahrsten Sinne des Wortes die Luft weg.

In der Beziehung mit ihr weht stets eine leichte, frische Brise. Sie sorgt für Abwechslung und vielseitige Kontakte. Entsprechend groß, aber auch veränderlich ist ihr Freundeskreis. Bei aller Liebe zu einem Mann ist ihre Neugierde viel zu ausgeprägt, als daß sie auf die vielen interessanten Begegnungen verzichten könnte, die sie sich vom Leben wünscht. Allein zu zweit fühlt sie sich ohnehin nicht zu lange wohl, vielmehr blüht sie inmitten einer Clique weltoffener, belesener und geistreicher Menschen auf. Manche Männer fühlen sich von ihrer Unbeständigkeit irritiert und erleben ihre leichte, lockere Art als zu kühle, unverbindliche Freundlichkeit. Wer sie aber richtig zu schätzen vermag, ist gerade von ihrer Vielseitigkeit fasziniert, von ihrer Eigenständigkeit und der Lebendigkeit, die sie in die Beziehung einbringt. Wer aber je geglaubt hat, ein Anrecht auf sie zu haben, hat sich gründlich geirrt. Was sie tut, tut sie aus freien Stücken, denn auf Druck geht bei ihr gar nichts. Deshalb bleibt für sie die Partnerschaft auch nach dem Jawort ein freiwilliges Miteinander.

So bleibt sie, auch wenn sie in festen Händen ist, für neue Bekanntschaften immer offen und studiert – rein informativ, aber regelmäßig – die Kontaktanzeigen in Zeitungen und Illustrierten. Mit Untreue hat das in ihren Augen nichts zu tun. Allein im gedanklichen Spiel mit den Möglichkeiten liegt für sie ein erotischer Kitzel, und was sie sich theoretisch ausmalt, muß sie noch lange nicht praktisch umsetzen. Am schnellsten erwacht ihre Erotik in einem geistreichen Gespräch und entfaltet sich verspielt und leicht zu einem kommunikativen Pingpong-Match. Ihre unbeschwerte Sinnlichkeit wird weniger von tiefer Leidenschaft als von der Freude am Spiel mit den Möglichkeiten geprägt.

Wenn es in der Liebe Probleme gibt, wird sie kühl, jongliert geschickt mit Argumenten und hat außer einem zynischen Unterton zumeist auch das letzte Wort. Innerlich geht sie dabei spürbar auf Distanz. Nicht, daß sie gleich davonläuft, aber emotional erpreßbar ist sie sicher nicht. Sie gehört nicht zu den Menschen, die aus Angst vor Einsamkeit zu übertriebenen Zugeständnissen bereit wären. Für einen guten Vorschlag aber hat sie stets ein offenes Ohr, und ebenso ist sie immer für einen fairen und wohlüberlegten Kompromiß zu haben, mit dem man den Konflikt dann auch vergessen kann.

Bei ihr zu Hause herrscht sozusagen Durchzug, da sie in jeglicher Hinsicht mit offenen Türen lebt. Einsamkeit ist nicht ihre Sache und Rückzug und Stille etwas, das sie kaum zu brauchen scheint. Sie liebt licht- und luftdurchflutete Räume mit viel Bewegungsfreiheit, und ihre Einrichtung besteht aus bunt zusammengewürfelten Einzelstücken. Unter Häuslichkeit versteht sie selten ein trautes Heim, denn allzuviel Seßhaftigkeit ist tödlich für ihre Lebensgeister. Deshalb wechselt sie auch gern in kurzen Abständen den Wohnsitz. Dank ihrer Kontaktfreudigkeit versteht sie es, schnell eine lockere Verbindung mit ihren neuen Nachbarn zu knüpfen und sich in das Leben im Stadtviertel einzubringen. Beim nächsten Umzug geraten die meisten dieser Kontakte allerdings schon wieder in Vergessenheit; denn Nachbarn gibt es überall.

Als Mutter ist es für sie spannend, die geistige Entwicklung und die Lernfortschritte ihres Kindes zu beobachten. Sie fördert und unterstützt von früh an seine Neugierde und hat viel Verständnis für den kindlichen Wissensdrang. Ihre leichte, unbeschwerte Art läßt zwar nicht zuviel emotionale Nähe aufkommen, dafür ist sie aber eine unkomplizierte Mutter, die viel Heiterkeit verströmt. Eigentlich sieht sie sich eher als große Schwester und später als beratende Freundin ihrer Kinder. Die Rolle der fürsorglichen Mutter ist zu verbindlich und widerspricht ihrem Unabhängigkeitsdrang. Sie braucht ihren Freiraum so oft es möglich ist. Schon früh wird sie sich wieder nach einer Aufgabe außer Haus umsehen und viel Einfallsreichtum zeigen, um Familie und Beruf unter einen Hut zu bekommen.

Wer eine verträumte Frau ganz und gar für sich allein haben will oder eine praktische Hausfrau sucht, sollte an diesem luftigen Wesen lieber vorübergehen. Wer aber abwechslungsreiche Kontakte, spielerischen Charme und wohltuende Leichtigkeit zu schätzen weiß, wer das Lässige liebt und stets einen frischen Wind um die Nase haben mag, wird von ihr beflügelt werden.

♋	**Krebs als weibliches Such- oder Selbstbild**
♀	im weiblichen Horoskop Selbstbild der jungen Frau im männlichen Horoskop Hauptsymbol von Anima und Suchbild
☾	im weiblichen Horoskop Selbstbild der reifen/mütterlichen Frau im männlichen Horoskop mütterlich-ergänzender Anteil von Anima und Suchbild

ARCHETYP: die Mutter	ELEMENT: Wasser
TYP: die Umsorgende, die Romantikerin	STIL UND GESCHMACK: Bevorzugt weiche Formen und Farben, manchmal auch Rüschen und Bordüren und liebt den Stil der Romantik.
REIFE FORM: die Mütterliche, die Künstlerin	NAIVE ODER VERZERRTE FORM: die Lolita, die Glucke, die Heulsuse, die ewige Tochter, der Schmollmund
STÄRKE: Gefühlstiefe, Phantasie, Wärme, Einfühlungsvermögen, Familiensinn, Anpassungsfähigkeit, künstlerische Begabung, Instinktsicherheit, Berührbarkeit	PROBLEMATIK: Empfindlichkeit, Selbstmitleid, Bequemlichkeit, Verführbarkeit, Launenhaftigkeit, Schuldzuweisungen
BEZIEHUNGSSTÄRKE: Die mütterliche Frau, die sich liebevoll um das seelische und leibliche Wohl kümmert.	BEZIEHUNGSPROBLEMATIK: Kann äußerst empfindlich, schnell beleidigt und nachtragend sein.
GRUNDSTIMMUNG: sehr empfindsam, wechselhaft und von äußeren Umständen abhängig	EROTIK: zärtlich verschmust, hingabevoll und empfindungsstark. Liebt das kuschelige, heimelige Ambiente.

TYPISCHE PLÄTZE UND SITUATIONEN, WO SIE BERUFLICH ODER PRIVAT HÄUFIG ANZUTREFFEN IST: zu Hause, im Kindergarten, auf der Säuglingsstation, im Mütterverein, im Kochkurs, beim Brotbacken, im Möbelgeschäft, am Meer, vor dem Kaminfeuer, bei ihren Eltern, im Volkskundemuseum, am Sorgentelefon, im Volkstheater, im Heimatverein, bei der Dichterlesung, beim Familienfest

LEITSATZ: Erinnerung ist das einzige Paradies, aus dem wir nicht vertrieben werden können.

Als weibliches Such- oder Selbstbild gedeutet, steht das Zeichen Krebs für eine einfühlsame, mütterliche Frau. Ihr Auftreten ist zurückhaltend, manchmal scheu, ihr Blick verträumt und ihre Stimme melodiös. Ihre Erscheinung ist sehr weiblich, und sie kleidet sich mit Vorliebe in weiche, fließende Stoffe in Pastelltönen, durch deren Spitzen und Rüschen ein Hauch von Nostalgie weht.

Ihr Temperament ist ruhig, aber von starken Gefühlen bewegt. Wann immer warme Erinnerungen und Bilder aus frühen Tagen oder schönen Zeiten in ihr aufsteigen, fließt ihr Herz über. Wie Ebbe und Flut unterliegen ihre Stimmungen den »Launen der Luna«, den Rhythmen des Mondes, und können zu heftigen emotionalen Wechselbädern führen. Wenn sie keinen Ort hat, an den sie sich immer wieder zurückziehen kann, um mit ihren Gefühlen ins reine zu kommen, fühlt sie sich bei all ihrer Empfindsamkeit den Schwingungen ihrer Umgebung und den Härten dieser Welt schutzlos ausgesetzt. Vertrautes und Bekanntes lockt sie hervor. Fühlt sie sich aber zu hart angefaßt oder von den Menschen unverstanden, kann sie sich – von aller Welt tief enttäuscht – zurückziehen und lange Zeit brauchen, bis sie sich wieder hervorwagt. Findet sie dann nicht genügend Trost, Verständnis und Geborgenheit, kann sie aus Selbstmitleid zur trotzigen, schmollenden Kindfrau werden, mit der dann nicht mehr gut Kirschenessen ist. Den besten Schutz gegen die als grob und feindlich erlebte Welt findet sie in der Familie, deren Bande ihr so starken Halt geben, daß ihr die eigene Sippe im Leben stets wichtiger bleibt, als es Freundschaften je werden können.

Ihre Welt ist das Innenleben und das Reich der Phantasie. Genaugenommen gibt sie den Glauben an die Märchen niemals auf, sondern hofft in der Tiefe ihrer Seele ihr Leben lang, daß Prinzen böse Drachen besiegen, und daß am Ende alles wieder gut wird. Natürlich reibt sie sich mit diesen romantischen Wunschvorstellungen, ebenso wie mit ihren leidenschaftlich verteidigten Idealen der Kindheit, immer wieder hart an der Realität. In Verbindung mit der äußerst lebhaften Bilderwelt ihrer Seele wird sie dadurch aber auch zu künstlerischem Schaffen inspiriert, vor allem zu Malerei und Lyrik. Bei aller Weichheit weiß sie genau, was sie will und häufig auch, was andere brauchen. Gerade durch ihr tiefes seelisches Erleben und ihr großes Einfühlungsvermögen vermag sie, anderen in ihrer Not zu helfen und ihnen eine äußerst verständnisvolle Beraterin zu sein. Mit ihrem großen, mütterlichen Herz wird sie nicht selten zur Anlaufstelle für Menschen, die sich ihrer Fürsorge anvertrauen. Häufig sucht sie sich daher eine Tätigkeit im sozialen oder pflegerischen Bereich, und auch die Beschäftigung mit Kindern liegt ihr sehr. Zudem gilt ihr Interesse allem, was mit ihrer Heimat und Herkunft zu tun hat.

Das Herz dieser Frau kann nur ein Märchenprinz gewinnen, wobei ihre romantische Vorstellungskraft wesentlich dazu beiträgt, daß auch recht irdische Menschen diesen Zauber für sie haben können. Aber es bedarf schon eines Mannes, der es versteht, ihre Träume zu beleben und der bereit ist, ebenso an deren Erfüllung zu glauben. Ein Mondscheinspaziergang etwa ist für sie ein wunderbarer Rahmen, um sich auf eine neue Liebe einzulassen, selbst wenn sie sich dabei eher zögerlich und zurückhaltend zeigt. Zwar imponieren ihr heiße Liebesbekundungen zutiefst, doch wenn sie zu stürmisch werden, fühlt sie sich bedrängt, wird verunsichert und schreckt zurück. Sie nimmt sich gern viel Zeit, nicht so sehr aus Schüchternheit, sondern vielmehr um den einmaligen Zauber des Anfangs so lange wie möglich zu genießen. Ihre weiche und empfindsame Seele öffnet sie nur ganz behutsam mit wachsender Vertrautheit. Was sie braucht, ist der Wiedererkennungseffekt, der sich erst mit der Zeit ergibt, oder wenn der »Bewerber« sie an jemanden aus ihrer Vergangenheit erinnert. Und natürlich kann sie durchaus nach Jahren ihre Sandkastenbekanntschaft wieder treffen und darin sofort den Mann fürs Leben erkennen.

Das Leben mit ihr ist sehr häuslich, und sie liebt die private Sphäre, die familiäre Vertrautheit weit mehr als einen großen Freundeskreis. Wen sie in ihr Herz geschlossen hat, mit dem fühlt sie sich bedingungslos solidarisch und läßt nichts auf ihn kommen. Wo es sein muß, verteidigt sie ihn rigoros und couragiert mit allen Mitteln. Hat sie ihren Liebsten erst einmal unter die Fittiche genommen, entgeht dieser ihrem behütenden Blick nicht mehr so schnell. Indem sie ihm ihre ganze Liebe und Aufmerksamkeit zukommen läßt, gibt sie ihm das Gefühl, ihr ein und alles zu sein. Sollte er sich gegen diese stets gutgemeinte Bemutterung jedoch wehren, wird sie ihm tief empört und unmißverständlich klarmachen, daß sie doch genau weiß, was ihm guttut. Sie liebt Familienfeste, vergißt keinen Geburtstag, pflegt Kontakte zu ihrer ganzen Verwandtschaft und ist immer wieder darum bemüht, aufkommende Streitigkeiten zu schlichten, um die ganze Sippschaft zusammenzuhalten.

Deshalb braucht sie einen häuslichen Partner, der wie sie an ewige Liebe und trautes Familienglück glaubt. Ihm treu zu sein, fällt ihr nicht schwer. Ihre sinnliche Erotik entfaltet sich in einer Atmosphäre von Geborgenheit und zärtlicher Zweisamkeit. Je vertrauter und geschützter sie sich fühlt, desto mehr kommt ihre warme Weiblichkeit zum Vorschein. Sie ist eine äußerst hingebungsvolle Frau, die es liebt, im kuscheligen Ambiente mit ihrem Liebsten zu verschmelzen. Als verführerische, zärtlich verspielte Eva ist sie immer auf der Suche nach Adam und dem verlorenen Paradies.

Wenn es in der Liebe Schwierigkeiten gibt, vermag sie diese so gut zu verdrängen, daß sie lange übersehen werden und sie weiter an eine heile Welt glauben kann. Zu ihrem großen Verdruß aber haben so behandelte Probleme leider die Eigenart, so lange weiterzuwachsen, bis sie unübersehbar sind. Dann ist sie todunglücklich, mit der Welt überworfen und zieht sich enttäuscht in ihr Schneckenhaus – oder ihr Elternhaus – zurück. Es bedarf viel Feingefühl und Geduld, sie daraus wieder hervorzuholen, um mit ihr gemeinsam eine wirkliche Lösung zu finden, die nicht nur einen Scheinfrieden herstellt.

Ihr Zuhause ist der Ort, wo sie sich geschützt und sicher fühlt vor der harten Außenwelt. Sie versteht es gut und gerne, auch anderen ein warmes Nest zu bereiten und eine Atmosphäre von behaglicher Geborgenheit und familiärer Vertrautheit zu verbreiten. Überall ist ihre Vergangenheit präsent, und beim Durchblättern von Fotoalben und alten Liebesbriefen kann sie immer wieder in verträumten Gedanken und sehnsüchtigen Gefühlen versinken. Finanzielle Werte bedeuten ihr wenig, dafür klebt sie aber an jedem Gegenstand, der für sie eine persönliche Bedeutung hat. Dadurch wird ihr an sich guter Geschmack häufig vom Wert der Erinnerung übertroffen: ein Geschenk der Lieblingstante muß nicht schön sein. Selbst wenn es absolut kitschig ist, bekommt es einen augenfälligen Platz. Und natürlich sitzen auf ihrem Bett die Plüschtiere aus den Kindertagen.

Bei niemandem ist das Bedürfnis nach Familie und Kindern ausgeprägter als bei ihr. In der Mutterrolle blüht sie auf, denn gebraucht zu werden, tut ihr gut. Wenn sie ihre Nächsten nicht um sich hat, macht sie sich häufig Sorgen, und ist deshalb stets darauf bedacht, alle zusammenzuhalten. Sie weiß, wie sie für ihre Kinder ein so warmes und angenehmes Nest baut, daß sie es nur ungern je verlassen. Hierin liegt aber auch ihre Problematik. In ihrer Fürsorglichkeit kann sie zu einer Glucke werden, die ihre Kinder nur schweren Herzens in die Selbständigkeit entläßt. Sie läßt es sich nur ungern nehmen, sie auch noch als Erwachsene zu bemuttern.

Wem die Freunde wichtiger sind als familiäre Bande, wer lieber allein das Weite sucht als das gemeinsame traute Heim, der ist bei dieser Frau an der falschen Adresse. Wer aber aus ganzer Seele zu lieben vermag, Kinder und Häuslichkeit ebenso wie eine tief romantische Ader schätzt, der findet in ihr eine einfühlsame, fürsorgliche, phantasievolle und manchmal auch schutzbedürftige Partnerin.

♌	**Löwe als weibliches Such- oder Selbstbild**
♀	im weiblichen Horoskop Selbstbild der jungen Frau im männlichen Horoskop Hauptsymbol von Anima und Suchbild
☾	im weiblichen Horoskop Selbstbild der reifen/mütterlichen Frau im männlichen Horoskop mütterlich-ergänzender Anteil von Anima und Suchbild

ARCHETYP: die Königin	ELEMENT: Feuer
TYP: die Selbstbewußte, der Star	STIL UND GESCHMACK: Liebt alles Dekorative, Luxuriöse und Glanzvolle sowie prunkvolle Kulissen im Stil der Renaissance.
REIFE FORM: die Großmütige, die Herzliche	NAIVE ODER VERZERRTE FORM: die Primadonna, das Playgirl, das Luxusweib, die Diva, die Egozentrikerin
STÄRKE: Herzlichkeit, Offenheit, Lebenslust, Showtalent, Darstellungskraft, Optimismus, Kreativität, Souveränität, Ausstrahlung	PROBLEMATIK: Stolz, Standesdünkel, Nabelschau, Hochnäsigkeit, Ignoranz, Prunksucht, Verschwendungssucht
BEZIEHUNGSSTÄRKE: Zeigt sich als Partnerin großherzig, wohlwollend, solidarisch und unterstützend.	BEZIEHUNGSPROBLEMATIK: Kann sehr anmaßend, extravagant und großspurig sein. Fühlt sich schnell vernachlässigt, reagiert hochnäsig und kalt.
GRUNDSTIMMUNG: sehr extrovertiert, lebensfroh, zumeist von ansteckend guter Laune, mit einem Hang zur Theatralik	EROTIK: lustvoll verspielt. Liebt ein gepflegtes, animierendes Ambiente.

TYPISCHE PLÄTZE UND SITUATIONEN, WO SIE BERUFLICH ODER PRIVAT HÄUFIG ANZUTREFFEN IST: im Theater, auf der Bühne, im Zirkus, auf der Promenade, im Süden, im Kasino, im Schloß, auf dem Laufsteg, im Vorstand, am Mikrofon, im Cabrio, beim Staatsempfang, auf dem Golfplatz, im Liegestuhl, im Solarium, beim Juwelier, auf dem großen Parkett

LEITSATZ: Sei immer der Star in deinem eigenen Film!

Als weibliches Such- oder Selbstbild verstanden, steht das Zeichen Löwe für die herzliche, selbstbewußte Frau, die Dame von Welt. Ihr Auftreten ist stolz und souverän, ihr Blick offen und ihre tiefe Stimme klangvoll und manchmal etwas laut. Ihre gesamte Erscheinung ist imposant und würdevoll. Am liebsten kleidet sie sich wie eine Diva in Samt und Seide, trägt eine Löwenmähne und schmückt sich gern mit Gold und Diamanten. Doch auch ohne Glanz und Gloria vermag sie, wie eine Königin zu erscheinen, weil ihre warme, gewinnende Ausstrahlung und ihre auffallende Selbstsicherheit auch allein für die entsprechende Wirkung sorgen. Was an anderen unscheinbar aussieht, entfaltet bei ihr einen verblüffend edlen Effekt.

Sie ist kein Kind von Traurigkeit, sondern ein verspieltes Wesen, das sich gern amüsiert und auf der Sonnenseite des Lebens bewegt. Ihre Gefühle sind warm, beständig und von echter Herzlichkeit. In ihrer Nähe vergißt man leicht den nüchternen Alltag und läßt sich von ihrer Fröhlichkeit mitreißen. Ihre Begeisterungsfähigkeit ist so überzeugend, daß es schwerfällt, sich davon nicht anstecken zu lassen. Die große Selbstverständlichkeit, mit der sie die Umgebung an ihrem starken Gefühlserleben teilhaben läßt, beweist, daß sie weder übertriebene Schamgefühle noch falsche Bescheidenheit kennt. Ihre ausgeprägte Wunschnatur kennt nur wenig Kompromisse, was die Befriedigung ihrer Bedürfnisse anbelangt. Mit sicherem Instinkt weiß sie nicht nur, wo die Rosinen des Lebens liegen, sondern auch, wie man sie sich gönnt.

Ihre Welt ist eine Bühne. Sie ist von Natur aus spontan und hat eine sichtliche Vorliebe für gekonnte Inszenierungen. Ihre Freude am kreativen Selbstausdruck ist allemal stärker als eine mögliche Angst vor ablehnender Kritik. Wo immer sie auftritt, schafft sie es, durch ihre herzliche Offenheit die Menschen für sich einzunehmen oder schlechtestenfalls einfach Neid zu erwecken. Beides führt letztlich dazu, daß man sich mit ihr beschäftigt, und genau das ist es, was sie wünscht. Damit ist sie die geborene und würdige Repräsentantin für die Öffentlichkeit, die das Rampenlicht liebt und die weiß, was das Publikum sehen will. Eine Tätigkeit in der Freizeitbranche, beim Theater, Film oder Fernsehen entspricht ihr ebenso wie Führungspositionen aller Art. Sie interessiert sich für alles Schöne, was das Leben zu bieten hat, und sie wüßte keinen Grund, warum sie sich durch unnötige Zurückhaltung davon abhalten lassen sollte, sich ausgiebig am Reichtum und am Luxus dieser Welt zu ergötzen, den sie aber auch großzügig mit anderen teilt.

Will sie einen Mann auf sich aufmerksam machen, weiß sie sich ins rechte Licht zu setzen und flirtet mit unmißverständlicher Offenheit. Vor allem wenn sie Bewunderung sucht, vermag sie einen so betörenden Sex-Appeal zu entwickeln, daß ein Mann nur schwer widerstehen kann. Wer sie für sich gewinnen will, muß wissen, daß für diese Frau die Liebe nicht nur ein großartiges Spiel ist, sondern vor allem auch ein Schauspiel! Sie hält Ausschau nach einem imposanten Helden, mit dem sie sich wirklich sehen lassen kann. Was sie beeindruckt sind gekonntes Auftreten und offensive Werbung. So gewinnt man ihr Herz durch große Geschenke oder kleine Aufmerksamkeiten, die ihr das Gefühl geben, wirklich geliebt und wertgeschätzt zu werden.

Natürlich sind ihre Ansprüche und Erwartungen an eine Partnerschaft meist hoch. Doch ist sie überzeugt, daß ihr Großes zusteht, da sie schließlich etwas Besonderes ist und ihr Auserwählter sich an ihrer Seite glücklich schätzen kann. Vorausgesetzt, er kann es sich leisten! Was sie nicht ausstehen kann, sind Mittelmäßigkeit und knauseriges Verhalten, und für Kleinkariertes hat sie nur Verachtung übrig. Sie liebt das angenehme Leben, ist selten schlecht gelaunt und oft von einer beneidenswerten Selbstverständlichkeit. Sie versteht es, Arbeit und Freizeit so miteinander zu verbinden, daß sie nie gestreßt, aber auch nicht untätig wirkt. Zudem unterstützt sie ihren Partner mit wohlwollender Aufmerksamkeit und steht voll zu ihm, was immer er auch tut.

Treu ist sie dem Mann, der es nachhaltig versteht, ihr die nötige Bewunderung zu zollen, aber auch den großzügigen Lebensstil mit ihr zu teilen. Ihre verspielte Erotik erwacht, wenn sie gesehen, beachtet und – besser noch – bewundert wird, und sie entfaltet ihre Sinnlichkeit kreativ und ausgesprochen lustvoll in einem ihr gemäßen, edlen Ambiente.

Wenn es in der Liebe Probleme gibt, ist sie zunächst einmal irritiert. Eigentlich gehören Probleme nicht in ihren Alltag. Sie ist es gewohnt, mögliche Schwierigkeiten durch Großherzigkeit zu umgehen und tut dies auch in der Partnerschaft. Gelingt ihr das nicht, zeigt sie schon mal ihre Krallen und kann sich auch lautstark empören. Sie weiß um ihre Rechte zu kämpfen und verbittet sich jegliche Beleidigungen. Ihren Standpunkt verteidigt sie mit Vehemenz und Entschlossenheit und gibt nicht klein bei. Aber für wirklich penible, langatmige Auseinandersetzungen ist sie ebensowenig zu haben, wie für tiefgreifende Diskussionen oder für Lösungen, die sehr viel selbstkritische Einsichten voraussetzen.

Unter Häuslichkeit versteht sie weniger ein gemütliches Nest oder den Rückzug in die Privatsphäre, als vielmehr einen Ort, der mit seiner Großzügigkeit einen repräsentativen Rahmen für Geselligkeit und gesellschaftliche Kontakte bietet. Was sie braucht, um sich wohlzufühlen, ist in erster Linie viel Platz. Zudem hat sie einen auserlesenen und zumeist eher teuren Geschmack, was ihre Einrichtung anbelangt. Schlösser, Burgen und Paläste, einfach alles Glanzvolle und Pompöse wären die ideale Kulisse für ihre Wohnträume. Doch auch in einfacheren Verhältnissen versteht sie es, mit ihrem gestalterischen Talent aus wenig mehr zu machen. Sie ist eine Meisterin der Dekoration und der großartigen Inszenierung. Als geborene Gastgeberin, die gern und oft Besuch hat, fällt es ihr leicht, eine herzliche, warme Atmosphäre zu verbreiten.

Sie ist im wahrsten Sinn die Löwenmutter, die sich für ihre Kinder einsetzt und sich voller Stolz überall mit ihnen zeigt. Sich für sie aufzuopfern liegt ihr fern, doch verwöhnt sie ihre Lieben gern mit allem, was ihr auch selber Spaß macht. Natürlich ist nur das Beste gut genug für ihre Sprößlinge, und ganz selbstverständlich sorgt sie dafür, daß auch sie möglichst überall die Hauptrolle spielen. Dazu zeigt sie ihnen schon früh, wie man sich in der Öffentlichkeit benimmt und wie man einen erfolgreichen Auftritt inszeniert. Wenn daneben genügend Zeit für ihre eigenen Bedürfnisse bleibt – und sie weiß, wie man dafür sorgt -, spielt und albert sie auch gerne ausgelassen mit ihnen herum. Sind sie einmal erwachsen, sonnt sie sich selbstverständlich in deren Erfolgen, in der Überzeugung, daß sie das ihre zu den Lorbeeren beigetragen hat.

Wer die Öffentlichkeit scheut und lieber gemütlich zu Hause sitzt und Briefmarken sortiert, sollte sich nicht mit ihr einlassen. Wer es aber liebt, eine Frau zu verwöhnen, einen Sinn für ihre Theatralik hat und ihr starkes Selbstbewußtsein begrüßt, wird sich glücklich schätzen, diese lebensfrohe Frau an seiner Seite zu haben, mit der er sich überall sehen lassen kann.

♍ Jungfrau als weibliches Such- oder Selbstbild

♀	im weiblichen Horoskop Selbstbild der jungen Frau im männlichen Horoskop Hauptsymbol von Anima und Suchbild
☾	im weiblichen Horoskop Selbstbild der reifen/mütterlichen Frau im männlichen Horoskop mütterlich-ergänzender Anteil von Anima und Suchbild

ARCHETYP: die Handwerkerin	ELEMENT: Erde
TYP: die Zuverlässige, die geschickte Hausfrau	STIL UND GESCHMACK: Bevorzugt zweckmäßige, schlichte Eleganz von hoher Qualität. Liebt die klare, schnörkellose Funktionalität des Bauhausstils.
REIFE FORM: die Lebenstüchtige, die Achtsame	NAIVE ODER VERZERRTE FORM: die Prüde, die Gouvernante, die Pedantin, der Putzteufel
STÄRKE: Genauigkeit, Sorgfalt, Organisationstalent, Bescheidenheit, Tüchtigkeit, Echtheit, Sparsamkeit, Gründlichkeit	PROBLEMATIK: Pingeligkeit, Ängstlichkeit, Kritiksucht, Phantasielosigkeit, Perfektionismus
BEZIEHUNGSSTÄRKE: Die Frau, die mehr hält, als sie verspricht.	BEZIEHUNGSPROBLEMATIK: Ordnungssinn, Perfektionismus und Sauberkeitsspleen können wichtiger werden als das gemütliche Miteinander.
GRUNDSTIMMUNG: zumeist ruhig, aber auch aufgekratzt, vernünftig und meist beherrscht mit hoher Frustrationsschwelle	EROTIK: behutsam und zurückhaltend, aber auch unerwartet frivol. Schätzt einen ruhigen und sicheren Rahmen.

TYPISCHE PLÄTZE UND SITUATIONEN, WO SIE BERUFLICH ODER PRIVAT HÄUFIG ANZUTREFFEN IST: im Reformhaus, im Archiv, in der Waschküche, auf dem Arbeitsamt, beim Putzen, im Forschungslabor, in der Apotheke, beim Puzzeln, im Kurhotel, im Haushaltsgeschäft, auf dem Notariat, in der Analyse, bei der Gymnastik, in der Buchhaltung, beim Unterricht, im Handwerkskeller, im Lektorat

LEITSATZ: Vorsicht ist besser als Nachsicht!

Als weibliches Such- oder Selbstbild gedeutet, entspricht das Zeichen Jungfrau einer patenten, lebenstüchtigen Praktikerin. Ihr Auftreten ist schlicht und selbstverständlich, ihr Blick fest, sehr interessiert, aber auch kritisch und ihre Stimme angenehm ruhig, manchmal etwas keß. Durch die Natürlichkeit ihrer Erscheinung ist sie auch schmucklos von unaufdringlicher Schönheit. Ihr Sinn für passende Kombinationen zeigt sich auch in ihrer Kleidung, die zweckmäßig und bequem sein muß. Sie trägt gern klassisch Elegantes und achtet auch bei ihrer Alltagsgarderobe auf Qualität.

Ihre Stimmungslage ist angenehm moderat und kennt nur wenig Launen und Schwankungen. Überschwenglichen Emotionen traut sie nicht. Sie sind ihr zu unberechenbar und zudem sehr oft ihren sonst so vernünftigen Überlegungen und Vorgehensweisen entgegengesetzt. Diese Zurückhaltung, aber auch ihre enorme Selbstdisziplin lassen sie manchmal nach außen hin recht nüchtern, kühl oder auch streng erscheinen. Dahinter verbirgt sich zumeist die Angst, sich kopflos Situationen auszuliefern, die nicht mehr überschaubar sind. Aus Sorge, den Boden unter den Füßen zu verlieren, kann sie übervorsichtig werden. Dort aber, wo sie sich vertrauensvoll öffnet, zeigt sie echte Hilfsbereitschaft und aufmerksame Fürsorge. Sie kann sich selbstlos und ohne viel Aufsehen um andere kümmern und ziert sich nicht lange, dort anzufassen, wo sie gebraucht wird.

Ihre Welt ist der Alltag, den sie wie niemand sonst brillant meistert und zu gestalten versteht. Viel lieber übernimmt sie einen konkreten Auftrag und erledigt ihn sorgfältig, als große Risiken einzugehen und deren Erfolg oder Mißerfolg nach außen hin zu vertreten. Sie ist eine geschickte Organisatorin, eine kluge Taktikerin ohne große Illusionen und übertriebene Erwartungen. Mit Freude und Fleiß widmet sie sich praktischen, überschaubaren Aufgaben, die sie pünktlich und mit viel Liebe für das Detail erledigt. Sie weiß, daß ein Organismus nur dann funktionieren kann, wenn seine Bestandteile gut zusammenspielen, und deshalb besitzt sie ein instinktives Gespür für gesunde Ordnungsstrukturen. Aus diesem Grund interessiert sie sich für soziale Tätigkeiten ebenso wie für erzieherische Aufgaben und für alle Bereiche des Gesundheitswesens. Wo immer sie sich einbringt, ist sie nie auf Effekthascherei aus, sondern setzt viel lieber auf Understatement, weil ihr ein nachhaltend überzeugender Langzeiteffekt weit mehr bedeutet als ein sensationeller, aber nur flüchtiger Scheinerfolg.

Um ihr Herz zu gewinnen, braucht es schon ein bißchen Ausdauer und ernsthafte Absichten, um sie aus der Reserve zu locken. Ein schnelles Abenteuer interessiert sie nicht. Was ihr imponiert, sind Lebenstüchtigkeit und ein ausgeprägter Wirklichkeitssinn. Mit abgehobenen Ideen und verträumten Schwärmereien braucht ihr niemand zu kommen. Ihrem prüfenden Blick entgeht kein Schwindel. Manchmal scheint darin auch etwas Kritisches zu liegen, womit sie aber nur signalisiert, daß sie sich keine Illusionen über Liebe und Beziehung macht. Denn für die Schlingen leidenschaftlicher Affären hat sie genausowenig übrig wie für den verträumten Liebesrausch. Sie kennt das Erwachen am Morgen danach und weiß, daß bei Tageslicht betrachtet, sich manch schöner Traum als fauler Zauber entpuppt.

Deshalb dauert bei ihr die Verliebtheitsphase auch nicht unnötig lange. Sie schätzt ein geregeltes Zusammenleben, denn erst der gemeinsame Alltag kann sie überzeugen, daß die Beziehung etwas taugt. So bald wie möglich will sie auf dem nüchternen Boden der Realität landen, damit sie weiß, was sie hat und womit sie rechnen muß. Manchmal kennt sie ihren Zukünftigen schon lange Zeit und hat ihn gründlich beobachtet und geprüft, bevor eines Tages aus Bekanntschaft oder Freundschaft eine ernsthafte Partnerschaft wird. So lebt sie nicht selten mit einem Mann zusammen, mit dem sie auch beruflich zu tun hat. Eine Zweckverbindung, die irgendeinen praktischen Aspekt erfüllt, liegt ihr sowieso mehr als eine romantische Liebesheirat, die zu wenig im Alltag verankert ist. Um die Leichtigkeit, mit der sie sich durch regelmäßige Routine zu bewegen scheint, wird sie häufig beneidet und von ihrem Partner sehr geschätzt. Sie versteht es, aus allem das Beste zu machen, bereitwillig mit dem Unausweichlichen zu kooperieren und dadurch das gemeinsame Leben reibungslos zu gestalten.

Sie mag länger als andere prüfen, aber wenn sie sich einmal entschieden hat, ist ihr Entschluß verbindlich. Dann erweist sie sich als ganz und gar treue Partnerin, die bereit ist, den gemeinsamen Weg mit allen Konsequenzen zu gehen, und der es in schwierigen Zeiten auch keine Mühe macht, ihre Ansprüche auf ein Minimum zu beschränken. Erotik ist für sie selbstverständlicher Bestandteil des Alltags, der keine übertriebenen Kulissen oder antörnende Phantasien braucht. Das Gewöhnliche, Einfache stimuliert ihre natürliche Sinnlichkeit. So erwacht ihre Lust denn auch in Momenten, wo andere kaum daran denken würden, und manchmal in einer überraschenden Frivolität, die man ihr niemals zugetraut hätte.

Wenn es in der Liebe Probleme gibt, läuft sie nicht gleich davon. Sie weiß, daß eine tragfähige Beziehung von beiden Partnern Engagement, Zugeständnisse und Kompromisse verlangt, und ist gern bereit, ihren Teil dazu zu leisten. Allerdings erwartet sie auch von ihrem Gegenüber, daß er sich ebenso gründlich und mit gleicher Ernsthaftigkeit um die

Lösung des Problems bemüht. Was sie mit Vertrauensentzug und Vorwürfen quittiert, ist die Mißachtung einmal getroffener Absprachen. Damit sie sich nach solchen Krisen wieder offen einlassen kann, muß ihr Partner schon einige Beweise seiner Zuverlässigkeit liefern, die ihrer kritischen Prüfung standhalten.

Sie versteht es, ihr Zuhause geschmackvoll und zugleich unter praktischen Gesichtspunkten einzurichten. Da sie sich von unnötigem Ballast mühelos trennen kann, ist ihre Wohnung selten überladen, sondern ein Spiegel ihrer feinen, schlichten und stilvollen Art. Auch hier springt einem kein edler Prunk ins Gesicht. Vielmehr zeigt sich dem geübten Auge erst nach einiger Zeit die Schönheit in der bestechenden Einfachheit. Hinter all dem steht eine perfekte Hausfrau, die mit dem alltäglichen Einerlei kein Problem hat, sondern dessen Überschaubarkeit sogar als befriedigend und beruhigend erlebt. Wenn sie aber antritt, diese Welt gegen Chaos und Laisser-faire zu verteidigen, kann ihre Liebe für pingelige Ordnung und pedantische Reinlichkeit auch sehr penibel werden.

Bevor sie sich für Familie und Kinder entscheidet, wägt sie nüchtern und sachlich die klaren Konsequenzen dieses Schrittes ab. Dabei läuft sie gewiß nicht Gefahr, sich in verklärtem Wunschdenken oder idealisierten Vorstellungen zu verlieren. Hat sie sich aber einmal dazu entschlossen, ist sie eine patente und zuverlässige Mutter, die ihre Kinder zu Sorgfalt, Hilfsbereitschaft und praktischer Lebensbewältigung erzieht. Geregelte Tagesabläufe und Essenszeiten werden selbstverständlich eingehalten, und natürlich kommt die Arbeit vor dem Vergnügen. Daß sie damit manchmal etwas altmodisch erscheinen mag, stört sie wenig, da sie vom Wert praktischer Lebensführung und gesunder Disziplin überzeugt ist. Bei alledem ist sie keine barsche, eiserne oder verbitterte Mutter. Sie vermittelt ihren Kindern diese Werte vielmehr mit einer liebevollen Selbstverständlichkeit und überzeugt vor allem dadurch, daß sie sich auch selbst im wahrsten Sinn vorbildlich an ihre Regeln hält. Sie ist immer da, wenn sie von ihren Kindern gebraucht wird, und kümmert sich verständnisvoll um all die kleinen und großen Sorgen.

Wer von einer aufregenden Femme fatale träumt, wird diese Frau zu trocken finden, und wer sich nach einer treuergebenen Jasagerin sehnt, wird über ihr kritisches Hinterfragen stolpern. Wer aber einen Blick für Feinheiten hat, Gewissenhaftigkeit und Tüchtigkeit schätzt und eine wirkliche Lebensgefährtin sucht, die mehr hält, als sie verspricht, der kann mit dieser Frau glücklich werden.

♎	**Waage als weibliches Such- oder Selbstbild**
♀	im weiblichen Horoskop Selbstbild der jungen Frau im männlichen Horoskop Hauptsymbol von Anima und Suchbild
☾	im weiblichen Horoskop Selbstbild der reifen/mütterlichen Frau im männlichen Horoskop mütterlich-ergänzender Anteil von Anima und Suchbild

ARCHETYP: die Tänzerin	ELEMENT: Luft
TYP: die Ballerina, die Schöne, die Charmante	STIL UND GESCHMACK: Bevorzugt harmonische Form- und Farbkombinationen. Mag Designerkunst ebenso wie die Formschönheit des Art Deco.
REIFE FORM: die Gleichmütige, die Friedensstifterin, die Ästhetin	NAIVE ODER VERZERRTE FORM: das Püppchen, die Künstliche, die Mimose, die Gezierte
STÄRKE: Freundlichkeit, Eleganz, Entgegenkommen, Charme, Ausgeglichenheit, Kunstsinn, Kontaktfreude, Diplomatie, Anmut	PROBLEMATIK: Harmoniesucht, Distanziertheit, Unentschlossenheit, Anbiederung, Gleichgültigkeit
BEZIEHUNGSSTÄRKE: Die ausgeglichene, stets auf Fairneß bedachte Partnerin.	BEZIEHUNGSPROBLEMATIK: Mehr Schein als Sein, da sie häufig sehr viel auf Äußerlichkeiten gibt.
GRUNDSTIMMUNG: heiter und ausgeglichen, mit großem Anpassungsvermögen und ausgeprägtem Harmoniebedürfnis	EROTIK: anmutig, kokette Verführung und leichte Sinnlichkeit. Liebt ein stilvolles Ambiente.

TYPISCHE PLÄTZE UND SITUATIONEN, WO SIE BERUFLICH ODER PRIVAT HÄUFIG ANZUTREFFEN IST: bei der Modenschau, an der Kunstakademie, im Garten von Versailles, auf dem Standesamt, im Kosmetiksalon, im Ballett, in der Hotelbar, auf dem Laufsteg, auf der Friedensdemo, in der Parfümerie, bei der Vernissage, am Empfang, im Konzert, beim Tanzen

LEITSATZ: Der Mensch wird zum Ich durch ein Du.

Als weibliches Such- oder Selbstbild gedeutet, entspricht die Waage einer schöngeistigen, eleganten, gepflegten Frau vom Typ der Ballerina. Ihr Auftreten ist grazil und anmutig, ihr Blick freundlich und ihre Stimme hell und wohlklingend. Ihre sympathische, kultivierte Erscheinung zeugt von sicherem Geschmack. Mit geschickter Hand versteht sie Farben, Stoffe und Modestile passend zu kombinieren, und natürlich weiß sie stets, was man gerade in Paris, London und New York trägt.

Ihr Temperament ist heiter und unbeschwert, und mit ihrer gewinnenden, kontaktfreudigen Art ist sie überall gern gesehen und beliebt. Sie steht gutgelaunt im Leben und sprüht vor Charme. Großzügig verteilt sie ihre Komplimente und ist auch selbst äußerst empfänglich für Schmeicheleien jeglicher Art. Inneres Gleichgewicht und harmonischer Einklang mit ihrer Umgebung sind ihr ein grundlegendes Bedürfnis. Sie fühlt sich am wohlsten, wenn es auch allen anderen gut geht. Wo immer seelische Verstimmungen drohen, ist sie sofort um Ausgleich bemüht. Sie ist die Meisterin des schönen Scheins. In der perfekten Gestaltung der Oberfläche ist sie unübertroffen. Mißklänge hält sie dagegen schlecht aus, und manchmal leidet sie sehr an der Unvollkommenheit dieser Welt. Deshalb tut sie alles, um den hintergründigen, tiefen, dunklen und schaurigen Seiten des Lebens auszuweichen.

Sie ist die Königin des guten Geschmacks, und die Welt der schönen Künste und der Ästhetik ist ihr Reich. Geschickt versteht sie es, überall das Angenehme mit dem Nützlichen zu verbinden, und so werden ihre Vorlieben und Fähigkeiten oft zu ihrem Beruf. In Mode, Film und Architektur, wo immer Schönheit und Harmonie zum Ausdruck kommen, fühlt sie sich zu Hause. Von der Stehparty bis zum Bankett liebt sie gesellschaftliche Anlässe, wo sie leichtfüßig und charmant Kontakte knüpfen und pflegen kann, wo sie locker Gespräche führt, ohne verbindlich werden zu müssen. Sie liebt das kulturelle Leben, läßt sich gern ins Theater, in ein Musical oder zu einem Chansonabend einladen, plaudert mit Vergnügen in Cafés auf dem Boulevard und kommt gern auf ein Glas Champagner in eine Pianobar. Ihr Aussehen ist für ihr Selbstbewußtsein sehr entscheidend, und deshalb tut sie viel, um ihrem Schönheitsideal zu entsprechen. Dabei versteht sie es geschickt, dezent dort etwas nachzuhelfen, wo die Natur nicht aufmerksam genug war.

Um das Herz dieser Frau zu gewinnen, braucht es neben guten Manieren auch die Gabe, ihr Auge zu erfreuen. Ein gepflegtes Auftreten, gekonnte Höflichkeit und eine selbstverständliche Sicherheit in Geschmack und Stil beeindrucken sie sehr. Rauhe Männlichkeit dagegen stößt sie ab, und plumpe Annäherungen findet sie geradezu schockierend. Ihre Vorstellung davon, wie man einer Frau den Hof macht, erinnert an die Zeit des Minnesangs und das Liebeswerben der Troubadoure. Doch man muß nicht unbedingt Gesangstunden buchen, wenn man es versteht, sich ihr sonst als Kavalier zu zeigen, und weder die Rosen vergißt noch ihr in den Mantel zu helfen.

Das Leben mit ihr ist angenehm, entspannt und von partnerschaftlichem Geist geprägt. Für sie ist die Liebe eine Kunst, die nicht in die Abgründe menschlichen Daseins stürzen darf. So ist sie stets um ein harmonisches Miteinander bemüht. Das Alleinsein fällt ihr eher schwer, denn sie braucht ein Gegenüber genauso wie die Luft zum Atmen. Dieses Bedürfnis, in Kontakt zu sein, darf aber nicht als Wunsch nach Verschmelzung mißverstanden werden. Sie erträgt es gar nicht, bedrängt zu werden, sondern braucht – wie in allem so auch hier – eine Ausgewogenheit zwischen Kontakt und Freiraum. Von alltäglichem Kleinkram hält sie sich möglichst fern, weil sie es versteht, das Leben so angenehm wie möglich zu gestalten, und ihre Zeit viel lieber zusammen mit Freunden genießt.

Sie flirtet für ihr Leben gern, nicht zuletzt weil sie immer wieder die Bestätigung ihrer Attraktivität genießt. Ein Mann, der darauf eifersüchtig reagiert, wird sich mit ihr schwertun, wenn er aber dafür Verständnis hat, wird sie ihm eine treue Partnerin sein. Erotik ist für sie ein anmutiger Tanz. Die prickelnde Mischung aus Flirt, Grazie und einem harmonischen Spiel von Nähe und Distanz läßt ihre leicht verspielte Sinnlichkeit erwachen. Natürlich dürfen auch bei einem solchen »Pas de deux« Stil, Form und schöner Schein genausowenig vernachlässigt werden, wie sonst in ihrem Leben.

Wenn es in der Liebe Probleme gibt, zeigt sie sich schnell kompromißbereit, weicht Konfrontationen diplomatisch aus und geht leicht auf die Wünsche und Vorschläge ihres Partners ein. Weil sie sich nur in einem konfliktfreien Umfeld wirklich wohl fühlen kann, ist ihr selbst ein vordergründiger und scheinheiliger Friede lieber als ein offener Streit. Anzukommen und gemocht zu werden ist für sie allemal wichtiger als die Durchsetzung eigener Bedürfnisse und Anliegen. So angenehm das für den Partner in vielen Fällen zu sein scheint, so schwierig ist diese Haltung, wenn es darum geht, tiefsitzende Probleme zu lösen. Ihr Unwille oder ihr Unvermögen, Spannungen zu ertragen, verleitet sie häufig zu vorschnellen Lösungen, bei denen das eigentliche Problem nur umgangen oder notdürftig übertüncht wird.

In ihrer Art zu wohnen spiegelt sich ihr Sinn für Schönheit und Perfektion. Ihr Zuhause ist eine Visitenkarte ihres eleganten Geschmacks und könnte direkt einem Hochglanzprospekt entstammen. Die stilvoll eingerichteten Räume sind immer so gepflegt und aufgeräumt, daß sie dadurch vielleicht manchmal schon ein bißchen unpersönlich wirken. Sie liebt die Anwesenheit anderer Menschen und pflegt Freundschaften mit viel Liebe und Aufmerksamkeit, wenn auch ohne allzu große Verbindlichkeit. Als perfekte Gastgeberin versteht sie es, jederzeit eine leichte, gesellige Atmosphäre zu verbreiten, und wie nebenbei verwöhnt sie ihre Gäste mit bekömmlichen und zauberhaft arrangierten Köstlichkeiten. Daß sie es schafft, Hausarbeit, Beruf und Partnerschaft so spielend leicht zu bewältigen, ohne dabei je gestreßt zu wirken, bringt ihr viel Bewunderung ein.

Natürlich liegt ihr auch als Mutter der familiäre Friede sehr am Herzen, und Schwierigkeiten oder Unschönes werden für lange Zeit ganz einfach ausgeblendet. Sie ist die ausgleichende Kraft, die stets darum bemüht ist, daß es allen gut geht. Auch gegenüber ihren Kindern versucht sie, so fair wie möglich zu sein und deren Interessen mit den eigenen Bedürfnissen in Einklang zu bringen. Dabei ist es ihr sehr wichtig, nebst allen familiären Verpflichtungen auch ihrem Partner weiterhin eine attraktive Frau zu sein. In der Erziehung fördert sie die musischen und künstlerischen Neigungen ihrer Zöglinge und achtet darauf, daß sie sich überall und jederzeit zu benehmen wissen. Sie gewährt ihnen von früh an Freiräume und hat immer ein offenes Ohr für deren Anliegen und Wünsche. So vermag sie auch den Heranwachsenden eine gute Freundin zu sein, die sich niemals unaufgefordert in deren Angelegenheiten einmischt.

Wer Engagement und leidenschaftliche Emotionalität sucht, wird diese Frau als kühl und glatt erleben. Wer aber die charmante und gepflegte Atmosphäre zu schätzen weiß, die diese Frau mit viel Anmut zu verbreiten vermag, findet in ihr eine ausgeglichene, stets auf Fairneß bedachte Partnerin.

♏	**Skorpion als weibliches Such- oder Selbstbild**
♀	im weiblichen Horoskop Selbstbild der jungen Frau im männlichen Horoskop Hauptsymbol von Anima und Suchbild
☾	im weiblichen Horoskop Selbstbild der reifen/mütterlichen Frau im männlichen Horoskop mütterlich-ergänzender Anteil von Anima und Suchbild

ARCHETYP: die Schamanin	ELEMENT: Wasser
TYP: die Geheimnisvolle, die Circe, die Unergründliche	STIL UND GESCHMACK: Bevorzugt starke Kontraste und hat einen Hang zum Schaurig-Schönen. Mag Provokationen und den Stil des Surrealismus.
REIFE FORM: die Heilerin, die seelisch Starke	NAIVE ODER VERZERRTE FORM: die Skrupellose, der Vamp, das Ekel, die Domina, die Femme fatale
STÄRKE: Leidenschaftlichkeit, Seelentiefe, Charisma, Gefühlsengagement, Krisenfestigkeit, Tabulosigkeit, Suggestivkraft	PROBLEMATIK: Kontrollsucht, Manipulation, Zwanghaftigkeit, Berechnung, Eifersucht, Hörigkeit, Masochismus
BEZIEHUNGSSTÄRKE: Die engagierte Partnerin, die bereit ist, alles zu geben.	BEZIEHUNGSPROBLEMATIK: Ist emotional unberechenbar, provokant, verletzend. Rach- und eifersüchtig.
GRUNDSTIMMUNG: innerlich häufig aufgewühlt, aber äußerlich kontrolliert und undurchschaubar	EROTIK: leidenschaftliche Hingabe und lustvolles, intensives Erleben. Liebt den Hauch des Verruchten und Verbotenen.

TYPISCHE PLÄTZE UND SITUATIONEN, WO SIE BERUFLICH ODER PRIVAT HÄUFIG ANZUTREFFEN IST: im Geheimarchiv, im Labor, beim Ritual, im Forschungslabor, im Operationssaal, im Rotlichtbezirk, im Untergrund, auf Friedhöfen, beim Fernsehkrimi, auf dem Schwarzmarkt, beim Trödler, beim Psychologiestudium, bei der Séance, an Kraftplätzen, in Grotten und Höhlen, in der Alchemistenküche, im Gruselkabinett

LEITSATZ: Der einzige Weg, eine Versuchung loszuwerden, ist ihr nachzugeben!

Als weibliches Such- oder Selbstbild gedeutet, entspricht das Zeichen Skorpion einer geheimnisvollen Frau, einer Circe, von der eine dunkle Faszination ausgeht. Ihr sphinxhafter Blick kann fixieren, hypnotisieren und verführen, ihre Stimme ist suggestiv und oft so flüsternd leise, daß sie allein dadurch volle Aufmerksamkeit erzwingt. Ihr Auftreten ist gekonnt, und in ihrer Erscheinung gleicht sie einer geheimnisvollen Zauberin. Sie kleidet sich am liebsten in dunkle Farben, neigt zu starken Kontrasten, liebt provokante Accessoires und erscheint auch gern in Lack und Leder.

Ihr Temperament ist von leidenschaftlicher Heftigkeit und kontrollierter Zurückhaltung zugleich, denn das Spektrum ihrer Emotionen bewegt sich vorwiegend zwischen Extremen. Zwischentöne kennt sie kaum. Ihre Gefühle haben etwas Kompromißloses und Ultimatives und kreisen immer wieder in den dunklen Tiefen seelischer Abhängigkeit und um die Abgründe menschlicher Schwächen. Ihre große Sensibilität wird von einem mißtrauischen Grundton durchtränkt, wodurch sie sich sehr leicht unterschwellig angegriffen und bedroht fühlt. Instinktiv und schneller als andere erfaßt sie gefährliche Situationen. Doch in ihrem Bestreben, Abgründe und Gefahren zu vermeiden, kann sie ein zwanghaftes Verhalten entwickeln, dem sich auch ihre Umgebung unterwerfen muß. Dann überläßt sie – auch was ihre Gefühle anbelangt – nichts dem Zufall und wirkt nach außen verschlossen und unnahbar. Hinter alledem verbirgt sich eine enorme Verletzlichkeit und ständige Angst vor Zurückweisung, vor allem aber davor, die Kontrolle zu verlieren und damit den Widrigkeiten des Lebens ohnmächtig ausgeliefert zu sein.

Ihre Welt ist das Reich der Schatten. Wo andere erschauern und sich angstvoll, entsetzt oder voller Abscheu abwenden, genau dorthin blickt sie wie gebannt mit einer Mischung aus Abscheu und Faszination. An eine heile Welt zu glauben fände sie verlogen und zudem entsetzlich langweilig. Alles Subversive weckt ihr Interesse, sei es in der Kunst oder im öffentlichen Leben. Die Schattenbereiche der Gesellschaft ziehen sie ebenso magisch an wie die dunklen Seiten der menschlichen Psyche. Häufig findet sie darin auch ihre Berufung. Alles Verbotene, Verpönte, Verruchte läßt ihr Herz höher schlagen. Mit ihrem Faible für alles Extreme liebt sie das leicht Morbide und Schaurig-Schöne und versteht es glänzend, damit zu provozieren. Es fasziniert sie, Grenzen zu überschreiten, Geheimnisse zu ergründen, Tabus zu verletzen, zu verzaubern und zu betören, und sie weiß sehr gut, wie man andere manipuliert. Wo ihr das zu leicht fällt, verliert sie schnell das Interesse. Wer aber ihrem Zauber zu widerstehen scheint, den achtet sie; und dennoch versucht sie stets aufs neue, ihn mit ihrer Macht zu umgarnen.

Wer um die Gunst dieser Frau wirbt, sollte sich schon etwas recht Ungewöhnliches einfallen lassen. Es darf durchaus skurril, obskur und verrucht sein oder sogar extrem, nur harmlos und allzu offensichtlich darf man ihr nicht kommen. Wer es wagt, gewinnt sie entweder ganz oder gar nicht. Zwischentöne sind ihr fremd, und für Halbheiten ist sie bestimmt nicht zu haben, dafür brennt das Feuer ihrer Leidenschaft zu heiß. Ihre fordernde Intensität macht sie attraktiv und zugleich so unberechenbar, daß es nicht »jeder Manns« Sache ist, auf sie zuzugehen, gleichgültig ob sie sich von ihrer geheimnisvoll verschlossenen Seite zeigt oder verführerisch lockt.

Das Leben mit ihr ist außergewöhnlich. Wo sie sich einläßt, tut sie das so engagiert und entschieden wie keine andere. Und worauf sie sich einläßt, das heißt nicht mehr Beziehung, sondern Pakt, eine unauflösbare Verbindung, die allen Extremerfahrungen wie Macht und Ohnmacht, Liebe und Haß standhalten muß. Zwar tut sie alles, damit ein Mann sich ihr unterwirft, aber zugleich verachtet sie denjenigen, der sich ergibt und ihr willenlos verfällt. So erlebt man mit ihr auch manches Wechselbad. Diese Frau sucht die intensive Erfahrung und erprobt sich gern am Widerstand. Sie verträgt es nicht gut, wenn es in der Liebe zu friedselig wird und alle Konflikte einer großen Harmonie gewichen sind. Um neue Spannung zu erzeugen, versteht sie es dann phänomenal, ihren Liebsten zu bezaubern, zu umgarnen, zu becircen und ihn solange »einzulullen«, bis er sich ihr ganz und gar überläßt, um ihn dann im nächsten Moment so zu provozieren, daß er blitzartig aus seiner Trance aufschreckt. Häufig wird sie zur Sklavin ihrer kompromißlosen Ausschließlichkeit, die sie aushalten und durchstehen läßt, was sie einmal begonnen hat. Wohin ihre Liebe gefallen ist, dazu gibt es für sie keine Alternative mehr. Dennoch kann sie untreu sein, aber nicht um die Beziehung zu verlassen, sondern weil sie sich von Heimlichkeiten unheimlich angezogen fühlt. Und, sollte sie offen fremdgehen, dann ist dies eine ihrer vielen Provokationen. Sie selbst ist dagegen so glühend eifersüchtig, daß sie Untreue nie verzeihen würde. Ihre erotischen Reize weiß sie bewußt, betörend, schockierend oder auch ganz subtil, aber wirksam einzusetzen, wobei sie stets die Kontrolle behält. Sie ist der Inbegriff der Frau, die viele Männer fürchten, weil sie ihrem Liebeszauber wehrlos verfallen könnten. Ihre Erotik erblüht im Zwielicht, an den Grenzen von Tabus und verleiht ihr eine magisch faszinierende Ausstrahlung. Sie ist der geheimnisvolle Vamp, die Femme fatale mit dem unwiderstehlichen Hauch des Verbotenen.

Natürlich teilt nicht jeder Mann diese Leidenschaft mit ihr, und so gibt es in der Liebe auch immer wieder Probleme. Doch obwohl diese Frau mit ihrer dunklen, manchmal auch destruktiven Seite ihre Beziehungskonflikte immer wieder selbst heraufzubeschwören scheint, würde sie im Fall einer Trennung im wahrsten Sinn durch die Hölle gehen. Deshalb wird sie auch in schwierigsten Situationen kaum kapitulieren, es aber immer wieder bis zum Äußersten kommen lassen. Ihre Neigung zu Extremen drängt sie dazu. Erst wenn sie am Boden zerstört ist, spürt sie eine regenerierende Energie, die sie gestärkt und geläutert wieder aus der Tiefe emporsteigen läßt.

Ihr Zuhause entspricht nicht unbedingt einem gemütlichen Nest, sondern gleicht eher einer geheimnisvollen Festung mit absoluter Privatsphäre. Bei der Einrichtung neigt sie durchaus zu Stilbrüchen, die Spannung und Abwechslung bringen und ihr Heim zu einem ungewöhnlichen Ort mit dem gewissen Extra machen. Der leicht verwelkte Blumenstrauß trifft ihr ästhetisches Empfinden viel eher als jedes klassische Schönheitsideal. Zu ihr eingeladen zu werden sollte als ein Privileg verstanden werden, das nur gute Freunde genießen, und das sind für sie nur sehr wenige.

Entweder wünscht sie sich unter allen Umständen Familie und Kinder oder verspürt eine tiefe Angst und Ablehnung gegenüber dieser Aufgabe. Als Mutter überläßt sie nichts dem Zufall. Macht und Ohnmacht wechseln zwischen ihr und ihren Kindern hin und her. Sie scheinen sich gegenseitig ausgeliefert zu sein und spinnen so ein unzertrennliches Band intensivster Verbundenheit. Mangelnden Einsatz wird man ihr kaum vorwerfen können, insbesondere dann nicht, wenn es darum geht, ihre Lieben gegen Angriffe von außen zu verteidigen. Auch wenn sie ihre Zuneigung nicht immer offen zeigen kann, liebt sie ihre Kinder meist aus der Tiefe ihrer Seele und ist im Notfall bedingungslos bereit, alles für sie zu opfern.

Wer Extreme und tiefe Leidenschaftlichkeit scheut, lieber in ruhigen Gewässern segelt und es immer schön gemütlich haben mag, sollte um diese dunkle Eva einen weiten Bogen machen. Wer aber das Intensive sucht, wen das Verruchte und Verbotene fasziniert, wer das Oberflächliche satt hat und nach Tiefe strebt, der findet in ihr eine spannende, außergewöhnliche Frau, die bereit ist, in einer Beziehung alles zu geben.

♐	**Schütze als weibliches Such- oder Selbstbild**
♀	im weiblichen Horoskop Selbstbild der jungen Frau im männlichen Horoskop Hauptsymbol von Anima und Suchbild
☾	im weiblichen Horoskop Selbstbild der reifen/mütterlichen Frau im männlichen Horoskop mütterlich-ergänzender Anteil von Anima und Suchbild

ARCHETYP: die Hohepriesterin	ELEMENT: Feuer
TYP: die Weltoffene, die Weitgereiste	STIL UND GESCHMACK: Bevorzugt alles Bequeme und Großzügige vom exotischen Mix bis hin zum Freistil und mag den himmelstrebenden Drang der Gotik.
REIFE FORM: die Gebildete, die Philosophin, die Kosmopolitin	NAIVE ODER VERZERRTE FORM: die Hochnäsige, die Scheinheilige, die Heuchlerin, die Moralistin
STÄRKE: Zuversicht, Vertrauen, Glaube, Weltoffenheit, Lebensfreude, Toleranz, Visionen, Würde, Umsicht	PROBLEMATIK: Überheblichkeit, Dünkel, Erwartungshaltung, Arroganz, Dogmatismus, Großspurigkeit, Selbstgefälligkeit
BEZIEHUNGSSTÄRKE: Die unterstützende Partnerin, die aus allem stets das Beste zu machen weiß.	BEZIEHUNGSPROBLEMATIK: hohe, schnell zu enttäuschende Erwartungshaltung. Neigt zum Moralisieren.
GRUNDSTIMMUNG: optimistisch, fröhlich und getragen von Hoffnung und Vertrauen.	EROTIK: leicht zu entflammen und erlebnisfreudig. Liebt alles Exotische und Unbekannte sowie ein ungezwungenes Ambiente.

TYPISCHE PLÄTZE UND SITUATIONEN, WO SIE BERUFLICH ODER PRIVAT HÄUFIG ANZUTREFFEN IST: auf Weltreise, im Hörsaal, im Völkerkundemuseum, in der Kathedrale, auf dem Open-Air-Festival, in New York, auf Aussichtstürmen, im Reisebüro, in der Auslandsabteilung, im Chinesischkurs, im Philosophiestudium, am Gericht, in der Missionsstation, im Flugzeug

LEITSATZ: Edel sei der Mensch, hilfreich und gut!

Als weibliches Such- oder Selbstbild gedeutet entspricht das Zeichen Schütze einer toleranten, aufgeweckten Frau, einer Kosmopolitin, die das Fernweh und den Reiz des Exotischen liebt. Ihr selbstbewußtes Auftreten ist zwanglos und weltgewandt. Ihr suchender Blick ist in die Weite gerichtet, in ihrer lebhaften Stimme klingt stets ein hoffnungsfroher Grundton mit, und ihre Erscheinung hat etwas Edles und zugleich Lässiges. Sie hat einen ausgeprägten Sinn für alles Bequeme und kleidet sich gern mit fremdländischem Flair, pflegt den »Freistil« und entzieht sich so dem Diktat der Mode.

Mit ihrem heiteren Gemüt strahlt sie viel Lebensfreude und hoffnungsvolle Zuversicht aus, die auf andere ansteckend wirkt. Ihr kann so leicht nichts die gute Laune verderben. Sie hat ein Urvertrauen ins Leben und selten Angst, zu kurz zu kommen, weil sie davon überzeugt ist, daß von allem reichlich vorhanden ist. Da sie grundsätzlich erst einmal an das Gute in jedem Menschen glaubt, kann sie auch offen auf andere Menschen zugehen. Ist sie dennoch einmal verstimmt, dauert es nicht lange, bis sie den Ärger wieder vergessen hat. Doch auch in schwierigen Lebenssituationen läßt sie den Kopf nur selten hängen, weil sie sich auch dann von einem inneren Feuer der Hoffnung getragen fühlt. Sie ist eine großzügige, sehr begeisterungsfähige Frau, die imposante, weitsichtige Pläne und Projekte liebt und für Kleinkariertes und Profanes nicht viel übrig hat. Das verleiht ihr einen gewissen Hang zu Übertreibung und Schwärmerei und manchmal auch einen etwas selbstgefälligen Ton, in dem sie dann mit pathetischer Geste ihre hehren Überzeugungen vertritt. Mit Feuereifer kann sie das Gute in der Welt beschwören, und wenn es sein muß, greift sie auch schnell einmal weltverbessernd nach den Sternen.

Sie ist viel und gern unterwegs, denn ihre Welt ist die weite Welt und äußeres wie inneres Reisen ihr Lebenselixier. So ist sie in allen Kontinenten zu Hause und stets und gern für alles zu haben, was ihr eine Erweiterung des eigenen Horizonts verspricht. Doch nicht nur fremde Länder lassen ihr Herz höher schlagen, auch die inneren Reisen zu immer neuen Einsichten und Erkenntnissen beflügeln sie. Beruflich oder aus privater Neigung durchquert sie nicht nur die ganze Welt, sondern begibt sich auch auf Streifzüge durch Kunst und Kultur. Sie lauscht den Berichten von Weltenbummlern, blättert in Reiseführern, besucht Vorträge, durchstöbert Bibliotheken und befaßt sich mit den verschiedenen Philosophien und Religionen. Zwar hat sie kein Problem, mit Luxus umzugehen und sich der Annehmlichkeiten des Lebens zu erfreuen, wenn sie sich aber entscheiden muß, verzichtet sie für eine große Reise gern auf alltäglichen Komfort und vernachlässigt alle Äußerlichkeiten sofort, wenn es ihr der Inhalt wert ist.

Wer ihr imponieren oder ihr Herz gewinnen will, darf schon mal etwas dicker auftragen. Doch ein Stubenhocker hat auch damit keine Chance, denn was sie wirklich beeindruckt, ist ein weiter Horizont, Weltoffenheit und der ungewohnte Charme des Fremden. Sie liebt den großzügigen Mann, der ihr vertraut, den liberalen Geist, von dem sie weiß, daß er sie in ihrer Bewegungs- und Entfaltungsfreiheit unterstützen und nicht einschränken wird. Was sie dagegen nicht ausstehen kann, sind Unehrlichkeit, Mißtrauen oder buchhalterische Aufrechnerei.

Von einer Beziehung erwartet sie weit mehr als die gemeinsame Bewältigung des Alltagslebens. Philosophische Gespräche über Gott und die Welt, Kontakte in vielen Sprachen mit vielen Ländern und die gemeinsame Suche nach dem Sinn des Lebens sind ihr wichtig. Sie liebt alles Gehobene, sei es die Stimmung, die Bildung, die gesellschaftliche Schicht oder die berufliche Position. Deshalb unterstützt und motiviert sie ihren Partner auch in seiner beruflichen Karriere; denn schließlich ist ihr Mann ein Mann von Welt, der für wichtige Aufgaben geschaffen ist. Solange er sie nicht schwer enttäuscht, glaubt sie an ihn und ist ganz und gar davon überzeugt, den besten Partner an ihrer Seite zu haben. Es bereitet ihr keinerlei Mühe, sich vorzustellen, mit ihm auszuwandern oder in einer ganz neuen Umgebung ihre Zelte aufzuschlagen. Gemeinsame Zukunftsprojekte und große Pläne oder auch alleine schon das Spiel mit zukünftigen Möglichkeiten halten ihr Feuer der Liebe lebendig. Bei alledem geht sie auch mit sich selbst recht großzügig um und gewährt sich viel Freiraum, um sich auszubreiten und zu entfalten.

Meist hat sie einen großen Bekanntenkreis und pflegt auch mit vielen Männern freundschaftliche und geistige Kontakte. Dabei bleibt sie ihrem Partner aus freien Stücken treu. Wenn sie aber zu sehr eingeengt wird oder sich gar krankhaft eifersüchtig überwacht und kontrolliert fühlt, wird sie schleunigst das Weite suchen. Erotik und Exotik sind für sie miteinander verwandt, weshalb ihr Auserwählter gut und gern aus einem anderen Kulturkreis stammen darf. Wenn das erotische Feuer in ihr erwacht, kann sie sehr temperamentvoll und leidenschaftlich sein. Da sie sich selbst als »gut« betrachtet und darunter auch die sittliche Tadellosigkeit versteht, kann es aber dennoch Überraschungen geben, wenn diese Haltung zu einer moralischen Enge führt, die man bei einer so weltoffenen Frau nie erwarten würde.

Wenn es in der Liebe Schwierigkeiten gibt, ist sie zunächst einmal schwer enttäuscht, denn eigentlich ist es unter ihrer Würde, daß es in ihrer Beziehung so etwas Profanes geben soll. Deshalb versucht sie zunächst einmal mit Großzügigkeit und Toleranz darüber hinwegzusehen. Nur wenn ihr Partner so sehr gefrevelt hat, daß sie glaubt, sich seiner für immer schämen zu müssen, ist der Schaden groß. In allen anderen Fällen lösen sich die Probleme dank ihrer Zuversicht und ihrem festen Glauben an das Gute im Menschen in kürzester Zeit.

Großzügigkeit braucht sie auch in ihrer häuslichen Umgebung. Das kommt in ihrer Vorliebe für geräumige Zimmer in höheren Stockwerken mit dem entsprechenden Panorama zum Ausdruck. Ihre Einrichtung muß vor allem bequem sein und besteht zumeist aus einem Sammelsurium verschiedenster Stilrichtungen und einem bunten Farbenmix, denn auch ihr Geschmack kennt keine Grenzen. Überall erinnern Mitbringsel an die zahlreichen Urlaube und ihr immerwährendes Fernweh. Für die Hausarbeit ist sie allerdings nicht geboren, denn alles Alltägliche wird ihr sehr schnell langweilig und bedeutet obendrein zuviel Einschränkung ihrer Freiheit. Dafür kann sie mit ihrer unkomplizierten Art aber jederzeit gut improvisieren. Und weil sie sowieso viel unterwegs ist, richtet sie sich gar nicht erst zu häuslich ein.

Als Mutter gibt sie ihr Urvertrauen und ihren Optimismus an die Kinder weiter. Sie unterstützt und motiviert sie in ihren Plänen und möchte, daß sie die Welt schon früh kennenlernen. Als gute Seele der Familie verzagt sie auch in schwierigen Situationen nicht, sondern vermag letztlich allem immer noch etwas Positives abzugewinnen. Zudem versteht sie es, in ihrer lebensfrohen Art auch anderen die Augen für das Schöne in der Welt zu öffnen. Eine gute Ausbildung für ihre Kinder liegt ihr am Herzen. Wenn sie heranwachsen, gewährt sie ihnen viel Raum, damit sie ihre eigenen Erfahrungen machen können. Dies um so lieber, als daß sie dadurch auch selbst wieder mehr Freiraum für sich gewinnt.

Wer eine bodenständige, konventionelle Frau für Haus und Herd sucht, wird mit ihrem Freigeist und ihren weitläufigen Zukunftsprojekten nur schwer mithalten können. Wer aber eine unbekümmerte Frohnatur an seiner Seite mag, die leicht zu begeistern ist und es versteht, ihren Partner aufzubauen und zu unterstützen, der hat mit dieser Frau das große Los gezogen.

♑	**Steinbock als weibliches Such- oder Selbstbild**
♀	im weiblichen Horoskop Selbstbild der jungen Frau im männlichen Horoskop Hauptsymbol von Anima und Suchbild
☾	im weiblichen Horoskop Selbstbild der reifen/mütterlichen Frau im männlichen Horoskop mütterlich-ergänzender Anteil von Anima und Suchbild

ARCHETYP: die Weise	ELEMENT: Erde
TYP: die Tüchtige, die Verantwortungsbewußte, die eiserne Lady	STIL UND GESCHMACK: Bevorzugt klassische Eleganz und Qualität, beschränkt sich auf das Notwendige und mag den schlichten Stil des Zen.
REIFE FORM: die Würdenträgerin, die Pflichtbewußte, die große alte Dame	NAIVE ODER VERZERRTE FORM: die Harte, die Konfirmistin, die Pessimistin, die Strenge, die Verbitterte
STÄRKE: Pflichtbewußtsein, Ehrlichkeit, Klarheit, Verantwortungsbewußtsein, Sachlichkeit, Einfachheit, Blick für das Wesentliche	PROBLEMATIK: Unnahbarkeit, Intoleranz, Verhärtung, Unerbittlichkeit, Kontrolle, Gefühlskälte
BEZIEHUNGSSTÄRKE: Die zuverlässige Partnerin, mit der man jederzeit rechnen und langfristig etwas aufbauen kann.	BEZIEHUNGSPROBLEMATIK: Kann herb, streng und verschlossen sein und dem Partner das Gefühl vermitteln, ihren Maßstäben nicht zu genügen.
GRUNDSTIMMUNG: Eher nüchtern, sachlich und beherrscht, läßt sich selten emotional gehen und vermeidet Sentimentalitäten.	EROTIK: tiefes Empfinden, dabei durchaus kontrolliert. Mag kein Liebesgesäusel und braucht den sicheren Rahmen.

TYPISCHE PLÄTZE UND SITUATIONEN, WO SIE BERUFLICH ODER PRIVAT HÄUFIG ANZUTREFFEN IST: am Gipfelkreuz, in der Wüste, bei der Polizei, im Verwaltungsrat, beim Finanzamt, in der Stille, beim Verfassungsschutz, im Erziehungsheim, bei der Teezeremonie, beim Rückenturnen, in der Schule, beim Bergsteigen, bei der Fastenkur, in der Einsiedelei, in Alaska

LEITSATZ: Zuerst die Arbeit, dann das Vergnügen.

Als weibliches Such- oder Selbstbild gedeutet, entspricht das Zeichen Steinbock einer soliden, verantwortungsbewußten Frau mit praktischer, oft auch handwerklicher Begabung. Ihr Auftreten ist völlig unaffektiert, kann ruhig und sachlich sein, aber auch förmlich, ernst und korrekt. Ihr Blick ist fest und ihre Stimme klar, mit einem trockenen Unterton. In ihrer Erscheinung ist sie in jeder Hinsicht so geradlinig, daß sie manchmal an eine eiserne Lady erinnert und ihre tatsächliche Schönheit erst auf den zweiten Blick zu erkennen ist. In ihrer Kleidung bevorzugt sie dezente Eleganz im klassischen Stil und zieht zeitlose Modelle der Schnellebigkeit ausgefallener Modetrends vor.

Ihr Temperament ist von ruhiger Zurückhaltung. Bis sie ihre Gefühle zeigt, dauert es lange und nur dort, wo sie sich sicher fühlt, öffnet sie sich auch emotional. Aber selbst dann läßt sie sich nie wirklich gehen oder verliert gar die Beherrschung. Ihr Innerstes gleicht Privatgemächern, in die Freunde höchstens einen Blick werfen dürfen und nur engste Vertraute eingelassen werden. Hinter dieser Reserviertheit verbirgt sich eine treue Seele, die viel weicher ist, als ihre äußere harte Schale vermuten läßt. Ihr Charme hat wohl einen herben Duft, umgibt sie aber mit einer Aura schlichter Ehrlichkeit, die dazu einlädt, ihr zu vertrauen. Sie neigt eher zu Zweckpessimismus im Glauben, späteren Enttäuschungen dadurch vorbeugen zu können. In Verbindung mit ihrer ernsten Lebenseinstellung kann diese Haltung zu freudlosem Strebertum und zu Verbitterung führen, aber ebenso zu schlichter, heiterer Zufriedenheit. Dies vor allem dann, wenn sie sich ihren guten, aber eigenwilligen Humor erhalten hat und es versteht, auch über sich selbst zu lachen.

Ihre Welt ist die Arbeit und die Öffentlichkeit. In ihrem Wesen verbinden sich Ehrgeiz und ein ausgeprägter Sinn für Perfektion zu einer Mischung, die sie häufig in hohe berufliche Positionen bringt. Sei es die Geschäftswelt, sei es in einem Handwerk, dem sie nachgeht oder die Arbeit in Haus und Garten, wo immer sie sich einsetzt, ist sie in hohem Maß tüchtig, pflichtbewußt und gewissenhaft. Was sie tut, tut sie zu hundert Prozent. Ihr öffentliches Engagement für soziale Aufgaben und Pflichten entspricht ihrem großen Verantwortungsbewußtsein und dem Wunsch, sich dadurch auch gesellschaftliche Zugehörigkeit und Anerkennung zu verdienen. Doch kann sie sich durchaus mit ihrer ganzen Kraft auch völlig selbstlos in den Dienst einer Sache stellen, ohne dabei nach Lorbeeren zu schielen. Ihre Selbstbeherrschung ist perfekt, und natürlich tanzt sie in ihrem Auftreten nie aus der Reihe, sondern weiß stets, was sich gehört.

Der Weg zu ihrem Herzen gleicht einer Bergbesteigung: er ist lang, steinig und mühsam und verlangt Geduld und Durchhaltevermögen. Auf dem Gipfel aber erwartet den Unverdrossenen als Lohn für seine Unermüdlichkeit ewige Treue. Dieser Frau liegt nichts an einem leichten, lockeren Flirt. Für sie ist Liebe kein Spiel, sondern von Anfang an ernst gemeint und entsprechend verbindlich. Weil sie sich von älteren Jahrgängen ein reiferes Verantwortungsbewußtsein und einen gefestigten Charakter verspricht, fällt ihr Blick gern auf den etablierten Mann, der auch beruflich bereits etwas erreicht hat.

Unter einer echten Beziehung versteht sie die klare Entscheidung für einen Partner, und diesen Entschluß besiegelt sie eher später als früher mit einem Trauschein. Natürlich muß sie gründlich prüfen, und es mag schon einige Jahre in Anspruch nehmen, bis sie sich entschieden hat. Bei ihrem starken Sicherheitsbedürfnis schätzt sie dann sehr den gesetzlichen Segen, auch wenn andere das längst überholt und altmodisch finden. Sie liebt das Solide, Beständige und Gewachsene, und so wachsen und reifen bei ihr auch Liebe und Zuneigung – wie guter Wein – mit den Jahren immer mehr. Das Zusammenleben mit ihr verläuft denn auch stetig und in ruhigen Bahnen, es sei denn, sie ist beruflich so engagiert, daß sie sich regelmäßig überarbeitet. Dann kommt das Privatleben natürlich zu kurz, und ihr Mann landet mit seinen Ansprüchen auf dem zweiten Platz. Wenn es aber um gemeinsame, berufliche Projekte geht, ist sie die ideale Partnerin. Für ein Ziel, das sie erreichen will, stellt sie ihre persönlichen Bedürfnisse zurück, nimmt auch längere Durststrecken klaglos in Kauf und verlangt sich selbst, aber auch anderen, viel ab. Sie kann tatkräftig mit anpacken und zugleich sehr anspruchslos sein.

Für Affären ist sie nicht zu haben, sie will in jeder Hinsicht klare Verhältnisse. Treue ist für sie eine Selbstverständlichkeit, und wer ihren hohen Anforderungen genügt und einmal ihre »Aufnahmeprüfung« bestanden hat, darf sich von da an ihrer absoluten Loyalität sicher sein. Erotik ist für sie ein merkwürdiges Gebiet. Oftmals ist sie sich ihres Charmes gar nicht bewußt, und weil das Verspielte nicht zu ihrer Natur gehört, mag sie zwar herb und reserviert wirken, dabei aber tiefe Sinnlichkeit erleben und in vollen Zügen genießen. Ihr Sinn für das Förmliche führt manchmal zu einer Schwäche für Anzüge und Uniformen, die sie als Ausdruck von Reife, Seriosität und Kompetenz durchaus als erotisierend empfindet.

Wenn es in der Liebe Probleme gibt, ist sie sich ihrer Mitverantwortung jederzeit bewußt. Auch in schwierigen Zeiten steht sie zu ihrem Partner und erträgt auch längere Engpässe, ohne deshalb die Beziehung in

Frage zu stellen. Dabei ist sie sehr nüchtern, beharrlich und sachlich um Lösungen bemüht und erwartet das gleiche von ihrem Partner. Auf leere Versprechungen reagiert sie ziemlich ungehalten, und von »traumhaften« Lösungen hält sie sowieso nichts. Vielmehr besteht sie darauf, Schwierigkeiten so lange und immer wieder zu bearbeiten, bis sie wirklich aus dem Weg geräumt sind. Da sie weiß, daß eine Beziehung stete Auseinandersetzung und harte Arbeit bedeutet, ist sie jederzeit bereit, ihren Anteil daran zu übernehmen.

Zu Hause fühlt sie sich, wenn in ihren vier Wänden Ordnung und Klarheit herrschen. Das schöne Schlichte liegt ihr bei der Einrichtung mehr als barocke Fülle. So wohnt sie entsprechend einfach und zweckmäßig, aber mit einem sicheren Geschmack für Formen und Proportionen und einer Vorliebe für wenige, aber erlesene Möbelstücke. In dieser Schnörkellosigkeit und kühlen Distanziertheit spiegelt sich letztlich auch ihre Abneigung gegen Sentimentalitäten, emotionale Abhängigkeit und allzu große Nähe. Auch das Alleinsein bereitet ihr deshalb keine Mühe, da sie schon früh gelernt hat, für sich selbst zu sorgen. Sie hat eher wenige, dafür aber gute Freunde, mit denen sie meistens auch alt wird.

Hat sie sich für die Mutterrolle entschieden, was häufig erst spät der Fall ist, nimmt sie ihre Pflichten ernst und ist sich ihrer Verantwortung bewußt. Mit ihrer Zuverlässigkeit verkörpert sie für ihre Kinder Sicherheit und bietet ihnen eine feste Struktur im Alltag, in der sie sich gut zurechtfinden und orientieren können. Wann immer sie gebraucht wird, ist sie da, denn sie weiß sehr wohl, was sie ihren Kindern schuldig ist. Zwar fordert sie viel von ihnen, ist dafür aber auch bereit, viel zu geben. So vermittelt sie ihnen Disziplin, Beharrlichkeit und einen gesunden Ehrgeiz als Werte, die ihrer Meinung nach zur Lebenstüchtigkeit gehören. Spätestens wenn ihre Kinder langsam erwachsen werden, wird sie am Grad der Rebellion sehen, ob ihre Maßstäbe allzu streng und konservativ waren.

Wer sich leidenschaftliche Liebesbekundungen wünscht, eine leichtfüßige Ballerina oder eine schillernde Märchenprinzessin sucht, wird bei dieser Frau nicht fündig. Ihre Liebe hat nichts Überschäumendes, ist aber tief und beständig. Sie ist eine integere, charakterfeste Frau, auf die man in jeder Lebenslage zählen kann.

♒	Wassermann als weibliches Such- oder Selbstbild
♀	im weiblichen Horoskop Selbstbild der jungen Frau im männlichen Horoskop Hauptsymbol von Anima und Suchbild
☾	im weiblichen Horoskop Selbstbild der reifen/mütterlichen Frau im männlichen Horoskop mütterlich-ergänzender Anteil von Anima und Suchbild

ARCHETYP: die Philosophin	ELEMENT: Luft
TYP: die Individualistin, die Aufgeweckte, die unabhängige Frau	STIL UND GESCHMACK: Bevorzugt originelle, bizarre Formen und extravagante Materialien, mag moderne Kunst und ausgefallene Eigenkreationen.
REIFE FORM: die Humanistin, die Reformerin	NAIVE ODER VERZERRTE FORM: die Rebellin, die Skandalnudel, die Schrullige, die Coole
STÄRKE: Einfallsreichtum, Unabhängigkeit, Kreativität, Originalität, Humor, Zukunftsglaube, Freizügigkeit	PROBLEMATIK: Sprunghaftigkeit, Gleichgültigkeit, Kühle, Unverbindlichkeit, Leichtfertigkeit, Distanziertheit
BEZIEHUNGSSTÄRKE: Die aufgeschlossene, tolerante Freundin, die immer für eine Überraschung gut ist.	BEZIEHUNGSPROBLEMATIK: Neigt mit ihrem Unabhängigkeitsdrang zu Sprunghaftigkeit und emotionaler Distanz.
GRUNDSTIMMUNG: heiter und unbeschwert, sofern sie sich nicht eingeengt fühlt.	EROTIK: spielerisch und experimentierfreudig, offen für Neues, aber eher leidenschaftslos. Liebt überraschende Begegnungen und das ungewöhnliche Ambiente.

TYPISCHE PLÄTZE UND SITUATIONEN, WO SIE BERUFLICH ODER PRIVAT HÄUFIG ANZUTREFFEN IST: am Computer, in der Szene, im Astrologiekurs, im Flugzeug, am Synthesizer, auf einer Demo, im Werbebüro, in Disney-Land, beim Trampolinspringen, im Soziologiestudium, in Wohngemeinschaften, im Kabarett, im Europarat, auf dem Maskenball, in der virtuellen Realität, in Utopia

LEITSATZ: Über den Wolken muß die Freiheit wohl grenzenlos sein!

Als weibliches Such- oder Selbstbild gedeutet, entspricht das Zeichen Wassermann einer unabhängigen, aufgeschlossenen Frau, die manchmal auch einen etwas sonderbaren, exzentrischen Touch haben kann. Ihr Auftreten ist leger oder auch provokant ausgefallen, ihr Blick hellwach und ihre helle Stimme klingt leicht und beschwingt. In ihrer Erscheinung verkörpert sie den androgynen Frauentyp. Ihr unkonventioneller Geschmack und ihre Vorliebe für Stilbrüche ist in ihrer Kleidung unübersehbar. Mit größter Selbstverständlichkeit trägt sie gern schon heute, was erst übernächstes Jahr Mode wird. Schrille Farben, Plastik, Nylon sowie gewagter Modeschmuck sind für sie nicht eine Frage des ästhetischen Empfindens, sondern des Zeitgeistes, von dem sie sich gern inspirieren läßt.

Ihre Grundstimmung ist heiter und unbeschwert. Sie scheint die ewige Jugend gepachtet zu haben, und ihr quirliges Temperament ist ansteckend und manchmal auch etwas überdreht. Bei ihr nach emotionaler Tiefe oder beständigen Gefühlen zu suchen, ist wahrscheinlich vergebens. Plötzliche Ausbrüche, unerwartete Stimmungsänderungen und eine unruhige Nervosität sind da für sie schon eher charakteristisch. Oft scheint sie unter Strom zu stehen und hat für Gründlichkeit und Tiefe ganz einfach zuwenig Geduld. Sie braucht keine vertraute Umgebung, um sich wohlzufühlen, sondern kann sich auch inmitten größter Hektik entspannen. Was sie sucht, ist Abwechslung und lockere Kontakte, die ihrem Drang nach Individualität nicht im Wege stehen. Wird von ihr zuviel Verbindlichkeit verlangt, macht sie gern einen großen Bogen. Es fällt ihr leicht, seelische Bedürfnisse geistigen Interessen unterzuordnen. Das läßt sie kühl und unberührbar erscheinen und erweckt den Eindruck, als ob sie emotionale Nähe nicht wirklich brauchen würde. Sie spürt ihre Besonderheit und gefällt sich in der Rolle der unberechenbaren Eigenwilligen.

Ihre Welt ist Utopia. Dort, wo traditionelles Rollendenken und die Schranken von Geschlecht, Alter oder Nationalität aufgehoben sind, wo nur der Mensch an sich im Mittelpunkt steht, dort ist sie zu Hause. In jeder Hinsicht emanzipiert, liebt sie es, aus der Reihe zu tanzen und sucht sich immer wieder neue Wege, um ihre Unabhängigkeit zu beweisen. Oft spielt sie die Außenseiterin, die gegen althergebrachte Lebensweisen rebelliert, sich immer wieder quer legt und sich gegen jegliche Etikette wehrt. Sie weigert sich standhaft das zu tun, was alle tun, und liebt es, ihre Verrücktheiten auszuleben, weil es ihr Spaß macht, auf ihre Weise zu provozieren, um andere aufzuwecken und zum Nachdenken anzuregen. Deshalb liegen ihr natürlich auch alle Tätigkeiten, bei denen originelle oder innovative Ideen gefragt sind. Verbindliche Abmachungen liegen ihr nicht. Sie lassen ihr zu wenig Raum für spontane Entscheidungen und werden für sie um so problematischer, je langfristiger sie sind. Kann sie dagegen ihre Kreativität entfalten, entwickelt sie manch bemerkenswertes Modell. Die konkrete Umsetzung verzögert sich allerdings häufig dadurch, daß sie mit ihren Theorien wieder weit an der Realität vorbeigesegelt ist.

Ausgefallene Wege und Gespräche, in denen Geistesblitze zucken, führen zum Herzen dieser Frau. Wenn sich ein Mann etwas Besonderes für sie einfallen läßt, interessiert sie das weit mehr als ein perfektes Äußeres oder die obligate Einladung zum Abendessen. Ihre große Toleranz und ihre Lust, etwas Neues auszuprobieren, läßt auch manch ungewöhnliche oder verrückte Begegnung entstehen. Wer sie als exzentrisch bezeichnet, macht ihr ein echtes Kompliment.

Das Leben mit ihr ist schillernd und aufregend. Sie gleicht einer geistigen Wundertüte und produziert ständig neue Ideen, die mal mehr mal weniger genial sind. Wer sich mit ihr einläßt, sollte unkompliziert, flexibel und tolerant genug sein, um mit ihrer Sprunghaftigkeit, ihrer Freude an Abwechslung und ihren immer neuen Überraschungen leben zu können. Kontinuität und Sicherheit bedeuten ihr dagegen wenig. Eingespielte Routine und eintöniger Beziehungsalltag sind Reizworte für sie. Fühlt sie ihre Unabhängigkeit bedroht – und das passiert schneller als mancher meint –, geht sie sofort einen Schritt zurück und sorgt für mehr Abstand, denn bevor sie sich in einer Beziehung gegen allzu große Erwartungen wehren muß, bleibt sie lieber gleich ungebunden. Dagegen kann sie sich problemlos vorstellen, trotz Trauschein getrennt zu wohnen oder auch mit einem Mann liiert zu sein, der irgendwo weit entfernt lebt oder aus beruflichen Gründen häufig abwesend ist. Allein ist sie deswegen noch lange nicht. Im Gegenteil: sie kennt überall Menschen und hat Freundschaften wie Sand am Meer.

Das Wichtigste an einer Beziehung ist für sie, daß sie auf Freiwilligkeit und Gleichberechtigung beruht. Wenn sie untreu wird, geschieht dies meist ganz spontan. Sie hat dabei nie das Gefühl, etwas Verbotenes zu tun oder jemanden zu betrügen. Abgesehen davon drängt sie selten die rein sinnliche Lust. Ihre Erotik spielt sich mehr in Gedanken und Vorstellungen ab, zumal leidenschaftliche Verstrickungen ihre Unabhängigkeit beeinträchtigen könnten. So kann sie auf diesen Bereich leichter verzichten als andere, was in ihrem Leben manch anfänglich sinnliche Affäre zu einer platonischen Freundschaft werden läßt.

Wenn es in der Liebe Probleme gibt, geht sie auf Distanz. Zwar hilft sie anderen bei der Lösung von Schwierigkeiten und kann dabei mit erstaunlichen Ideen aufwarten, sobald es aber um sie selbst geht, mag sie nicht in der Tiefe schürfen. Sie ist wohl bereit, über alles nachzudenken und zu diskutieren, zeigt viel Einsicht und ist auch theoretisch durchaus gewillt, Konsequenzen zu ziehen; doch wenn es darum geht, als notwendig erkannte Schritte in die Praxis umzusetzen, wird es ihr oft zu mühsam, und sie steigt schnell aus. Dann geht sie lieber eigene Wege, und da sie auch gut alleine zurechtkommt, genießt sie die wiedergewonnene Unabhängigkeit für einige Zeit ganz gern.

Häusliche Gemütlichkeit will bei ihr nicht so recht aufkommen, vor allem da sie ohnehin pausenlos unterwegs ist und alltägliche Regelmäßigkeit bei ihr sofort Fluchttendenzen auslösen. Wenn sie auch kaum dazu kommt, diese zu benutzen, liebt sie in ihrem Haushalt sämtliche Errungenschaften der modernen Technik. Ist sie doch einmal zu Hause anzutreffen, finden Freunde ihre Türen durchgehend geöffnet, denn sie liebt viel Betrieb und unerwarteten Besuch. Mit ihrer Freude an Austausch und Abwechslung kann sie sich auch das Leben in einer Wohngemeinschaft vorstellen, sofern es dort keinen Zwang zur Gemeinsamkeit gibt. Mit ihren provisorischen oder verrückten Möbeln zeigt sie auch bei ihrer Einrichtung, daß sie keiner Norm entsprechen will.

Auf die traditionelle Mutterrolle läßt sie sich nicht leichtfertig ein, und ihr Kinderwunsch ist ohnehin nicht sonderlich stark ausgeprägt. Wenn sie trotzdem eine eigene Familie hat, entwickelt sie sehr fortschrittliche Erziehungsmethoden und -konzepte. Natürlich ist sie jederzeit für einen Rollentausch zu haben. Ihren Kindern ist sie mehr interessierte Freundin als umsorgende Mutter. Lieber fördert sie deren intellektuelle Entwicklung und ermuntert sie schon früh zur Selbständigkeit, als sie zu verhätscheln oder durch Überbetreuung zu sehr an sich zu binden. Gerade in der Pubertät bringt sie ihnen viel Interesse und Verständnis entgegen, weil sie um die Wichtigkeit dieser inneren Befreiungskämpfe weiß und sie aus eigener Erfahrung noch bestens in Erinnerung hat.

Wer sich nach einer warmherzigen, fürsorglich-mütterlichen Partnerin sehnt, wird sich bei diesem kühlen Paradiesvogel einen Schnupfen holen. Wer aber eine unkonventionelle, tolerante und eigenständige Partnerin sucht, die für alles aufgeschlossen ist, findet in ihr eine humorvolle Frau, die immer wieder für eine Überraschung gut ist.

♓ Fische als weibliches Such- oder Selbstbild

♀ im weiblichen Horoskop Selbstbild der jungen Frau
im männlichen Horoskop Hauptsymbol von Anima und Suchbild

☾ im weiblichen Horoskop Selbstbild der reifen/mütterlichen Frau
im männlichen Horoskop mütterlich-ergänzender Anteil von Anima und Suchbild

Archetyp: die Fee	Element: Wasser
Typ: die Hingebungsvolle, die Muse	Stil und Geschmack: Bevorzugt fließende Übergänge und verschwommene Konturen, die Illusion der Vollkommenheit. Liebt den Stil des Symbolismus.
Reife Form: die Künstlerin, die Mediale, die Mystikerin	Naive oder verzerrte Form: die Süchtige, die Märtyrerin, das Opfer, die Traumtänzerin, die Illusionistin
Stärke: Inspiration, Hingabefähigkeit, Mitgefühl, Intuition, Selbstlosigkeit, Feingefühl, Besinnlichkeit, Opferbereitschaft, Durchlässigkeit	Problematik: Abhängigkeit, Sucht, Opferhaltung, Wunschdenken, Hilflosigkeit, Haltlosigkeit, Beeinflußbarkeit, Nachlässigkeit
Beziehungsstärke: Die phantasievolle Frau, die verzaubern und inspirieren kann.	Beziehungsproblematik: Neigt zu idealisierten Beziehungsvorstellungen, denen jeweils schmerzliche Enttäuschungen folgen.
Grundstimmung: sehr sensibel, mitfühlend und wechselhaft und leicht beeinflußbar durch das jeweilige Umfeld	Erotik: verführerische Sinnlichkeit, enorme Hingabefähigkeit und starkes Bedürfnis nach Verschmelzung. Liebt berauschende Zustände in einem übersinnlichen Ambiente.

Typische Plätze und Situationen, wo sie beruflich oder privat häufig anzutreffen ist: am Meer, im Meditationszentrum, im Krankenhaus, auf einer Insel, im Asylantenheim, im Gefängnis, im Kloster, im Ashram, in den Medien, im Tempel, im Rausch, beim Aquarellieren, im Kino, beim Geigenunterricht, bei der UNO, im Theater, im siebten Himmel

Leitsatz: Lebe deinen Traum!

Als weibliches Such- oder Selbstbild gedeutet, steht das Zeichen Fische für die hingebungsvolle, zarte Frau und inspirierende Muse. Ihr Auftreten ist zurückhaltend und unaufdringlich, ihr Blick wäßrig-klar und manchmal etwas entrückt, die Stimme sanft und leise. In ihrer feenhaften Erscheinung wirkt sie oft grazil und zerbrechlich, und zeitweise hat ihre Ausstrahlung etwas geheimnisvoll Verklärtes. Sie kleidet sich vorzugsweise in weite, fließende Stoffe und liebt phantasievolle Kreationen in immer wechselnden Farben.

Ihre Stimmung ist sehr abhängig vom jeweiligen Umfeld und entsprechend veränderlich. Wie mit einer unsichtbaren Nabelschnur scheint sie an die Weltenseele angeschlossen zu sein, schwingt symbiotisch in den Gefühlslagen ihrer Mitmenschen und kann sich dabei nur schwerlich gegen Außeneinflüsse abgrenzen. Instinktiv nimmt sie alle Schwingungen ihrer Umgebung auf und wird dadurch von Wünschen, Bedürfnissen und Erwartungen anderer zum Teil so sehr beeinflußt, daß es ihr sogar schwerfällt, sich selbst den unausgesprochenen Erwartungen ihrer Umgebung zu verschließen. Bei ihrem grenzenlosen Mitgefühl für andere kann es geschehen, daß sie von fremden Schmerzen und Leiden überflutet und manchmal regelrecht weggespült wird. Dann überkommt sie ein tiefer Weltschmerz, dem sie sich hilflos ausgeliefert fühlt, auch wenn sie ihn sich nicht erklären kann. Ihre Neigung, einen spirituellen Weg zu gehen und sich immer wieder zurückzuziehen, ist ein gesunder Versuch, zu sich selbst zu finden, statt sich völlig im Außen zu verlieren.

Oft scheint sie nicht ganz von dieser Welt zu sein. Vielmehr gleicht sie einer Wandlerin zwischen Traum und Wirklichkeit, für die es zweifellos mehr als eine Realität gibt. Je nach Reifegrad entfaltet sie dabei ein phänomenales Wissen und ist in übersinnlichen Welten bestens bewandert oder wird immer wieder zum traurigen Opfer ihres Wunschdenkens. Als einzigen, dafür aber sehr wirksamen Schutz vor Illusion und Täuschung, hat sie ein hohes Maß an Instinktsicherheit. Wenn sie aber ihre inneren Warnungen überhört, weil ihre Sehnsucht nach der Traumwelt größer ist, oder sie sich der Verführungskraft einer verlockenden Einflüsterung von außen überläßt, prallt sie immer wieder unsanft auf den harten Boden der Realität. Und dennoch fällt es ihr schwer, auch nach vielen Enttäuschungen aus solchen Erfahrungen zu lernen und sich zu schützen. Selbstlos kann sie sich einer sozialen Tätigkeit widmen und sich engagiert um Menschen kümmern, die Trost und Hilfe brauchen. Mit ihrer medialen Ader vermag sie nicht nur deren tiefste Bedürfnisse zu erspüren, sondern ihnen auch mit feinstofflichen Kräften echte Hilfe zu leisten. Die Sehnsucht nach transzendenten Erfahrungen führt sie oft in spirituelle und religiöse Kreise, und mit ihrem Feingespür hat sie einen vortrefflichen Zugang zur Kunst. Oft ist ihr seelisches Erleben der Stoff, den sie als eine sublime Mischung aus Sehnsucht, Hingabe und Wehmut in Musik, Malerei und Tanz großartig zum Ausdruck bringt oder mit dem sie als Schauspielerin andere zutiefst berührt.

Das Herz dieser sensiblen Frau gewinnt man, wenn man ihre Phantasie beflügelt und sie in ein Meer aus Träumen und Bildern entführt. Ein Spaziergang zum Ende des Regenbogens ist dazu besonders geeignet oder – etwas einfacher – ein Konzertabend, ein Besuch im Kino oder Theater. Am wichtigsten aber ist es, daß ein Mann mit viel Einfühlungsvermögen ihre seelischen Saiten zum Klingen bringt.

Das Leben mit ihr ist wunderbar und wundersam. Auch nach langjährigem Zusammenleben wird sie ihrem Partner in mancher Hinsicht schleierhaft bleiben. Sie nimmt das Universelle im Alltäglichen wahr, erspürt geheimnisvolle Zusammenhänge und versteht es, auch anderen die Augen für das Unsichtbare zu öffnen. Was sie in der Beziehung braucht, ist der Halt, den sie in sich allein oft nicht finden kann. Zwar versteht sie es vorzüglich, ihren Partner liebevoll zu unterstützen und intuitiv zu führen, aber wenn sie sich selbst hilflos und verloren fühlt, sucht sie ebenso seinen Trost und seine starke Schulter, an die sie sich anlehnen kann. Dann braucht sie durchaus praktische Lebenshilfe, weil sie in solchen Zeiten mit ihrer Zartheit den Härten der Realität nicht gewachsen ist. Doch kaum wird ein Mann sie je für sich allein haben, denn selbst in den schönsten Augenblicken tiefster, seelischer Verbundenheit spürt er, wie ihre Liebe über ihn hinaus strömt und sich irgendwo in der Ferne verliert. Ihre Liebesfähigkeit ist so umfassend, daß ihr die Scharfeinstellung auf ein einziges Gegenüber schwerfällt. So wird er häufig den Eindruck haben, daß sie die gleiche Liebe und Aufmerksamkeit, die sie ihm schenkt, auch allen anderen Geschöpfen dieser Erde entgegenbringt. Darüber sollte er besser nicht allzu eifersüchtig sein.

Untreue kann man ihr deswegen nicht nachsagen, denn ihre überfließende Liebe sucht sich höchstens weitere Gefäße. Grenzenlos wie ihr ganzes Wesen sind auch ihre erotischen Phantasien. In Verbindung mit ihrem instinktsicheren Einfühlungsvermögen und dem Wissen um die Wünsche des anderen wird sie so zu einer Meisterin der Verführungskunst. Allerdings vermag sie auch die körperliche Ebene zu opfern, sei es für eine spirituelle Beziehung oder für eine heimliche Schwärmerei, die niemals in Erfüllung gehen kann und keinen Alltag kennt.

Wenn es in der Liebe Probleme gibt, sie sich von den Schwierigkeiten oder dem Beziehungsalltag überfordert fühlt, flieht sie einfach aus dieser unschönen Wirklichkeit. Entweder geht sie dann seelisch auf Tauchstation und wird unfaßbar, oder sie versucht schmerzhaften Konfrontationen auszuweichen, indem sie sich in ihre Phantasiewelt flüchtet, um sich dort eine vollkommen harmonische Beziehung zu erträumen und sich nach ihrem Seelenpartner zu verzehren. Bis sie aus ihrer Scheinwirklichkeit wieder auftaucht, hat sich das Problem oft von selbst gelöst oder ist zumindest für den Moment verschwunden, manchmal inklusive Partner!

Da die irdischen Dinge nicht so sehr nach ihrem Geschmack sind, liegt ihr auch der häusliche Alltag nicht so sehr am Herzen. So entspricht ihre Einrichtung in erster Linie nicht praktischen Gesichtspunkten, sondern gleicht entweder dem absoluten Chaos oder einem verwunschenen Schloß aus Tausendundeine Nacht. Sie hat einen ausgeprägten Sinn für stimmige Atmosphären, die sie unabhängig von äußeren Strukturen zauberhaft zu verbreiten versteht. Wer bei ihr zu Besuch ist, fühlt sich deshalb schnell zu Hause. Deshalb ist ihr Heim häufig nicht nur für sie ein Schutzraum vor der Außenwelt, sondern auch ein Zufluchtsort für andere. Am wohlsten fühlt sie sich in der Nähe von Wasser, und sei es nur, daß sie ein Aquarium im Wohnzimmer stehen hat.

Sie ist sehr empfänglich für die Mutterschaft. Schon während der Schwangerschaft und besonders im Säuglingsalter des Kindes scheint sie immer genau zu spüren, was das kleine, hilflose Wesen gerade braucht. Auch in den folgenden Jahren kann man ihr zwar nichts vormachen, sie aber dennoch leicht um den Finger wickeln, weil Konsequenz kein Merkmal ihrer Erziehung ist. Ihr tiefes Verständnis für die kleinen und großen Sorgen ihrer Kinder läßt sie immer wieder nachgiebig sein. Stets ist sie darum bemüht, ihnen hilfreich zur Seite zu stehen, weil das Glück der Kleinen ihr mehr am Herzen liegt, als ihre eigenen Bedürfnisse. Selbstlos richtet sie sich auch dann noch nach ihren Wünschen, wenn sie schon längst den Kinderschuhen entwachsen sind.

Wer eine praktische Hausfrau sucht oder eine kühle, clevere Geschäftspartnerin braucht, wird an der Zerbrechlichkeit dieser feinfühligen Frau verzweifeln. Wer sich aber nach einer inspirierenden Muse sehnt, nach einer Partnerin, die grenzenlos lieben und zauberhaft verführen kann, der findet sich mit ihr im siebten Himmel wieder.

Die zwölf männlichen Typen

♈	**Widder als männliches Such- oder Selbstbild**
♂	im männlichen Horoskop Selbstbild des jungen Mannes im weiblichen Horoskop Hauptsymbol von Animus und Suchbild
☉	im männlichen Horoskop Selbstbild des reifen/väterlichen Mannes im weiblichen Horoskop väterlich-ergänzender Anteil von Animus und Suchbild

ARCHETYP: der Held, der Krieger	ELEMENT: Feuer
TYP: der temperamentvolle Draufgänger, der Eroberer	GRUNDHALTUNG: Liebt die Herausforderung und stellt sich ihr. Begegnet der Welt direkt und spontan.
REIFE FORM: der Pionier, der Couragierte, der Wegbereiter	NAIVE ODER VERZERRTE FORM: der Heißsporn, der Zerstörer, der Macho, der Brutalo, der Egomane
STÄRKE: Durchsetzungskraft, Wille, Spontaneität, Entschlossenheit, Mut, Offenheit, Geistesgegenwart, Stoßkraft, Zivilcourage	PROBLEMATIK: Rastlosigkeit, Egoismus, Kurzsichtigkeit, Kopflosigkeit, Jähzorn, Rücksichtslosigkeit, Ungeduld, Unbelehrbarkeit
BEZIEHUNGSSTÄRKE: Der Mann, der immer für neue, belebende Impulse sorgt.	BEZIEHUNGSPROBLEMATIK: Lebt egoistisch seine Impulse aus, ohne an seine Partnerin zu denken.
ART DER DURCHSETZUNG: mit dem Kopf durch die Wand, spontan, offensiv und energisch TYP: der Stürmer, der Sprinter	SEXUALITÄT: heißblütig und ungeduldig, mit Freude an der Eroberung

TYPISCHE BERUFSBEREICHE: überall dort, wo neuen Projekten zum Durchbruch verholfen wird, sowie in brenzligen oder wettkampfähnlichen Situationen: Der Sportler, der Manager, der Börsenhändler, der Zahnarzt, der Stuntman, der Jäger, der Polizist, der Soldat, der Schmied, der Feuerwehrmann, der Notfallarzt, der Chirurg, der Unternehmer, der Politiker, der Anwalt

LEITSATZ: Wer, wenn nicht ich, und wann, wenn nicht sofort?

Als männliches Such- oder Selbstbild steht der Widder für einen temperamentvollen, kämpferischen Typ, einen kühnen Draufgänger und risikofreudigen Abenteurer. Sein Äußeres hat etwas sehr Männliches, sei es eine sportliche Figur, ein muskulöser, durchtrainierter Körper oder einfach ein gewisses Macho-Gebahren, mit dem er auftritt. Sein forscher Blick und seine markante Stimme sorgen dafür, daß man ihn sofort wahrnimmt. Er ist überall dort anzutreffen, wo etwas los ist, häufig bei Spiel und Sport und anderen Wettkämpfen.

Seine Stärke ist seine Spontaneität, seine immense Willenskraft und sein Wagemut. Er ist der geborene Reviereroberer, der aktive, vitale Mann, der dem Leben unerschrocken entgegentritt und immer an vorderster Front kämpft. Mit der Größe der Herausforderung wächst auch seine Lust, selbst das Unmögliche zu wagen. Oft genügt schon der kleinste Anstoß, und schon ist er Feuer und Flamme. Was ihn interessiert, ist die unmittelbare Gegenwart, was ihn reizt, sind spontane Aktionen. Seine erfrischende Impulsivität und seine teils naive Unbekümmertheit haben etwas sehr Liebenswürdiges. Da sein Blick stets nach vorn gerichtet ist, nimmt er nur das wahr, was unmittelbar vor seinen Augen stattfindet. So lernt er zwar kaum aus der Vergangenheit, vergißt aber ebenso schnell auch Rückschläge und negative Erfahrungen. Dank einem unerschöpflichen Reservoir an sprühender Lebensenergie vermag er – gleich einem Stehaufmännchen – auch nach Niederlagen jederzeit noch einmal von vorn zu beginnen.

In der verzerrten Form kann er zum Zerstörer werden, zu einem aggressiven, unbeherrschten Rohling, der rücksichtslos seine Interessen durchsetzt. Die größte Herausforderung liegt für ihn darin, daß auch seine Kräfte mit der Zeit nachlassen und an Grenzen stoßen. Eine höchst unliebsame Erkenntnis, die er mit Kraftakten, harten Sportprogrammen und ständiger Rastlosigkeit zu verdrängen sucht. Konsequenz und Durchhaltevermögen gehören nicht zu seinen Stärken, dafür läßt er sich viel zu leicht ablenken. Deshalb sind auch langfristige Ziele nicht seine Sache. Er kann sich ganz plötzlich für etwas begeistern, doch erlahmt sein Interesse oftmals ebenso schnell, wie es entstanden ist, vor allem wenn sich zeigt, daß das Ziel nicht mit Kraft, sondern nur mit Geduld und Ausdauer zu erreichen ist. So ist er ein hervorragender Sprinter, für Langstrecken aber ziemlich ungeeignet. Er ist so ungeduldig, daß er Spannungen nur schlecht aushalten kann. Verspürt er einen Impuls, muß er ihn sofort in eine Handlung umsetzen oder anderweitig abreagieren, wodurch es ihm immer wieder schwerfällt, den richtigen Zeitpunkt für seine Aktionen abzuwarten. Deshalb startet er in der Regel zu früh, überstürzt und unüberlegt und verpufft einen Großteil seiner überschüssigen Energie mit zahlreichen Fehlstarts. Dabei ist er ein schlechter Verlierer, der nur widerwillig Schwächen eingesteht.

Am ehesten kann er sich in einer selbständigen Tätigkeit verwirklichen, bei der seine feurige Initiative gefragt ist und er seinen Unternehmergeist ungehindert einsetzen kann. Er liebt es, Neuland zu erobern und einer Idee zum Durchbruch zu verhelfen. Wo es für andere kein Durchkommen zu geben scheint, ist er der Pionier, der unerschrocken vorangeht und eine Bresche schlägt. Er ist ein Einzelkämpfer, der sich mit Konkurrenten ebenso leicht anlegt wie mit ungeliebten Vorgesetzten und der Teamwork so versteht, daß alle nach seiner Pfeife tanzen. Jegliche Routine nimmt ihm den Schwung. Was er braucht, sind Abwechslung, Bewegungsfreiheit und immer wieder neue Herausforderungen, nur dann macht ihm die Arbeit Spaß.

Wenn er sich für eine Frau begeistert, wirft er sich heftig ins Zeug. Um sie zu erobern, ist ihm jedes Mittel recht. Von der galanten Art, ihr den Hof zu machen, versteht er allerdings wenig. Er überrumpelt sie geradewegs, macht völlig ungeniert durch mehr oder weniger geschickte Gesten und imposante Aktionen auf sich aufmerksam und gewinnt durch seine erfrischende Direktheit. Mit seiner durchaus ungehobelten Art hat er etwas von einem großen, frechen Lausbuben. In der Ouvertüre ist er stark. Danach kann sein Interesse sehr schnell wieder erlahmen, denn für ihn liegt der eigentliche Kitzel vor allem im Akt der Eroberung und im Reiz des Neuen.

Die Beziehung mit ihm ist sehr lebendig und von viel Abwechslung und überraschenden Aktionen geprägt. Damit ja keine Langeweile aufkommt, macht er viel Lärm um nichts und sorgt ständig für Aufregung. Er gibt gern Tempo und Richtung vor, und so kann es ganz schön anstrengend sein, sich immer wieder seinen oft willkürlichen Richtungswechseln anzupassen. Deshalb ist es besser, keine langfristigen Pläne mit ihm zu machen, weil er sie ohnehin am nächsten Tag wieder über den Haufen wirft. Seine Impulsivität und sein Vorwärtsstürmen lassen ihm gar keine Zeit, Rücksicht zu nehmen, und so fällt es ihm ungeheuer schwer, seine Partnerin in seine Überlegungen einzubeziehen. Daß er durch seine egoistischen Handlungen andere an die Wand drängt und verletzt, ist ihm dabei kaum bewußt und geschieht selten aus bösem Willen. Er ist ganz einfach zu sehr mit sich selbst beschäftigt, als daß er dabei auch noch fremde Bedürfnisse wahrnehmen könnte. Stille kennt er höchstens als Ruhe vor dem Sturm oder wenn er sich einmal mehr beweisen muß, daß er auch gut ohne andere zurechtkommen kann. Denn in der Tiefe seiner Seele ist er eigentlich ein einsamer Cowboy, der immer wieder mal allein seines Weges gehen muß.

Er liebt es, auf jede Herausforderung zu reagieren, und stellt sich gern Mutproben, um seine Männlichkeit zu beweisen. Sollte es aber seiner Partnerin zu dumm sein, immer nur sein Heldentum bewundern zu müssen, kann es sehr schnell kritisch werden. Um seinem Ego zu schmeicheln, wird er bald nach neuen Eroberungen Ausschau halten; denn treu ist er im Grunde nur sich selbst. Mit dem Feuer zu spielen ist seine Natur, und wenn der Abenteurer in ihm erwacht, kann ihn nichts mehr halten. Seine starke Triebnatur zeigt sich auch in der Sexualität. Er ist der Typ des feurigen Liebhabers, den eine wilde Begierde drängt und der sein Ziel erst erreicht hat, wenn die Frau ob soviel Männlichkeit schwach wird.

Man vergrault ihn leicht, wenn man versucht, ihn zu zügeln, zu zivilisieren oder seßhaft zu machen, vor allem aber, wenn man ihm den ersten Platz streitig macht. Weil er alles auf sich bezieht, fühlt er sich eben auch schnell angegriffen und ist viel empfindlicher als man denkt. Am liebsten agiert er nach dem Motto »Angriff ist die beste Verteidigung« und geht direkt auf Konfrontationskurs. Ein Streit mit ihm ist hitzig, laut und impulsiv. Wenn er gereizt wird, verliert er leicht die Beherrschung und läßt seiner Wut freien Lauf. Dabei können schon mal die Teller fliegen und die Nachbarn aufschrecken, wenn er mit knallenden Türen argumentiert. Um sich mit ihm wieder zu versöhnen, reicht es zumeist, kein weiteres Benzin ins Feuer zu gießen.

So schnell er sich echauffiert, so schnell vergißt er wieder und ist dann auch in keinster Weise nachtragend. So schnell und spontan er sich für eine Familie entscheiden kann, so unerwartet und schwer trifft ihn hinterher die Verantwortung und die langfristige Verpflichtung der Vaterschaft. Mit den vielen notwendigen Kompromissen tut er sich schwer, und persönliche Einschränkungen nimmt er ungern in Kauf. Deshalb ermuntert er seine Kinder schon früh, selbständig zu handeln. Er ist nicht ängstlich, wenn sie ihre ersten, eigenen Schritte machen, sondern animiert sie sogar, Neues auszuprobieren. Solange es ihm selber Spaß macht, unternimmt er viel mit ihnen und ist ein guter Kumpel, mit dem man bei Sport und Spiel wetteifern kann. Verhalten sich seine Sprößlinge dabei allerdings zu sehr nach ihrem eigenen Willen, machen zuviel Arbeit oder lassen es an Begeisterung fehlen, kann er sehr schnell unmutig werden und sein Interesse verlieren.

Dieser Mann neigt nicht gerade zu Besinnlichkeit, und Zuverlässigkeit ist gewiß nicht seine Stärke, dafür ist er aber ein dynamischer und unternehmungslustiger Partner und Kamerad, mit dem es bestimmt nie langweilig wird.

♉	Stier als männliches Such- oder Selbstbild
♂	im männlichen Horoskop Selbstbild des jungen Mannes im weiblichen Horoskop Hauptsymbol von Animus und Suchbild
☉	im männlichen Horoskop Selbstbild des reifen/väterlichen Mannes im weiblichen Horoskop väterlich-ergänzender Anteil von Animus und Suchbild

ARCHETYP: der Bauer, der gute Hirte	ELEMENT: Erde
TYP: der Gemütliche, der Bodenständige	GRUNDHALTUNG: Hat es selten eilig und genießt das Leben. Begegnet der Welt wohlwollend und abwartend.
REIFE FORM: der Genießer, der Bewahrer	NAIVE ODER VERZERRTE FORM: der Geizhals, der Sturkopf, der Biedermann, der Nimmersatt
STÄRKE: Beständigkeit, Ruhe, Ausdauer, Beharrlichkeit, Standhaftigkeit, Treue	PROBLEMATIK: Unmaß, Trägheit, Trotz, Materialismus, Halsstarrigkeit, Unnachgiebigkeit
BEZIEHUNGSSTÄRKE: Der Mann, der immer da ist, wenn er gebraucht wird, und viel Geduld hat.	BEZIEHUNGSPROBLEMATIK: Sträubt sich gegen Veränderungen, die seine Ruhe stören und kann sehr besitzergreifend sein.
ART DER DURCHSETZUNG: Was lange gärt, wird endlich Wut. Langsam, aber sicher. TYP: der Gewichtheber	SEXUALITÄT: genußvoll, leidenschaftlich und mit Freude am Vertrauten

TYPISCHE BERUFSBEREICHE: alle Bereiche, wo etwas gehegt und gepflegt wird und gewachsene Strukturen einen sicheren Rahmen setzen: der Bauer, der Banker, der Kaufmann, der Immobilienmakler, der Koch, der Gärtner, der Förster, der Antiquar, der Schäfer, der Restaurator, der Millionär, der Verteidiger, der Wirt, der Biologe, der Masseur

LEITSATZ: Lieber den Spatz in der Hand, als die Taube auf dem Dach!

Als männliches Such- oder Selbstbild steht der Stier für einen gemütlichen, bodenständigen, stark sinnlichen Typ, der das Leben aus der Tiefe seiner Seele zu genießen versteht. Ein ruhiger Blick und eine feste Stimme verleihen seiner Ausstrahlung viel Gutmütigkeit und Wärme. Sein Äußeres wirkt – je nachdem wie sehr er sich den Lebensgenüssen überlassen hat – stämmig, behäbig oder auch füllig. Man trifft ihn dort, wo Geselligkeit und heitere Stimmung herrschen, im Kreise guter Freunde und in vertrauter Umgebung.

Seine Stärke ist seine Gelassenheit, sein enormes Durchhaltevermögen und seine Beständigkeit. Meist ist er handwerklich geschickt, in jedem Fall aber ein Pragmatiker, ein Praktiker und ein unermüdlicher Macher, mit einem Sinn für brauchbare und bequeme Lösungen. Hektik mag er gar nicht, und wenn alle Welt rundum den Kopf verliert, bewahrt er ruhig Blut. Auf reine Hoffnungswerte gibt er nichts. Mit seinem sicheren Instinkt für lohnenswerte Investitionen interessieren ihn nur erreichbare Ziele und handfeste, dauerhafte Ergebnisse. Sein gemächliches Temperament gleicht einem Dieselmotor, der sich nur langsam erwärmt. Doch wenn er einmal angesprungen ist und ihm ein Ziel lohnenswert erscheint, arbeitet er geradlinig, beharrlich und voll Ausdauer darauf hin. Er versteht es, einzelne Schritte sorgfältig zu planen, geduldig auf passende Gelegenheiten zu warten und auch dort unbeirrt am Ball zu bleiben, wo andere schon längst das Handtuch geworfen haben. Und wenn es etwas »auszusitzen« gibt, hat er bislang noch immer das beste Sitzfleisch bewiesen.

In der verzerrten Form macht ihn sein Unmut gegenüber Veränderungen aber auch hartnäckig und stur, sein Haften an Traditionen zu konservativ, und aus Angst vor materiellem Verlust kann er recht geizig werden. Dann hortet er, ohne zu genießen, und seine sonst so sinnliche Lebensfreude erstickt unter seiner Gier nach mehr Besitz und Sicherheit. Er kann sich völlig in einer Sache festbeißen und auch dann noch hartnäckig bis zum Ende daran festhalten, wenn sich die Voraussetzungen schon längst geändert haben. Wenn sein Sinn für das Vertraute zu einem reinen Wiederholungszwang verkommt und er die ewig gleichen, immer kleiner werdenden Runden dreht, kann er schnell zum engstirnigen Biedermann werden. Dann pflegt er nur noch seine Vorurteile und schirmt sich hinter seinem Gartenzaun hermetisch gegen alles Fremde und Unbekannte ab.

Seine berufliche Selbstverwirklichung findet er in einer soliden und krisenfesten Tätigkeit, bei der er handfeste Werte hegen, pflegen und mehren kann. Seine Kräfte setzt er am liebsten dort ein, wo es darum geht, eine gesunde Basis zu schaffen, Besitz zu erwerben und sichere

Reserven anzulegen. Den Spatz in der Hand schätzt er dabei allemal mehr als die Taube auf dem Dach. Erfahrungswerte sind sein Kapital, und deshalb verläßt er einen bewährten Arbeitsplatz höchstens, um seine Kenntnisse oder seine Kompetenz zu erweitern. Er ist sehr vorsichtig und steht nicht gern an vorderster Front. So ist er der geborene zweite Mann, der anderen, die das unternehmerische Risiko tragen, gern zuarbeitet und das einmal Erreichte standhaft verteidigt. Autoritätskonflikte hat er nur dort, wo er sich und seine Arbeit nicht genug wertgeschätzt sieht.

Auch wenn es darum geht, eine Frau für sich zu gewinnen, ist er eher bedächtig und behutsam, zumal es ohnehin etwas länger dauert, bis er selbst Feuer fängt. Dafür brennt es dann um so wärmer und nachhaltiger. Das Vertrauen seiner Auserwählten gewinnt er mit Geduld und Verläßlichkeit und ihre Liebe durch seine warmherzige Art, mit der er sie verwöhnt. Er ist ein sinnlicher Verführer, der nichts überstürzt und den erotischen Flirt in vollen Zügen auszukosten versteht.

Das Leben mit ihm ist geprägt vom Sinn für die Natur, für alles Gewachsene und Vertraute. Seine satte Zufriedenheit entfaltet sich mit jeder weiteren Wiederholung. Für ihn ist es höchster Genuß, im gemütlichen Kreis guter Freunde zu essen und zu trinken und das Leben in all seinen Facetten auszukosten. Will man ihm schmeicheln, sollte man ihn für seine Zuverlässigkeit und Ausdauer bewundern, und all das, was er dadurch erreicht hat. In seiner Nähe darf man keine spektakulären Aufregungen erwarten, er liebt keine Abenteuer und keine plötzlichen Überraschungen. Dafür kann man sich stets auf ihn verlassen. Hat er einmal an etwas Gefallen gefunden, versteht er nicht, wieso er sich auf etwas Neues, Unsicheres einlassen sollte. Ihn kann so schnell nichts erschüttern. Gleich einem Fels in der Brandung steht er im Leben, und alle Versuche, ihn aus seiner stoischen Ruhe zu bringen, prallen an ihm ab. Mit ihm eine Beziehung einzugehen, heißt gleichzeitig sein Besitz zu werden. Das ist jedoch nicht wirklich tragisch, weil er sich um sein Hab und Gut liebevoll und pfleglich kümmert. Schwierig aber wird es dort, wo er glaubt, sein Revier gegen einen Angreifer, einen vermeintlichen Nebenbuhler verteidigen zu müssen. Ist seine Eifersucht einmal entfesselt, wird er zu einem wilden Stier, der nur noch rot sieht.

Weil ihm das Vertraute und Sichere so viel mehr am Herzen liegt als der Reiz des Neuen, ist er auch ein sehr treuer Mensch. Der Bund fürs Leben ist damit für ihn die ideale Beziehungsform, die seinem Sicherheitsbedürfnis sehr entgegenkommt. Nur größte Frustration kann ihn aus vertrauten Gefilden auf neues, fremdes Territorium drängen. Fremdgehen erlebt er als viel zu anstrengend, es sei denn, eine Frau macht ihm ein bequemes Angebot. Seine sinnliche Natur verleiht ihm eine starke, sexuelle Energie. Er ist ein zärtlicher und ausdauernder Liebhaber mit tiefer Erlebnisfähigkeit, der aber das Einfache und Regelmäßige mehr liebt als komplizierte Verrenkungen.

Man vergrault ihn schnell, wenn man ihm die Freude am Genuß verdirbt oder ihn dabei maßregelt und beschneidet. Und er erträgt es gar nicht, wenn man seine Gutmütigkeit nachhaltig oder gar systematisch ausnutzt, wenn man sich als unzuverlässig erweist oder seinen Besitz angreift. Kommt es zum Streit, geht er auf Abwehr, wird stur und schweigt. Auf Druck reagiert er mit Gegendruck, und je größer der Widerstand, um so massiver kann er werden. Seine Kraft liegt in der Verteidigung, und so mauert er aus Leibeskräften. An der Dickköpfigkeit, mit der er das betreibt, hat sich schon mancher die Zähne ausgebissen. Gefährlich aber wird es, wenn man ihn aus der Reserve lockt, ihn so lange weiter provoziert, bis sein Geduldsfaden reißt. Im Zorn wird aus seiner rein defensiven Abwehrhaltung eine unkontrollierte, offensive Kraft, die sehr vernichtend ist und wie eine Dampfwalze alles niedermacht. Will man sich mit ihm wieder versöhnen, ist es am besten, zunächst einmal nachzugeben. Denn wenn er sich richtig in seinem Eigensinn verrannt oder in seiner Wut verbissen hat, verdichtet sich seine Aggression von Tag zu Tag mehr, bis er sich letztlich so verkeilt hat, daß er auch beim besten Willen nicht mehr zurück kann. Wenn aber der andere nachgibt, ist er nicht nur erleichtert, sondern auch sofort zur Versöhnung bereit.

Die Vaterrolle liegt ihm sehr, da für ihn Familie auch Tradition und Sicherheit bedeuten und er jegliche Form von Zuwachs grundsätzlich begrüßt. Als sehr seßhafter Mensch lebt er am liebsten auf eigenem Grund und Boden. Gemütliche Häuslichkeit bedeutet ihm viel, und dazu leistet er auch gern seinen Beitrag, vor allem wenn es ums leibliche Wohl geht. Seinen Kindern gegenüber zeigt er viel Geduld und Verständnis. Schwierig wird es nur, wenn sie sich mit Trotz gegen seine Autorität stellen und plötzlich eigenwillige Wege gehen. Dann kann er mit Nachdruck auf längst überholten Standpunkten beharren und aus Prinzip sämtlichen neuen »Schnickschnack« der Jugend ablehnen. Hinter dieser Abwehrhaltung verbirgt sich sein Bedürfnis, die Familie zusammenzuhalten, aber auch seine Angst vor der Vergänglichkeit gewachsener Strukturen.

Er ist bestimmt kein Partylöwe und auch nicht besonders experimentierfreudig, dafür aber ein treuer, urgemütlicher Genießer, mit dem man es sich rundum gutgehen lassen kann.

♊	**Zwillinge** **als männliches Such- oder Selbstbild**
♂	im männlichen Horoskop Selbstbild des jungen Mannes im weiblichen Horoskop Hauptsymbol von Animus und Suchbild
☉	im männlichen Horoskop Selbstbild des reifen/väterlichen Mannes im weiblichen Horoskop väterlich-ergänzender Anteil von Animus und Suchbild

ARCHETYP: der Gelehrte	ELEMENT: Luft
TYP: der Wendige, der Pfiffikus, der Kluge	GRUNDHALTUNG: Ist ständig in Bewegung und an allem interessiert. Begegnet der Welt mit Aufmerksamkeit und Neugierde.
REIFE FORM: der Vermittler, der Intellektuelle	NAIVE ODER VERZERRTE FORM: der Schnösel, der Windhund, der Wortverdreher, der Schwätzer, der Luftikus
STÄRKE: Flexibilität, schnelle Auffassungsgabe, Beweglichkeit, Beredsamkeit, Witz, Schlagfertigkeit	PROBLEMATIK: Unverbindlichkeit, Kopflastigkeit, Hektik, Zerrissenheit, ewiger Relativismus, Zynismus
BEZIEHUNGSSTÄRKE: Der Mann, der immer wieder neue Ideen und Vorschläge in die Beziehung einbringt.	BEZIEHUNGSPROBLEMATIK: Bleibt gefühlsmäßig unverbindlich und hält sich oft nicht an Abmachungen.
ART DER DURCHSETZUNG: Hansdampf in allen Gassen, schnell, taktisch geschickt und wendig mit plötzlichen Richtungswechseln TYP: der Leichtathlet	SEXUALITÄT: wenig triebhaft, mit Freude an der Abwechslung und einer Vorliebe für Verbalerotik

TYPISCHE BERUFSBEREICHE: alle Bereiche, wo Informationen ausgetauscht werden und sprachliche Fähigkeiten gefragt sind: der Journalist, der Reporter, der Lehrer, der Sekretär, der Korrespondent, der Schriftsteller, der Dolmetscher, der Buchhändler, der Zöllner, der Verkehrspolizist, der Busfahrer, der Zeitschriftenhändler, der Verleger, der Talkmaster, der Makler, der Kritiker, der Rhetoriker, der Briefträger

LEITSATZ: Wissen ist Macht!

Als männliches Such- oder Selbstbild verbirgt sich hinter dem Zeichen Zwillinge ein leichter, wendiger, cleverer Typ, ein Intellektueller, der zeitlebens etwas Jugendliches behält. Sein hellwacher Blick und seine beschwingte Stimme geben seinem Äußeren etwas Gewitztes. Er tritt gern leger und lässig auf und ist überall dort anzutreffen, wo geschäftige Betriebsamkeit herrscht, wo man Neuigkeiten austauscht oder angeregte Gespräche führt.

Seine Stärke ist das Wort, seine rasche Auffassungsgabe und seine geistige Wendigkeit. Er kann blitzschnell Probleme analysieren, theoretische Lösungen entwerfen, Kontakte knüpfen und einfach sehr kluge Ratschläge geben. Gepaart mit seinem charmanten Witz macht ihn das zu einem interessanten Gegenüber, einem unterhaltsamen Gesprächspartner. Spielerisch, mit unbeschwerter Leichtigkeit verfolgt er seine Ziele und ist stets offen für neue Ideen, die seine Wege kreuzen. Wenn ihn die Arbeit ermüdet, ihm die Luft zu dick wird oder ihn ein plötzlicher Einfall reizt, ist er sehr schnell bereit, dafür sofort die eingeschlagene Richtung zu ändern. Er mag sich nicht in seinen Möglichkeiten einschränken und sich noch viel weniger von anderen beschränken lassen. Vielseitigkeit ist so sehr seine Natur, daß er gern mehrere Dinge gleichzeitig tut und auch immer wieder versucht, mehrere Gedanken gleichzeitig zu denken. Wie kein anderer besitzt er die Fähigkeit, in der Not zu improvisieren und sich schnell mit neuen, veränderten Umständen anzufreunden. Er ist ein Pfiffikus, sprachgewandt, schlagfertig, an allem interessiert und sehr belesen, sei es in hoher Literatur oder einfach nur in der Boulevardpresse.

Problematisch wird es, wenn ihn in der verzerrten Form nur noch die Sucht nach Neuem treibt. Dann wird sein Leben sprunghaft und verläuft rastlos ohne erkennbaren roten Faden. So manch großartige Idee, die er wortgewaltig angekündigt hat, bleibt dann ganz einfach in der Luft hängen. Denn seinen Gedanken auch Handlungen folgen zu lassen und sie in die Tat umzusetzen, gehört nicht gerade zu seinen Stärken. Sein Interesse erwacht schnell, aber ob er bei der Sache bleibt, etwas daraus macht, oder ob es ihn »nur so« interessiert hat und er sich morgen schon wieder mit etwas anderem beschäftigt, läßt sich heute noch nicht sagen. Bei soviel Ruhelosigkeit ist es natürlich kein Wunder, wenn er häufig fahrig, oberflächlich und flatterhaft erscheint und wenn andere, ruhigere Gemüter sich über seine nervöse Hektik beklagen. Zudem ist er ein notorischer Zweifler, der alles in Frage stellt und den man nicht festlegen kann, weil er sich durch sein ewiges Relativieren immer noch ein Hintertürchen offen hält. Elegant und wortreich entzieht er sich, wann immer es darum geht, Verbindlichkeit zu zeigen oder wirklich Farbe zu bekennen. Er ist einfach nicht zu fassen.

Seine Selbstverwirklichung findet er in der Begegnung mit Menschen, überall dort, wo er Kontakte knüpfen kann, wo sein Wissen, sein Rat und wo »Köpfchen« gefragt ist. Er ist ein versierter Händler, ein geschickter Makler und ein kluger Experte, dessen differenzierte Meinung durchdacht ist. Dort wo er seine Neugierde befriedigen kann, wo Flexibilität, rasches Kombinieren und Wortgewandtheit gebraucht werden und wo man kritische Fragen zu schätzen weiß, ist sein Platz. Abwechslung ist ihm wichtig, Sicherheit und Kontinuität kommen erst weit danach, weshalb er auch öfter seine Tätigkeit verändert. Autoritätskonflikte tauchen bei ihm selten auf, weil er typischerweise ein Freiberufler ist oder sich als Angestellter so unabhängig organisiert hat, daß es wenig Reibung mit Vorgesetzten geben kann.

Wenn er sich für eine Frau interessiert, versucht er ihr durch sein Wissen, seinen Esprit und seinen brillanten Intellekt zu imponieren. Es ist beeindruckend, was er dann alles aufzutischen weiß; als hätte er ganze Bibliotheken durchgelesen und ein mehrbändiges Lexikon auswendig gelernt. Doch ist er ein Meister des gekonnten Bluffs, denn in den meisten Fällen hat er nur das Inhaltsverzeichnis überflogen und denkt sich den Rest. Und dennoch ist es eindrucksvoll ihm zuzuhören. Aber wie könnte er auf Freiersfüßen mehr Ausdauer aufbringen als im übrigen Leben? Kommt er nicht rasch genug voran, verliert er das Interesse ebenso schnell, wie es aufgetaucht ist. Deshalb hat er auch zumeist mehrere Eisen im Feuer, um bei Bedarf ausweichen zu können.

Das Leben mit ihm ist abwechslungsreich, und in seiner Gegenwart wird es bestimmt nie langweilig. Er versteht es, immer wieder einen angenehm frischen Wind in die Beziehung zu bringen. Wenn man ihm schmeicheln möchte, sollte man seinen schnellen, glasklaren Verstand, seinen klugen Rat und seinen erfrischenden Witz bewundern. Für seinen großen Bekanntenkreis steht seine Tür immer offen; denn allein in trauter Zweisamkeit fühlt er sich nicht sehr lange wohl. Mit ihm gibt es nicht nur viele angeregte Gespräche, ihm scheinen auch nie die Ideen auszugehen, was man noch alles ausprobieren könnte, und er nimmt interessiert Anteil an allem, was sein Gegenüber beschäftigt. Zugegebenermaßen geht sein Interesse nicht gerade tief. Das ist wohl auch der Vorwurf, den er immer wieder hört. Aber Tiefe, Verbindlichkeit und Beständigkeit gehören nicht zu seiner leichten Natur. Zeitweise scheint es ihm auch an Einfühlungsvermögen zu mangeln, insbesondere wenn er versucht, die Gefühle seiner Partnerin statistisch zu erfassen, zu versachlichen oder einfach wegzureden und damit ihre Bedürfnisse wortreich zu übergehen.

Er liebt den Reiz des Neuen und mag die Abwechslung – auch innerhalb der Beziehung. Wenn er sich aber in festgefahrener Routine wiederfindet oder sich auf Gewohnheitsrituale festgelegt sieht, mag sein Interesse schnell nachlassen, so daß er sich anderweitig neue Anregungen sucht. Läßt man ihm aber genügend Spielraum, kann er durchaus treu sein. Eigentlich ist ihm eine Kameradschaft wichtiger als die große Leidenschaft, an die er ohnehin nicht recht glaubt und die ihn mit ihrer emotionalen Intensität zu sehr in seiner Beweglichkeit einengen würde. Auch seine Sexualität ist mehr von spielerischer Neugierde als von tiefer Begierde gefärbt. Er ist der Typ des raffinierten Liebhabers, der sich immer wieder etwas anderes einfallen läßt, sehr experimentierfreudig ist und eine Vorliebe für Verbalerotik hat.

Vergraulen kann man ihn, wenn man ihm seine Freiheit beschneidet, ihn festzulegen versucht oder ihn für dumm verkaufen will. Und was er ebenso schlecht erträgt, ist Langeweile und Geduldsproben aller Art. Wenn es zum Streit kommt, wird er eiskalt und geht auf Distanz. Quecksilberartig entzieht er sich auch hier jedem Versuch, ihn zu fassen. Erinnert man ihn an gegebene Zusagen, sind sie plötzlich niemals so gemacht worden oder ganz anders zu interpretieren. Wie kein anderer versteht er es, seinen Verstand als Waffe einzusetzen und schlagfertig mit scharfer Zunge sein Gegenüber innerhalb kürzester Zeit einfach sprachlos zu machen. Will man sich mit ihm wieder versöhnen, ist es ratsam, die emotionale Ebene zu verlassen und ihn in aller Sachlichkeit zu fragen, was seiner Meinung nach die klügste Lösung ist. Sofern sein Vorschlag nicht ganz unannehmbar ist, sollte man zumindest eine Probezeit vereinbaren, in der man sich versuchsweise darauf einläßt.

Als Vater versteht er die Neugierde der Kinder und ist stets bereit, auf ihre Fragen einzugehen. Als fürsorglicher Hüter der Kleinen ist er eher ungeeignet, dafür kann er um so besser mit den Heranwachsenden umgehen. Für sie ist er ein unternehmungslustiger Kamerad und interessierter Gesprächspartner, mit dem sie alle Probleme ausdiskutieren können und der für die neuen Ideen der jungen Generation stets ein offenes Ohr hat. Er fördert ihre geistige Entwicklung und ist darauf bedacht, daß sie eine gute Ausbildung erhalten. Allerdings wird die Familie selten einziger Mittelpunkt seines Lebens werden, da er für regelmäßige Häuslichkeit zu wenig Sitzfleisch hat und ihn die Rituale des Familienalltags zu sehr beengen. Für jede Lösung, die Erleichterung und Entlastung verspricht, sei sie technischer Natur oder in der Person eines Babysitter ist er daher sofort zu haben.

Er ist kein verträumter Romantiker und auch nicht die Verläßlichkeit in Person, dafür ist er ein vielseitig interessierter, witziger Kamerad und guter Unterhalter.

♋	**Krebs als männliches Such- oder Selbstbild**
♂	im männlichen Horoskop Selbstbild des jungen Mannes im weiblichen Horoskop Hauptsymbol von Animus und Suchbild
☉	im männlichen Horoskop Selbstbild des reifen/väterlichen Mannes im weiblichen Horoskop väterlich-ergänzender Anteil von Animus und Suchbild

ARCHETYP: der Poet	ELEMENT: Wasser
TYP: der Romantiker, der Sensible	GRUNDHALTUNG: zurückhaltend und scheu. Begegnet der Welt mit Verständnis und Hilfsbereitschaft.
REIFE FORM: der fürsorgliche Therapeut, der Künstler	NAIVE ODER VERZERRTE FORM: der Schwärmer, der Feigling, der Schmoller, der Träumer
STÄRKE: Gefühlsreichtum, Phantasie, Verständnis, Hilfsbereitschaft, Einfühlungsvermögen	PROBLEMATIK: Inkonsequenz, Schuldzuweisungen, Bequemlichkeit, Ängstlichkeit, Empfindlichkeit
BEZIEHUNGSSTÄRKE: Der Mann, der zu tiefem seelischem Erleben fähig ist und auf die Bedürfnisse seiner Partnerin liebevoll eingeht und sie umsorgt.	BEZIEHUNGSPROBLEMATIK: Läßt seine Launen an seiner unmittelbaren Umgebung aus und macht andere für sein Versagen verantwortlich.
ART DER DURCHSETZUNG: im Krebsgang sicher zum Ziel, zögerlich, indirekt und mit vielen Umwegen TYP: der Segler	SEXUALITÄT: gefühlsstark und phantasievoll. Sucht Zärtlichkeit und Nähe.

TYPISCHE BERUFSBEREICHE: alle pflegerischen, sozialen Bereiche und das Gebiet der Kunst: der Heimleiter, der Sozialarbeiter, der Krankenpfleger, der Heimatpfleger, der Historiker, der Psychologe, der Musiker, der Innenarchitekt, der Hausmeister, der Dichter, der Kinderarzt

LEITSATZ: Wozu denn in die Ferne schweifen, seht, das Gute liegt so nah!

Als männliches Such- oder Selbstbild verbirgt sich hinter dem Krebs der Romantiker, ein einfühlsamer, sensibler Mann mit viel Herz. Sein Auftreten ist eher ruhig und zurückhaltend, und an seinem schüchternen Blick und der sanften Stimme erkennt man die Sensibilität seines Wesens. Er meidet die Anonymität und ist dort anzutreffen, wo familiäre Vertrautheit herrscht und ein persönliches Ambiente Geborgenheit entstehen läßt.

Seine Stärke ist seine Seelentiefe, die ihm ein treffsicheres Gespür und ein außerordentliches Einfühlungsvermögen gibt, sowie eine äußerst bildreiche Phantasie. Ihn treibt eine tiefe Sehnsucht nach Liebe und Geborgenheit. Deshalb ist er in der Welt der Romantik zu Hause, wo Poesie und Musik seine Seele schwingen lassen. Er schätzt die Stille und Zurückgezogenheit, ist ein guter Zuhörer und phantasievoller Erzähler, der innerlich an allem teilnimmt, was seine unmittelbare Umgebung betrifft. In seiner Nähe fühlt man sich verstanden, und sucht man seinen Trost, hat man dabei niemals das Gefühl, ihm zur Last zu fallen. Entschlossenes Engagement zeigt er dort, wo er anderen helfen kann und sein Beschützerinstinkt gefordert wird. Seine Antriebskraft für eigene Belange mag ja vielleicht nicht die stärkste sein, aber sein beherztes Engagement für Menschen, die ihm nahe stehen, verleiht ihm jederzeit Bärenkräfte. Selten tritt er von sich aus in Aktion, sondern wartet auf Impulse von außen. Aber auch dann entwickelt er nicht allzuviel Eigeninitiative. Er ist kein Vorwärtsstürmer, sondern geht zumeist behutsam auf eher verschlungenen Pfaden, wechselt des öfteren die Zielrichtung und Gangart und macht immer wieder Umwege, wobei er sich von seinen instinktsicheren Gefühlen leiten läßt. So gelangt er indirekt direkt zum Ziel.

In der verzerrten Form liegt sein Problem in der Weigerung, erwachsen zu werden und Verantwortung zu übernehmen. Statt dessen schiebt er die Schuld für erlittene Kränkungen auf seine Umgebung ab und macht für sein Unvermögen, sich im äußeren Leben zu behaupten, alle Welt verantwortlich – nur nicht sich selbst. Kraft seiner Phantasie vermag er sich zwar vieles vorzustellen und sein Wunschdenken ist stark ausgeprägt, doch mangelt es ihm an äußerer Härte und Konsequenz, um seine Träume zu verwirklichen. Geradlinigkeit und Entschlossenheit sind einfach Fremdworte für ihn, und auch seine Neigung, immer wieder den Bildern der Erinnerung nachzuhängen und in die vertraute Vergangenheit einzutauchen, spiegelt seinen Unwillen, sich mit den harten Fakten der Gegenwart auseinanderzusetzen. Lieber verkriecht er sich und erklärt sich erst einmal generell für nicht zuständig, und wenn es darum geht, sich konkreten Anforderungen zu stellen, verfügt er über durchaus verblüffende Abwehrmechanismen.

Seine Selbstverwirklichung liegt in der Entfaltung seiner Kreativität und überall dort, wo sein tiefes Mitgefühl, seine große Fürsorglichkeit und sein Wissen um die Seele des Menschen gefragt sind. Sich in der oft feindlich erlebten Berufswelt zu behaupten, fällt ihm schwer. Mit Hierarchien und Autoritäten hat er oft seine Mühe, und der Erfolg auf der Karriereleiter ist ihm weit weniger wichtig als das Gefühl, dabeizusein und dazuzugehören. Am liebsten arbeitet er in einem familiären Unternehmen oder einem kleinen, überschaubaren Team. Um vor Verletzungen und Zurückweisung geschützt zu sein, agiert er lieber aus dem Hintergrund. Dort wird er mit seiner warmen, fürsorglichen Art vor allem als verständnisvoller Helfer und Berater geschätzt.

Mit der männlichen Eroberungsrolle hat er ein Problem, nicht nur wenn es um die Frau seiner Träume geht. Schon beim Flirten kann sein unentschlossenes Warten auf einen Außenimpuls zu allerhand Mißverständnissen führen, weil man bei ihm nie sicher weiß, was er nun eigentlich will. Dieses zögerliche Hin und Her lädt das weibliche Geschlecht geradezu ein, ihn ermunternd aus seiner Reserve zu locken oder gleich selbst die Initiative zu ergreifen. Seine Schüchternheit ist ja ein Reiz für sich, und hat er einmal Vertrauen gefaßt, entfaltet er seinen zauberhaften Charme und seine romantische Seite.

Das Leben mit ihm ist geprägt von trauter Zweisamkeit in einem warmen, bequemen Nest. Er braucht die Nähe des geliebten Menschen und möchte ihn daher stets um sich haben. Deshalb will er so bald wie möglich mit seiner Liebsten zusammenziehen und eine eigene Familie gründen. In seiner Nähe kann man sich getrost fallenlassen und dabei sicher sein, daß man gehalten wird. Wenn man ihn für sein Einfühlungsvermögen und sein großes Verständnis bewundert, hat man ihm zutiefst geschmeichelt. Immer wieder sucht er die Geborgenheit in der Beziehung und hat keinen Bedarf an persönlichen Freiräumen. Er trägt viel zum gemütlichen Zusammenleben bei, indem er gerne kocht und sich auch sonst liebevoll um alles kümmert. So gesehen gleicht das Leben mit ihm einer Idylle, wäre da nicht auch die Kehrseite der Medaille. Denn natürlich mag er auch seiner Partnerin wenig Freiräume gewähren, wodurch sich das Leben an seiner Seite auf häusliche Zurückgezogenheit beschränken kann. Sein Ausweichen vor den Härten des äußeren Lebens läßt ihn aber auch zu Hause unzufrieden werden, zumal wenn er spürt, daß er seiner Rolle als Mann nicht gerecht wird. Diese Stimmungsschwankungen müssen dann die Menschen ertragen, die ihm sonst so sehr am Herzen liegen.

Er ist ein durch und durch treuer und anhänglicher Lebenspartner, zumindest so lange er genau spürt, wohin er gehört und die gleiche Verbindlichkeit bei seiner Partnerin erlebt. Verliert er sich aber in seinen

Phantasien und Erinnerungen oder hängt seinen Sehnsüchten zu sehr nach, kann ihn der Traum von der Erfüllung seiner Wünsche unstet werden lassen. Auch seine Sexualität ist sehr von Stimmungen und Emotionen abhängig und vor allem vom Bedürfnis nach Gemeinsamkeit geprägt. Er ist der Typ des einfühlsamen, zärtlichen Liebhabers, der nicht drängt und fordert, sondern gern und ausgiebig kuschelt und schmust und die Wünsche seiner Liebsten erspürt und erfüllt.

Man vergrault ihn schnell, wenn man ihm zu logisch kommt, sein Wesen und seine Träume haarscharf analysieren möchte, vor allem aber, wenn man sich über seine Gefühle lustig macht und über seine Weichheit spottet. Und natürlich fühlt er sich zutiefst unverstanden, wenn man von ihm Lebenshärte fordert und ihn unter starken Leistungsdruck setzt. Auf einen Streit läßt er sich nur mit ziemlicher Verzögerung ein. Sobald es Ärger gibt, zieht er sich enttäuscht zurück und schmollt. Bis er sich einer offenen Auseinandersetzung stellt, muß viel geschehen. Wenn er aber einmal voller Leidenschaft kämpft, spürt man wie tief er in seiner Seele verletzt ist; und diese Wunden vergißt er nie. Er ist äußerst nachtragend und zeigt seine Reaktionen oftmals erst, wenn niemand mehr damit rechnet. Genau darin liegt auch seine Taktik, weil er genau in dem Augenblick nachsetzt, in dem sich der andere schon längst wieder in Sicherheit fühlt. Will man sich mit ihm versöhnen, muß man ihm zunächst die Wunden lecken. Dazu bedarf es viel Geduld, weil er bei jedem Schmerz schnell noch einmal daran erinnert, wie sehr ihm Unrecht geschehen ist. Wem es aber mit der Versöhnung ernst ist, dem wird es auch gelingen, die anfängliche Idylle wieder herzustellen.

Familie bedeutet ihm viel, sowohl die seiner Herkunft als auch seine eigene. Er ist ein Sippenmensch und sehr darauf bedacht, familiäre Bande lange aufrecht und lebendig zu erhalten. Selbst wenn er engagiert im Berufsalltag steht, kommt das Privatleben immer an erster Stelle. Kinder gehören für ihn selbstverständlich dazu. Gerne verbringt er viel Zeit mit ihnen und sorgt dafür, daß familiäre Traditionen und Rituale gepflegt werden. Die Rolle des zärtlichen, fürsorglichen, liebevollen Vaters ist ihm geradezu auf den Leib geschrieben. Aber wenn die Jungen langsam flügge werden und beginnen, ihre eigenen Wege zu gehen, versucht er immer wieder, die Nestflüchtlinge in die Familie einzubinden. Deshalb zelebriert er von Ostern bis Weihnachten alle Feste mit viel Freude und liebevoller Aufmerksamkeit.

Er ist bestimmt kein mutiger Held, kein verbissener Leistungsmensch und auch kein wortgewandter Charmeur, dafür aber ein sensibler und fürsorglicher Freund, der immer da ist, wenn man ihn braucht und viel Verständnis für die großen und kleinen Seelennöte aufbringt.

♌	**Löwe als männliches Such- oder Selbstbild**
♂	im männlichen Horoskop Selbstbild des jungen Mannes im weiblichen Horoskop Hauptsymbol von Animus und Suchbild
☉	im männlichen Horoskop Selbstbild des reifen/väterlichen Mannes im weiblichen Horoskop väterlich-ergänzender Anteil von Animus und Suchbild

ARCHETYP: der König	ELEMENT: Feuer
TYP: der Sieger, der Sunnyboy	GRUNDHALTUNG: Übernimmt gern die Führung. Begegnet der Welt mit Selbstbewußtsein und herzlicher Ausstrahlung.
REIFE FORM: das Vorbild, der Lebenskünstler, der Besonnene	NAIVE ODER VERZERRTE FORM: der Angeber, der Platzhirsch, der Kindskopf, das Großmaul
STÄRKE: Herzensgüte, Führungsstärke, Fröhlichkeit, Lebensfreude, Großzügigkeit, Beherztheit, Gestaltungskraft	PROBLEMATIK: Wichtigtuerei, Überheblichkeit, Anmaßung, Verschwendungssucht, Egozentrik, Selbstherrlichkeit, Unbesonnenheit
BEZIEHUNGSSTÄRKE: Der Mann, der großzügig ist und seine Partnerin verwöhnt.	BEZIEHUNGSPROBLEMATIK: Läßt sich gerne bedienen und braucht ständig Bewunderung.
ART DER DURCHSETZUNG: Er kam, sah und siegte! Mutig und beherzt, mit lautem Gebrüll und imposantem Siegesgebahren TYP: der Bodybuilder	SEXUALITÄT: selbstbewußt, lustvoll-verspielt bis kraftvoll-dominant

TYPISCHE BERUFSBEREICHE: überall dort, wo Führungsstärke und Persönlichkeit verlangt werden sowie im künstlerisch kreativen Bereich: der Manager, der Goldschmied, der Konsul, der Showmaster, der Zirkusdirektor, der Regisseur, der Tennislehrer, der Dompteur, der Barkeeper, der Opernsänger, der Unternehmer, der Geschäftsführer, der Juwelier, der Politiker, der Organisator, der Repräsentant

LEITSATZ: Das Leben ist kurz, koste es aus.

Als männliches Such- oder Selbstbild entspricht der Löwe dem verspielten Sunnyboy, dem strahlenden Sieger. Mit gewinnendem Blick und einer lauter Stimme tritt er souverän auf und sprüht vor Lebensfreude und Vitalität. Gleichgültig ob er nun lässig, sportlich oder nobel daherkommt, sein äußeres Erscheinungsbild läßt seine Vorliebe für teure Markennamen erkennen. Er ist überall dort anzutreffen, wo gesellschaftliches Treiben herrscht, wo man sich zeigt und wo Spiel und Spaß angesagt sind.

Seine Stärke ist sein Selbstvertrauen, seine zuversichtliche Unternehmungslust und seine selbstverständliche Großzügigkeit. Das Abseits und der Hintergrund sind nicht für ihn gemacht. Ihn drängt es stets vorn auf die Bühne, ins Rampenlicht, in den Mittelpunkt der Aufmerksamkeit. Dort versteht er es, sich großartig in Szene zu setzen und die Bewunderung einzustreichen, für die er so viel zu tun bereit ist. Was immer er organisiert oder plant, ist ein großer Wurf. Kleine Fische läßt er dafür schwimmen. Seine Ziele erreicht er vielfach schon durch seinen unerschütterlichen Glauben an sich selbst. Es liegt in seiner Natur, die Führung zu übernehmen und die Detailarbeit lieber anderen zu überlassen. Sein beherztes Engagement und seine offensichtliche Freude sind dabei so ansteckend, daß er auch andere für seine Sache zu begeistern vermag. Er liebt das Risiko, und es reizt ihn, immer wieder seine Kräfte zu messen. Dabei wirft er sich gekonnt und siegesbewußt ins Zeug, um an seinen Gegnern lautstark und in eindrucksvoller Pose vorüberzuziehen.

Selbstzweifel kennt er nicht, und während andere sich in Bescheidenheit üben, sonnt er sich im rechten Licht. Von seiner eigenen Wichtigkeit geblendet, kann er allerdings durchaus den Blick für die wirklichen Wichtigkeiten im Leben verlieren. In der verzerrten Form oder wenn es ihm an Reife fehlt, wirkt er bisweilen wie ein übermütiges Kind mit Starallüren, das sich in eine zwanghafte, narzißtische Selbstdarstellung versteigt. Durch seine Abhängigkeit von Beachtung und Bewunderung ist er dann so sehr auf Publikum angewiesen, daß er kaum Zeit findet, sich unabhängig von anderen wahrzunehmen. Er läuft dabei Gefahr, seine Kräfte zu überschätzen, verleugnet jegliche Schwäche und brennt so allmählich innerlich aus.

Seine berufliche Selbstverwirklichung findet selten in einem Hinterzimmer statt. Er sucht sich schon früh einen Platz an der Sonne. Da er gerne Verantwortung für andere übernimmt und selbst den Ton angibt, entfaltet er seine Fähigkeiten am besten in einer führenden oder selbständigen Position. Er ist es gewohnt, stets von sich aus die Initiative zu ergreifen und braucht genügend Freiraum für seine Entscheidungen.

Muß er sich zu sehr unterordnen oder anpassen, kommt es schnell zu Autoritätskonflikten. Überläßt man ihm aber das Zepter, kann er ein besonnener, großzügiger Chef sein, der mit seinem ehrlichen Engagement und seiner Herzlichkeit eine integrierende Kraft darstellt und seine Angestellten verantwortungsbewußt leiten und bestens motivieren kann.

Die Frau seines Herzens gewinnt er durch sein unwiderstehliches Lächeln und seine Fähigkeit, sich beim Flirten stets von seiner Schokoladenseite zu zeigen. Er umhüllt die Auserwählte mit einem Hauch von Luxus und gibt ihr das Gefühl, einzigartig und äußerst begehrenswert zu sein. Zurückweisungen nimmt er nicht als solche zur Kenntnis, sondern verbucht sie als Irrtum. Wer an seiner Werbung keinen Gefallen findet und seiner Person keine Aufmerksamkeit schenkt, ist seiner schlicht nicht würdig und muß eben auf seine Gunst verzichten.

Das Leben an seiner Seite ist dementsprechend großartig. Er liebt alles Schöne, Teure und Luxuriöse und freut sich, wenn ihm nahestehende Menschen daran teilhaben. So verwöhnt er seine Liebste, schmückt sie wie eine Prinzessin und führt sie gerne aus, um sich mit ihr zu zeigen. Traute häusliche Zweisamkeit liegt ihm nicht so sehr wie das Bad in der Menge und vielfältigste gesellschaftliche Kontakte. Ebenso liebt er jegliche Formen von Amüsement und feiert die Feste gerne wie sie fallen. Als geborener Partylöwe und lebenslustiger Mann, fühlt er sich klar zu den äußeren Freuden des Lebens hingezogen. Aber auch wenn er ein noch so liebenswürdiger Mensch ist, kann sich die Frau an seiner Seite zeitweise wie in einem goldenen Käfig fühlen. Zum einen weil die Rolle der repräsentativen Partnerin vielleicht nicht für sie gemacht ist, zum anderen weil er in der Beziehung oft zu wenig Sinn für Gleichberechtigung hat. Er ist der König mit allen Sonderrechten, die er auch selbstverständlich jederzeit in Anspruch nimmt und sich von niemandem streitig machen läßt. Eine Frau aber, die es versteht, ihm formal die Führungsrolle zu überlassen, ihn für seine Erfolge lobt und ihm oft genug sagt, wie toll er ist, findet nicht nur sein Wohlwollen, sondern wird von ihm in jeder Hinsicht über und über verwöhnt.

Solange er die uneingeschränkte Aufmerksamkeit seiner Partnerin erhält, ist seine Liebe beständig. Wird er aber in seinem Stolz verletzt, indem er sich vernachlässigt fühlt, muß er ihr beweisen, wie begehrenswert andere Frauen ihn finden. Da er ein Meister des Flirts ist, bekommt er die gewünschte Aufmerksamkeit natürlich sehr schnell. Doch im Grunde seines Herzens ist er eigentlich treu und liebäugelt einfach nur immer wieder gern mit seinen Chancen, um sich seine Attraktivität zu bestätigen. Auch in der Sexualität ist er ein verspielter, lustvoller Liebhaber mit starker erotischer Energie, die seine Partnerin durch entsprechende Bewunderung aufs Höchste stimulieren kann.

Man vergrault ihn, wenn man ihn links liegen läßt, ihn kritisiert oder seiner Großzügigkeit mit Undank begegnet. Darin sieht er eine Majestätsbeleidigung, die er mit königlichem Zorn bestraft. Kommt es zum Streit, kann er sehr herrisch werden und – genügend Publikum vorausgesetzt – die Auseinandersetzung lautstark und dramatisch in Szene setzen. Ein Konflikt, der von anderen ausgeht, kommt für ihn einer Rebellion gleich, die er mit allen Mitteln niederzuschlagen sucht. Mit logischen Argumenten braucht man ihm nie zu kommen, denn er hat grundsätzlich immer recht, und wem das nicht sofort einleuchtet, der muß noch viel lernen. Wer sich mit ihm versöhnen will, muß Abbitte leisten, Reue zeigen und an seinen Großmut appellieren. Damit verfliegt sein Ärger sofort, und in seiner konzilianten Art vergißt er alle begangenen Verfehlungen schnell; denn nachtragend ist er nicht, und lange Querelen passen nicht zu seiner lebensfrohen Art.

Er ist ein stolzer und selbstbewußter Vater, der sich gern und überall mit seinen Kindern zeigt. Wann immer es seine Zeit erlaubt, ist er auch für Spiel und Spaß sofort zu haben. Natürlich verwöhnt er auch seinen Nachwuchs mit der ihm eigenen Großzügigkeit. Alles, was er dafür erwartet, ist Respekt und gutes Benehmen. Streng ist er nicht, aber auf Grund seiner natürlichen Autorität wissen seine Kinder genau, was sie zu tun haben. Natürlich hat er auch hohe Erwartungen in deren Zukunft. Dabei nimmt er zwar gerne seine eigenen Vorstellungen als Maßstab aller Dinge, ist dafür aber auch bereit, ihre Interessen und Begabungen in jeder Hinsicht zu fördern. Neben ihm groß zu werden ist nicht immer einfach, aber meist verbunden mit dem Erleben, einen engagierten, starken Vater gehabt zu haben.

Er ist kein tiefgründiger Grübler und gewiß auch kein gemütlicher Stubenhocker, dafür aber ein großmütiger, erfolgsgewohnter Lebemann mit der Fähigkeit, sich die schönen Seiten des Lebens aus vollem Herzen zu gönnen.

♍	Jungfrau als männliches Such- oder Selbstbild
♂	im männlichen Horoskop Selbstbild des jungen Mannes im weiblichen Horoskop Hauptsymbol von Animus und Suchbild
☉	im männlichen Horoskop Selbstbild des reifen/väterlichen Mannes im weiblichen Horoskop väterlich-ergänzender Anteil von Animus und Suchbild

ARCHETYP: der Wissenschaftler	ELEMENT: Erde
TYP: der Realist, der Praktiker	GRUNDHALTUNG: Möchte sich nützlich machen. Begegnet der Welt vorsichtig, kritisch und ohne große Illusionen.
REIFE FORM: der Pragmatiker, der Lebenstüchtige	NAIVE ODER VERZERRTE FORM: der Nörgler, der Spielverderber, der Perfektionist, der Kleinkarierte
STÄRKE: Tüchtigkeit, Fleiß, Realitätssinn, Genauigkeit, Sorgfalt, Sachlichkeit, Vernunft, Genügsamkeit, Geschicklichkeit	PROBLEMATIK: Engstirnigkeit, Haarspalterei, Kleinlichkeit, Übervorsicht, Mißtrauen, Humorlosigkeit
BEZIEHUNGSSTÄRKE: Der Mann, der sich zuverlässig an Absprachen hält und sich über Kleinigkeiten freut.	BEZIEHUNGSPROBLEMATIK: Läßt wenig Spielraum für Experimente und verschließt sich häufig emotional.
ART DER DURCHSETZUNG: Schritt für Schritt; gut geplant, methodisch und mit enormer Akribie. TYP: der Orientierungsläufer	SEXUALITÄT: erdhaft und gut kontrolliert, rücksichtsvoll, mit Fingerspitzengefühl

TYPISCHE BERUFSBEREICHE: alle Bereiche, wo wissenschaftlich gearbeitet wird, wo Genauigkeit, Präzision und exaktes Unterscheidungsvermögen verlangt ist: der Apotheker, der Lektor, der Uhrmacher, der Feinmechaniker, der Buchhalter, der Revisor, der Analytiker, der Ökonom, der Mathematiker, der Steuerberater, der Archivar, der Notar, der Bewährungshelfer, der Ernährungsberater, der Pädagoge, der Handwerker

LEITSATZ: Quäle dich nicht! Organisiere!

Als männliches Such- oder Selbstbild entspricht der Jungfrautyp einem nüchternen, praktischen Realisten, dem man die Zuverlässigkeit schon von weitem ansieht. Sein Auftreten ist ohne Schnörkel, sein Blick wach und aufmerksam und seine Stimme lebhaft. In seinem äußeren Erscheinungsbild wirkt er eher schlicht, wenn nicht sogar unauffällig. Man begegnet ihm überall, wo konzentriert gearbeitet wird, wo die vielleicht nicht so spektakulären, aber elementaren Dinge des Lebens passieren.

Seine Stärke liegt in seiner praktischen Vernunft, seinem Sinn für das Zweckmäßige und in seiner Liebe zum Detail. Ihn treibt die Lust an der Perfektion. Seine Vorgehensweise hat System und orientiert sich an nüchternen Fakten. Als versierter Kräfteökonom versteht er es, gut zu haushalten und setzt Energien nur dort ein, wo sie den größtmöglichen Nutzen erzielen können. Niemand vermag so gut wie er, die Spreu vom Weizen zu trennen. Sein rascher Verstand läßt ihn sofort erkennen, ob etwas zweckmäßig oder zwecklos, schädlich oder hilfreich ist. Diese Begabung, von der er gern Gebrauch macht, läßt ihn zu einem exzellenten Kritiker und Überprüfer werden, der alles genau unter die Lupe nimmt. Ebenso sorgfältig prüft und plant er auch seine eigenen Ziele Schritt für Schritt. In seiner erdhaften Art hat er etwas sehr Trockenes, was ihn in Verbindung mit einer guten Portion Humor sehr liebenswürdig macht, humorlos allerdings sehr langweilig und bieder erscheinen läßt.

In der verzerrten Form kann ihn diese Veranlagung zu einem recht peniblen Menschen werden lassen, mit sehr engherzigen, schablonenhaften Maßstäben, den auch schon kleine Abweichungen von der Regel zutiefst irritieren. Dann klebt er mit entnervender Verbissenheit an nackten Fakten und mißtraut allem, was sein Verstand nicht fassen kann. Hinter seiner betont nüchternen Art verbirgt sich der Versuch, nach außen hin seine große Unsicherheit und seine Verletzlichkeit zu verbergen. Die ungeheure und unberechenbare Vielfalt des Lebens erscheint ihm dann wie ein alles bedrohendes Chaos, das es unbedingt mit Vernunft zu bekämpfen gilt. Das macht ihn nicht nur in vieler Hinsicht äußerst kleinlich und unbeweglich, sondern läßt ihn auch immer wieder und immer krampfhafter versuchen, seinen Alltag und seine Umgebung in engste Raster zu zwängen. Durch eine absolute Planung und Kategorisierung hofft er, auch unvorhersehbare Ereignisse rechtzeitig erkennen, kontrollieren und verhindern zu können. Diesem Drang nach Berechenbarkeit aller Eventualitäten opfert er dann womöglich seine gesamte Spontaneität und Lebensfreude.

Seine Selbstverwirklichung sucht er in einem nützlichen Beitrag zum Wohle der Allgemeinheit. Mit seinem sozialen Verantwortungsbewußtsein und seiner Freude an Ordnungssystemen, ist es für ihn eine Genugtuung, sich als Teil eines größeren Ganzen zu erleben, der zuverlässig für den reibungslosen Ablauf des Unternehmens sorgt. Ist dabei auch noch sein wissenschaftlicher Geist und sein Forscherdrang gefragt, weiß er sich ganz und gar am richtigen Platz. Ob es sich dabei für andere um einen Traumberuf handelt, interessiert ihn nicht, solange ihm die Wichtigkeit seiner Funktion bewußt ist. Am wohlsten fühlt er sich ohnehin in der zweiten Reihe und überläßt es gerne anderen, sich wagemutig oder selbstgefällig weit aus dem Fenster zu lehnen. Er weiß genau, daß er sich durch seine sorgfältige, zuverlässige Art sehr bald unentbehrlich gemacht hat. Es macht ihm Spaß, das Gute immer noch ein bißchen besser zu machen, wodurch er manchmal auch pedantisch oder zwanghaft erscheint. Doch ist es gerade seine Freude am Detail und sein unermüdliches Schaffen, das ihm tiefe Befriedigung gibt, während Untätigkeit seine nörglerische, zynische Seite heraufbeschwört.

Auch bei seinen Eroberungen kann man ihm Kopflosigkeit nicht nachsagen. Einer Frau, die ihn interessiert, nähert er sich vorsichtig und unaufdringlich. Meist kennt er seine Auserwählte schon lange zuvor und hat genau geprüft, ob sie die Richtige ist und welche Chancen er bei ihr hat. Kommt er zu dem Schluß, daß es sich lohnt, macht er sich mit Fleiß an die »Arbeit«. Bluff, große Gesten und vordergründige Schmeicheleien liegen ihm nicht. Ihr Herz gewinnt er vielmehr nach und nach mit seinem eigenwilligen Humor und vor allem, indem er sich nützlich macht und sich so lange als zuverlässiger, geschickter und lebenstüchtiger Freund erweist, bis er ihr unentbehrlich geworden ist.

Er ist ein gewissenhafter Partner, auf den man sich verlassen kann und der seine praktischen Fähigkeiten vor allem auch im Alltag beweist. Wo immer er etwas in die Hand nimmt, ist seine Sorgfalt und die Liebe zum Detail spürbar. Auch im Umgang mit seiner Partnerin zeigt er viel Fingerspitzengefühl und beruhigende Klarheit in schwierigen Situationen. Will man ihm schmeicheln, sollte man ihn genau dafür bewundern und ihm sagen, wie sehr man seine Tüchtigkeit und seinen Pragmatismus schätzt. Zwar mag das Leben an seiner Seite nicht immer aufregend und schillernd sein, dafür aber bürgt er für ein hohes Maß an Stabilität, denn natürlich steht er zu dem, was er geprüft und wofür er sich einmal entschieden hat. Zudem ist er kompromißbereit und in der Lage, sich dort problemlos anzupassen oder Sparsamkeit zu üben, wo er die Notwendigkeit dazu erkennt. Er hat keine übertriebenen Ansprüche und erwartet nicht, daß das Unmögliche möglich wird, was ihn im Zusammenleben wohltuend zufrieden sein läßt. In seiner aufmerksamen, zurückhaltenden Art versteht er es, seiner Partnerin mit kleinen Gesten und ohne große Worte das Gefühl zu geben, daß er sie zutiefst zu schätzen weiß.

Es ist für ihn selbstverständlich, sich an Abmachungen zu halten, und da er nicht sehr wagemutig ist, kommt er von sich aus kaum auf die Idee, untreu zu werden. Seine sexuelle Energie ist gemäßigt, aber konstant. Oft wird seine Art, sie auszuleben, als wenig aufregend und prüde beschrieben. Damit tut man ihm unrecht. Sicherlich ist er auch hier kein Abenteurer und kein Freund erotischer Kuriositäten, aber er hat eine behutsame Art und versteht es, seine erdige Sinnlichkeit gern und regelmäßig mit seiner Liebsten zu genießen. Er vermag sich aber auch gut zu kontrollieren und dort zu verzichten, wo nichts zu machen ist.

Man vergrault ihn, wenn man nachhaltig seine Ordnung stört, und er kann es sehr verübeln, wenn man sich nicht an Absprachen hält oder seinen Pflichten nicht nachkommt. Ebensowenig mag er es, wenn man ihn als phantasielos abstempelt und ständig über seine Spitzfindigkeiten witzelt. Kommt es zum Streit, wird er hart und packt dann buchhalterisch all die kritischen, teils bitteren Vorwürfe aus, die er sich bisher verkniffen hat. Als gewiefter Taktiker weiß er genau, wie er sie plazieren muß, damit sie ihre Wirkung nicht verfehlen. Seine Waffe ist die Akribie, mit der er die Argumente seiner Gegner schlagfertig zerpflückt und entschärft. Zugleich ist er so wendig und geschickt, daß man ihn selbst nur schwerlich fassen kann. Will man sich mit ihm versöhnen, muß man Vernunft beweisen und darf sich nicht zu weiteren emotionalen Vorwürfen oder fadenscheinigen Argumenten hinreißen lassen. In jedem Fall heißt das, die Streitbühne zu verlassen, sich mit einem vernünftigen Gespräch um die Annäherung der Fronten zu bemühen und nach handfesten und dauerhaften Problemlösungen zu suchen.

Als Vater nimmt er seine Pflichten ernst und ist darum bemüht, seine Kinder nicht zu verhätscheln, sondern ihnen das nötige Rüstzeug fürs Leben mitzugeben. Er ist ein gewissenhafter, praktischer und verantwortungsbewußter Vater, der eine Familie natürlich erst dann gründet, wenn er sicher ist, daß er sie auch ernähren kann, die Beziehung alltagstauglich ist und er seinen Kindern später eine solide Ausbildung ermöglichen kann. Manchmal wirkt er bei der Erziehung etwas spröde und streng, weil er Regeln aufstellt, die wenig Spielraum für Ausnahmen lassen. Dafür steht er aber auch selbst zuverlässig zu allen Vereinbarungen und zu dem, was er einmal zugesagt hat, und ist für seine Kinder mit Rat und Tat da, so oft sie ihn brauchen.

Er ist bestimmt kein übergroßer Lebensoptimist und auch nicht für Irrationales und Unerklärliches zu haben, dafür ist er aber ein rücksichtsvoller, aufrichtiger und zuverlässiger Partner, mit dem man gut den Alltag teilen kann.

♎ Waage als männliches Such- oder Selbstbild

♂ im männlichen Horoskop Selbstbild des jungen Mannes
im weiblichen Horoskop Hauptsymbol von Animus und Suchbild

☉ im männlichen Horoskop Selbstbild des reifen/väterlichen Mannes
im weiblichen Horoskop väterlich-ergänzender Anteil von Animus und Suchbild

ARCHETYP: der Künstler	ELEMENT: Luft
TYP: der Kavalier, der Gentleman, der Bohemien	GRUNDHALTUNG: Hat das Bedürfnis zu vermitteln. Begegnet der Welt mit Freundlichkeit und Charme.
REIFE FORM: der Diplomat, der Ästhet	NAIVE ODER VERZERRTE FORM: der Schönling, der Farblose, der Drückeberger, der Wendehals
STÄRKE: Geschmackssicherheit, Liebenswürdigkeit, Charme, Gerechtigkeitsempfinden, Ausgewogenheit, Fairneß	PROBLEMATIK: Halbherzigkeit, Aggressionshemmung, Ausweichmanöver, Unverbindlichkeit, Wankelmut
BEZIEHUNGSSTÄRKE: Der zuvorkommende, rücksichtsvolle Mann, der sich stets um eine angenehme Atmosphäre bemüht.	BEZIEHUNGSPROBLEMATIK: mangelnder Tiefgang im emotionalen Bereich und Negierung von Problemen
ART DER DURCHSETZUNG: Der Klügere gibt nach! Strategisch durchdacht und mit diplomatischem Geschick TYP: der Tänzer	SEXUALITÄT: kultiviert, liebevoll und charmant, mit einer Vorliebe für erotische Gedankenspiele

TYPISCHE BERUFSBEREICHE: überall dort, wo Austausch gepflegt wird, Kompromisse ausgehandelt werden, in der Freizeit- und Modebranche sowie im künstlerisch-gestalterischen Bereich: der Modeschöpfer, der Friseur, der Designer, der Dekorateur, der Entertainer, der Schlagersänger, der Tänzer, der Diplomat, der Friedensrichter, der Graphiker, der Atemtherapeut, der Schönheitschirurg, der Galerist, der Unterhändler, der Schlichter, der Kunstexperte, der Theaterdirektor, der Ehevermittler

LEITSATZ: Ich gebe dir ein eindeutiges Vielleicht!

Als männliches Such- oder Selbstbild entspricht das Zeichen Waage dem Typ des charmanten Kavaliers. Sein Auftreten ist höflich, kultiviert, und sein gepflegtes Erscheinungsbild zeugt von gutem Geschmack und Modebewußtsein. Mit seinem freundlichen Blick und seiner wohlklingenden Stimme gewinnt er schnell Sympathien. Er liebt das gesellschaftliche Leben, und so ist er bei den verschiedensten kulturellen Veranstaltungen anzutreffen, überall dort, wo Menschen zusammenkommen, um sich auszutauschen und zu amüsieren.

Seine Stärke liegt in seiner Kontaktfreudigkeit, seinem diplomatischen Geschick, seinem Sinn für Form und Förmliches und dem sehr feinen Gespür für Ästhetik und Ausgewogenheit. Als umgänglicher, unterhaltsamer Mensch, dem es nie an freundlichen Worten fehlt, weiß er immer, worüber man mit wem am besten spricht. Seine Liebe gilt den Harmonien, sei es in der Musik oder in anderen Künsten und natürlich im zwischenmenschlichen Bereich. Was er nicht erträgt, sind Mißklänge, Stilbrüche und Grobheiten jeder Art. Ihn drängt es, den Frieden und das Schöne in die Welt zu tragen, und er versteht es geschickt, Konflikte zu schlichten oder zumindest einen Waffenstillstand auszuhandeln. Dabei erweist er sich als kluger Stratege, der mit seinem exzellenten Sinn für ausgewogene Proportionen sehr gut die Kräfteverhältnisse abzuwägen versteht. Da er stets um Fairneß bemüht ist, leidet er nicht nur unter den Ungerechtigkeiten dieser Welt, sondern vermag auch in seinem Alltag nur zögerlich Entscheidungen zu treffen. Er braucht einfach viel Zeit, bis er beide Seiten so miteinander verglichen hat, daß ein optimales Urteil getroffen werden kann, eines, das beiden Teilen so gerecht wie möglich wird.

In der verzerrten Form kann ihn das auch handlungsunfähig machen. Dann wird er aus reiner Konfliktvermeidung zum rückgratlosen Standpunktwechsler, der seine Fahne einfach in den Wind hängt. Auch wirklich kluge und ausgewogene Entscheidungen bleiben dabei in der Luft hängen, vor allem, wenn bei ihrer Verwirklichung mit Widerständen zu rechnen ist. Statt seine Ideen in die Tat umzusetzen, überläßt er es lieber anderen, die Initiative zu ergreifen und Profil zu zeigen. Damit er nicht selbst in Zugzwang gerät, verbirgt er seinen Wankelmut hinter einer Wolke charmanter Worthülsen und einer zwar wohlklingenden, aber windigen Jasagerei. Doch auch wenn er ganz ohne Ecken und Kanten ist, macht das den Umgang mit ihm nicht nur einfach, denn in seiner geschliffenen, höflich zuvorkommenden Art weicht er allem so geschickt aus, daß man bei ihm nur noch in die Luft greift.

Seine Selbstverwirklichung liegt überall dort, wo er im Team arbeiten kann, vor allem aber in zwischenmenschlichen Bereichen, wo Kontakte zu knüpfen, Konflikte zu schlichten und Gegensätze auszugleichen sind. Dort, wo Lösungen gefunden und Strategien erarbeitet werden müssen, beweist er seine geistige Wendigkeit. Daher eignet er sich sehr gut für beratende Tätigkeiten. Mit seinem diplomatischen Geschick ist er aber auch ein hervorragender Akquisiteur, ein geschickter Unterhändler und ein guter Vermittler, und selbstverständlich liegt ihm auch der gesamte Bereich von Kultur und Kunst, wo er sich sowohl theoretisch wie auch künstlerisch-gestaltend entfalten kann. Autoritätsprobleme mit Vorgesetzten sind bei ihm genauso selten wie Konflikte im Kollegenkreis.

Verliebt er sich in eine Frau, ist er in seinem Element und sprüht vor Charme. Das Flirten scheint ihm in die Wiege gelegt zu sein. Wie kein anderer versteht er es, seiner Herzensdame stilvoll den Hof zu machen, sie zu eleganten und gepflegten Anlässen auszuführen und sie überall und jederzeit gekonnt, locker und charmant zu unterhalten, ohne dabei je aufdringlich zu werden. Manchmal zögert er aber auch unentschlossen, bis von weiblicher Seite ein deutliches Zeichen kommt, denn auf das Risiko einer Zurückweisung läßt er sich nur ungern ein.

Das Leben mit ihm hat Stil. Es ist geprägt vom Sinn für die feine Lebensart und voller Begegnungen mit immer neuen Menschen, die man bei verschiedensten gesellschaftlichen Anlässen, bei Ausstellungen oder im Theater trifft. Zumeist gehen diese Kontakte nicht sehr tief, vielmehr sind sie, wie überhaupt alles bei ihm, eher locker und leichtfüßig. So läßt auch das Zusammenleben mit ihm beiden Partnern genügend Spielraum zur Eigenentfaltung. Anstelle von Revierkämpfen gibt es fein ausgeklügelte Spielregeln, an denen er als friedliebender Mensch sehr gerne und so lange feilt, bis es – zumindest theoretisch – keine Konflikte mehr geben kann. Als oberste Maxime gelten dabei Fairneß, Gleichberechtigung und Rücksicht. Daß manch vermiedener Streit nur halbwegs gut verdrängt als Sprengsatz unter der Beziehung liegt, übersieht er gern. Meist zieht er sich galant aus der Affäre, bevor es zur großen Explosion kommt und hält mit dieser Vogel-Strauß-Politik auch in schwierigen Zeiten seine heile Welt aufrecht. So zeigt er zwar viel Kompromißbereitschaft, bleibt aber manch konkrete Antwort schuldig, und die Leichtigkeit, mit der er zeitweise über emotionale Bedürfnisse hinwegzuschweben scheint, kann auch verletzend sein. Die Partnerschaft mit ihm ist sicherlich angenehm und friedlich, läßt aber manchmal an Tiefe und Intensität zu wünschen übrig. Will man ihm schmeicheln, so sollte man ihn für seinen Charme, seine kultivierte Gewandtheit und seinen ebenso feinen wie sicheren Geschmack bewundern.

Aus eigenen Impulsen wird er kaum untreu sein, aber als Mensch, der keine Erwartungen enttäuschen mag und schlecht nein sagen kann, ist er dennoch leicht verführbar. Seine sexuelle Energie ist eher moderat und ein liebeshungriger Heißsporn ist er sicherlich nicht. Er zieht das anmutig verspielte, erotische Knistern, die Kunst der gekonnten verbalen Verführung einer schweißtreibenden Leidenschaftlichkeit vor. Ihm ist die geistig-ästhetische Ebene einer Beziehung meist wichtiger als das körperlich Erotische.

Man vergrault ihn leicht, wenn man seinen Geschmack beleidigt, seine kunstvoll gestalteten Modelle mit Füßen tritt und vor allem, wenn man ihn zu schnellen Entscheidungen drängt und ihn obendrein auch noch darauf festlegen will. Einen Streit versucht er so lange wie möglich zu vermeiden. Wenn es aber dennoch dazu kommt, reagiert er kühl und geht auf Distanz, um ja nicht in Versuchung zu geraten, seine gute Kinderstube zu vergessen. Als kluger Stratege versucht er zunächst die Argumente seines Gegenübers zu entkräften, bevor er – geistig wendig – mit wohlüberlegten, objektiven Begründungen den Kampf für sich zu entscheiden sucht. Wie ein geübter Schachspieler ist er stets um einen klaren Kopf bemüht und läßt sich nur schwerlich zu unbedachten Reaktionen hinreißen. Die Versöhnung mit ihm fällt nicht schwer, und meistens geht sie ohnehin von ihm aus. Er leidet so sehr unter einem schiefen Haussegen, daß er ein Friedensangebot sehr schnell annimmt, zumal ihm Harmonie viel wichtiger ist, als zu gewinnen oder Recht zu behalten.

Theoretisch kann er sich Familie und Kinder gut vorstellen und sieht sich dabei auch als idealen Vater. In der Realität tut er sich aber nicht immer leicht mit den konkreten Anforderungen an seine erzieherische Autorität. Auch hier kann er schlecht nein sagen und läßt sich von seinen Sprößlingen entsprechend einfach um den Finger wickeln. Er ist ihnen ein guter Freund und aufmerksamer Zuhörer und bemüht sich, ihnen neben all seinen anderen Interessen zeitlich gerecht zu werden. Doch werden sie trotzdem im Vergleich zu seiner Partnerin selten an erster Stelle stehen. Damit die Beziehung im alltäglichen Einerlei nicht untergeht, unternimmt er viel mit ihr und ist darauf bedacht, ein gesundes Maß an gegenseitiger Achtsamkeit zu erhalten.

Er ist weder ein markanter Matador noch ein einfühlsamer Tröster, dafür aber ein liebenswürdiger, zuvorkommender Mann, mit einem ausgeprägten Sinn für Fairneß und die kultivierten Seiten des Lebens.

♏	Skorpion als männliches Such- oder Selbstbild
♂	im männlichen Horoskop Selbstbild des jungen Mannes im weiblichen Horoskop Hauptsymbol von Animus und Suchbild
☉	im männlichen Horoskop Selbstbild des reifen/väterlichen Mannes im weiblichen Horoskop väterlich-ergänzender Anteil von Animus und Suchbild

ARCHETYP: der Magier	ELEMENT: Wasser
TYP: der Furchtlose, der Unwiderstehliche, der schwarze Ritter	GRUNDHALTUNG: Läßt sich nicht in die Karten blicken. Begegnet der Welt unbeirrbar, eindringlich und machtvoll.
REIFE FORM: der Heiler, der Forscher, der Alchemist	NAIVE ODER VERZERRTE FORM: der Extremist, der Zerstörer, der Diktator, der Sadist
STÄRKE: Engagement, Leidenschaftlichkeit, Gründlichkeit, Risikobereitschaft, Intensität, Seelenstärke, Charisma, Furchtlosigkeit	PROBLEMATIK: Skrupellosigkeit, Manipulation, Dominanz, Machthunger, Brutalität, Gnadenlosigkeit, Sarkasmus
BEZIEHUNGSSTÄRKE: Der Mann, der auch in Krisenzeiten nicht gleich das Handtuch wirft.	BEZIEHUNGSPROBLEMATIK: Neigt zu Machtspielen und glühender Eifersucht.
ART DER DURCHSETZUNG: Koste es, was es wolle! Manipulativ und zäh bis hin zur Selbstzerstörung TYP: der Extremsportler	SEXUALITÄT: leidenschaftlich, tabulos und fordernd mit starker Triebhaftigkeit

TYPISCHE BERUFSBEREICHE: überall dort, wo es um Tiefes und Verborgenes geht oder wo absoluter Einsatz gefordert ist, vor allem in gesellschaftlichen Tabuzonen und im therapeutisch-medizinischen Bereich: der Chirurg, der Gynäkologe, der Detektiv, der Bestatter, der Kriminalinspektor, der Wachmann, der Bergarbeiter, der Müllmann, der Tunnelbauer, der Höhlenforscher, der Atomphysiker, der Hypnotiseur, der Tiefenpsychologe, der Kanalarbeiter, der Okkultist, der Forscher, der Chemiker, der Steuerberater

LEITSATZ: Was mich nicht umbringt, macht mich stärker!

Als männliches Such- oder Selbstbild verbirgt sich hinter dem Skorpion der schwarze Ritter, ein Mann von charismatischer Ausstrahlung und großer Anziehungskraft. Sein Auftreten ist lautlos, sein durchdringender Blick forschend, manchmal stechend und seine Stimme suggestiv. In seinem Äußeren liegt etwas Unwiderstehliches und sein Erscheinungsbild prägt sich nachhaltig ein, weil es meist markant und extrem ist. Man trifft ihn überall dort, wo es um das Eigentliche geht, um das Spannende und Lebenshintergründige.

Seine Stärke ist seine seelische Kraft, die ihm Macht verleiht, aber auch sein fast unheimliches Gespür für Schwachstellen jeder Art. Er macht sich gern unsichtbar und bevorzugt den Platz im dunklen Hintergrund. Von dort aus nimmt er Einfluß auf das Geschehen. Ihn treibt ein faustischer Drang in die Tiefe. Das Verborgene, Verbotene zieht ihn ebenso magisch an, wie alle Schatten- und Grenzbereiche, in denen er sich instinktsicher bewegt. Vor allem Tabus sind von besonderer Faszination für ihn, und in ihrer Überschreitung liegt für ihn oft ein unwiderstehlicher Reiz. Wo immer er mit seinem Mißtrauen hinter einer unauffälligen oder gar schön gestalteten Oberfläche einen modrigen Untergrund wittert, drängt es ihn, diesen aufzudecken. So legt er mit Fleiß seinen Finger auf die Schwachstellen der Gesellschaft und entlarvt aufgeblähte Selbstdarsteller, indem er seinen Stachel treffsicher in die Stelle bohrt, bei der ihnen die Luft ausgeht. Daß er sich damit nicht nur Freunde schafft, stört ihn wenig, da sein Drang nach Wirksamkeit in der Regel größer ist als sein Taktgefühl.

In der verzerrten Form wird er – durchaus selbstquälerisch – von einem Zwang getrieben, alles zu kontrollieren und selbst dort noch tiefer zu bohren, wo die Schmerzgrenze schon längst überschritten ist. Sein Engagement geht dann bis zur Selbstaufgabe und wächst an jedem Widerstand. Hat er sich auf ein Ziel fixiert, verfolgt er es mit unerschrockener Entschlossenheit, die sogar Züge von Besessenheit annehmen kann. Versucht man ihn dabei aufzuhalten, bekommt man seine gnadenlose Härte zu spüren. Sein Machthunger und seine Kompromißlosigkeit haben für andere etwas Bedrohliches und machen ihn vielfach zum Einzelgänger. Er verläßt sich nur auf sich selbst und pflegt ein hohes Maß an Mißtrauen gegenüber der Welt. Nicht zuletzt sieht er in den eigenen Schwächen seinen größten Feind, was ihn zu ungeheurer Selbstkontrolle veranlaßt. In seiner ganzen Art ist er kompromißlos, skrupellos, furchtlos, maßlos, aber niemals harmlos.

Seine Selbstverwirklichung findet er vor allem in Grenzbereichen, die vordergründig wenig Beachtung finden und selten fürs Rampenlicht geeignet sind. Er interessiert sich für alles, was die Gesellschaft verboten und verdrängt hat, weil es für ihn erst dort spannend wird und er gerade dort die eigentlichen, essentiellen Werte vermutet. Ihn fasziniert der »Seelenmüll« genauso wie alles andere, was Menschen achtlos fortwerfen und verdrängen. Bei alledem ist er ein zäher Einzelkämpfer, der gewohnt ist, seine Entscheidungen alleine zu treffen. Für Teamarbeit hat er wenig Sinn. Viel lieber hält er alle Fäden selbst in der Hand, denn er will Macht und versteht es, sie auch auszuüben. Dabei drängt es ihn nicht in die höchste, sondern in die entscheidende Position. Entzieht man ihm den Einfluß oder beschneidet seine Machtbefugnisse, wehrt er sich mit allen Mitteln, und die sind gewiß nicht immer fair.

Will er eine Frau für sich gewinnen, setzt er auf seine Unwiderstehlichkeit. Doch muß sie schwer zu gewinnen sein, denn ihn reizt die Jagd zumeist mehr als die Beute. Hat er die Schwererreichbare gefunden, entfaltet er ein eindrucksvolles Repertoire magischer Künste, um sie zu verzaubern. Es scheint, als würde er an einem verlockenden Ort ein Netz aus unsichtbaren Fäden spinnen, um sie mit magnetischen Kräften hineinzuzwingen. Dort hypnotisiert er sie mit seinem geheimnisvollen Blick, bis sie ihm mit Haut und Haar verfallen ist.

Das Leben mit ihm ist spannend und intensiv; denn alles andere interessiert ihn nicht. Geradlinig und harmonisch verläuft es selten, dafür faszinieren ihn Gefahren zu sehr. Da er aber die Lage trotz aller Widrigkeiten meist im Griff hat, geht man an seiner Seite nicht so leicht unter. Trotzdem sollte seine Partnerin nicht überempfindlich sein und mit seiner Unberechenbarkeit leben können. Seine Gefühle sind tief, aber – wie alles bei ihm – extrem. So kann er ungeheuer lieben, aber auch abgrundtief hassen. In kritischen Phasen zeigt er sich allerdings nicht nur krisenfest, sondern auch bereit, sehr viel für die Beziehung zu tun und gemeinsam an der Lösung von Problemen zu arbeiten. Denn wo immer etwas faul ist, stolpert er bald darüber und tut dann sein Bestes, das Hindernis zu beseitigen. Diese Ernsthaftigkeit im Beziehungsalltag ist seine Art, seine tiefe Verbundenheit und Liebe zu seiner Lebensgefährtin zum Ausdruck zu bringen. Will man ihm schmeicheln, so muß man seine Unwiderstehlichkeit und seine seelische Stärke bewundern. Aber jede Schmeichelei, die nicht ganz und gar ehrlich und selbstlos ist, sondern berechnend eine Absicht verfolgt, wird er gnadenlos aufdecken. Auf spontane Gefühlsäußerungen wartet man bei ihm vergebens. Nur seine Eifersucht kann er schlecht verbergen. Dies sind die Momente, wo man erahnt, daß seine äußere Härte nur eine Schutzmaske ist, hinter der er seine große seelische Verletzbarkeit verbirgt.

Treue ist für ihn ein heikles Thema. Selbstverständlich verlangt er sie bedingungslos von seiner Partnerin. Bei der unheimlichen Anziehung, die alles Heimliche für ihn hat, wird sie aber nie wirklich ergründen können, was er selbst in aller Verschwiegenheit tut. Die Sexualität ist seine Domäne und seine männliche Energie ist immens. Nette Harmlosigkeiten interessieren ihn genausowenig wie prüde Biederkeit. Er ist ein leidenschaftlicher Liebhaber, der natürlich auch in diesem Bereich die intensive Erfahrung jenseits aller Tabugrenzen sucht und seine Partnerin dabei in das lustvolle Reich der Sinne entführt.

Vergraulen kann man ihn mit bierseliger Brüderlichkeit, aber auch, indem man vor ihm kapituliert. Manchmal gleicht das Zusammenleben mit ihm einem permanenten Machtkampf. Die Besonderheit liegt darin, daß für ihn die Beziehung solange unauflösbar ist, wie der Kampf anhält. Streckt aber seine Partnerin die Waffen oder macht sich sogar zum Opfer, verliert er schnell das Interesse und sucht sich ein anderes Gegenüber, an dem er sich wieder die Zähne ausbeißen kann. Ein Streit mit ihm ist kein Zuckerschlecken. Er ist ein gefährlicher Gegner, der sich nicht in die Karten blicken läßt und seinen giftigen und stets treffsicheren Pfeil dann abschießt, wenn keiner damit rechnet. Ihn selbst zu überwinden, ist nahezu unmöglich, weil man ihn nicht zu fassen bekommt. Die einzige Art, ihn zu besiegen, liegt darin, sich völlig von ihm abzuwenden und jegliche Fortsetzung des Konflikts zu verweigern. Wenn er spürt, daß seine Pfeile wirkungslos abprallen, richtet er seine Waffen gegen sich selbst. Bis er sich wieder versöhnen kann, braucht es Zeit, da er nur langsam verzeiht und nur schwer vergißt. Will man die Auseinandersetzung beilegen, muß man eine Unterwerfungsgeste machen. Aber Vorsicht! In ihr muß stets ein unbeugsamer Stolz zu spüren sein, denn wenn sie zu bedingungslos und devot gemacht wird, verliert er jeglichen Respekt und wendet sich ab.

Auch in der Vaterrolle zeigt sich seine engagierte Lebenshaltung. Seine Sprößlinge liebt er abgöttisch, läßt aber keine Zweifel aufkommen, daß seine Autorität unantastbar ist. Schon früh lehrt er sie, wie man sich im Leben zurechtfindet und sich auch in schwierigen Situationen niemals unterkriegen läßt. Aus Überzeugung erzieht er sie zur Selbstdisziplin und kann sie dabei mit seiner Härte und Unnachgiebigkeit auch manchmal überfordern. Das kann ihn zu einem strengen, emotional unnahbaren Übervater machen. Daß er alles nur aus Liebe zu seinen Kindern tut, ist dann kaum noch spürbar. Dabei leidet er selbst am meisten an seiner Unfähigkeit, Schwäche und Berührbarkeit zuzulassen. Doch würde er letztlich wirklich alles für sie tun.

Er ist kein verspielter Schmusebär, kein seichter Sprücheklopfer und auch kein harmloser Charmeur, dafür aber ein faszinierender, zu tiefsten Gefühlen fähiger Mann, der vor allem in kritischen Zeiten seine seelische Stärke beweist.

♐ Schütze als männliches Such- oder Selbstbild

♂ im männlichen Horoskop Selbstbild des jungen Mannes
im weiblichen Horoskop Hauptsymbol von Animus und Suchbild

☉ im männlichen Horoskop Selbstbild des reifen/väterlichen Mannes
im weiblichen Horoskop väterlich-ergänzender Anteil von Animus und Suchbild

ARCHETYP: der Hohepriester, der Missionar	ELEMENT: Feuer
TYP: der Globetrotter, der Entdecker, der Optimist	GRUNDHALTUNG: Glaubt an das Gute im Menschen. Begegnet der Welt aufgeschlossen und mit Zuversicht.
REIFE FORM: der Gönner, der Kosmopolit, der Edelmann	NAIVE ODER VERZERRTE FORM: der Besserwisser, der Eingebildete, der Inquisitor, der Prahlhans, der Gönnerhafte
STÄRKE: Weitblick, Erkenntnisfähigkeit, Toleranz, Großzügigkeit, Optimismus, Offenheit, Wohlwollen, Überzeugungskraft	PROBLEMATIK: Übertreibung, Belehrung, Fanatismus, Arroganz, Blasiertheit, Rechthaberei, Unbelehrbarkeit, Anmaßung
BEZIEHUNGSSTÄRKE: Der Mann, der seine Partnerin mit Rat und Tat unterstützt und fördert.	BEZIEHUNGSPROBLEMATIK: Ist sich für alltägliche Notwendigkeiten häufig zu schade.
ART DER DURCHSETZUNG: Der Glaube versetzt Berge! Voller Zuversicht und Selbstvertrauen TYP: der Hochspringer	SEXUALITÄT: freiheitsliebend, tugendhaft und leicht stimulierbar durch exotische Reize

TYPISCHE BERUFSBEREICHE: überall dort, wo langfristige Projekte und effektvolle Wirkung erzielt werden soll, sowie im Bildungs- und Rechtswesen: der Richter, der Anwalt, der Spekulant, der Werbefachmann, der Handelsreisende, der Auslandskorrespondent, der Geograph, der Ethnologe, der Entwicklungshelfer, der Philosophieprofessor, der Prediger, der Missionar, der Dirigent, der Reiseführer

LEITSATZ: Wer angibt, hat mehr vom Leben!

Als männliches Such- oder Selbstbild steht der Schütze für einen Edelmann mit weitem Horizont, gehobener Bildung und noblen Manieren. Sein Auftreten ist vornehm, sein Blick stets zuversichtlich und weltoffen, und in seiner Stimme schwingt ein Brustton der Überzeugung. In seinem Äußeren liegt etwas Erhabenes, das manchmal auch überheblich wirken kann. Sein Erscheinungsbild ist imposant, zumal er typischerweise von großer Statur ist. Man begegnet ihm überall dort, wo große Projekte und Visionen entworfen werden, in gebildeten Kreisen oder auf Reisen in ferne Länder.

Seine Stärke liegt in seinem starken Glauben, seiner Weitsicht und seiner Überzeugungskraft. Weil er es liebt, anderen die Wahrheiten zu verkünden, die er für sich gefunden hat, ist sein Platz überall dort, wo er gut gehört wird. Ihn drängt es in die Ferne zu immer neuen Horizonten. So ist er der Weltbürger, der Freundschaften und Kontakte in allen Kontinenten pflegt, aber auch der innerlich Reisende, der sich stets um die Erweiterung seines geistigen Horizonts bemüht. Mit seiner ganzen Seele ist er ein Optimist, der selbst Unmögliches für machbar hält und mit seinem Enthusiasmus auch andere motivieren und anstecken kann. Und weil er niemals die Hoffnung verliert und so sehr an sich und den Sieg des Guten glaubt, gelingt ihm auch vieles schon allein auf Grund seiner positiven Lebenseinstellung.

Zwar engagiert er sich auch in der verzerrten Form noch gerne für das Gute in der Welt, ist dann aber so sehr von seinem Edelmut euphorisiert, daß er sich aus »gutem Grund« auch manchen Übergriff und manche Kompetenzüberschreitung gestattet. Wird er dafür kritisiert, reagiert er entrüstet und höchst empört, zumal wenn man ihm Selbstgerechtigkeit, Anmaßung oder gar Eitelkeit vorhält. Wenn er in seiner großspurigen Art alle Bedenken beiseite fegt und konkrete Fakten einfach übergeht, wirkt er sehr dünkelhaft und äußerst arrogant. Seine angemaßte Scheinbildung entpuppt sich dann als maßlose Einbildung, die joviale Haltung verkommt zur hohlen, gönnerhaften Geste, und sein Hang zu Schönfärberei, Zweckoptimismus und grenzenloser Übertreibung wird unübersehbar. Selbst einfachste Handlungen versucht er dann noch mit pathetischer Geste als Glanzstück darzustellen. Wird seine Selbstüberzeugung allerdings tatsächlich einmal erschüttert, kann er mit dem gleichen Enthusiasmus auch in tiefste Hoffnungslosigkeit abstürzen.

Seine Selbstverwirklichung liegt in seinem großen Sendungsbewußtsein, sei es als öffentlicher Verkünder großer Wahrheiten in Politik und Kultur oder als Reisender, der internationale Kontakte knüpft und pflegt. In jedem Fall fühlt er sich zu Höherem berufen und schlägt sich nicht gern mit Kleinkram herum. Er weiß um seine Möglichkeiten und möchte daher auch eine entsprechende berufliche Position erreichen. Dank seinem unerschütterlichen Glauben an seine Fähigkeiten, seinem Riecher für den richtigen Augenblick und seiner glücklichen Hand, gelingt ihm dies auch meist, ohne daß er sich auf unschöne Machtkämpfe einlassen muß. Um seinem Expansionsbedürfnis und seinem Unternehmergeist ungehindert nachgeben zu können, drängt es ihn ohnehin, sich früher oder später selbständig zu machen.

Wenn es darum geht, die Frau seines Herzens zu gewinnen, wird er zum edlen Ritter, dem die Rolle des Eroberers auf den Leib geschrieben ist. An Zuversicht, Charme und Selbstvertrauen mangelt es ihm dabei nicht. Mit weltmännischem Flair macht er ihr den Hof, beeindruckt durch seine große Bildung, seine Großzügigkeit und gibt ihr zu verstehen, daß die Zukunft an seiner Seite in jeder Hinsicht vielversprechend ist. Dabei vermag er nicht nur gut zu flirten, sondern weiß auch, wie er seine Angebetete motiviert. Gekonnt schmeichelt er ihrem Selbstvertrauen, indem er sie immer wieder mit Komplimenten überschüttet und ihr sagt, wie toll sie ist.

Das gemeinsame Leben mit ihm ist sehr bewegt. Natürlich muß er seiner Liebsten alle Plätze dieser Welt zeigen, an denen er zu Hause ist. Und das ist nicht nur in aller Herren Länder, sondern auch in den Gebieten, in denen er geistig bewandert ist. So gehört das gesamte Kulturprogramm ebenso zum Beziehungsalltag wie regelmäßige größere und kleinere Reisen. Zudem unterstützt er seine Partnerin jederzeit in ihren eigenen Plänen und Projekten. Er erwartet nicht, daß sie sich ihm anpaßt, doch muß er spüren, wie sehr sie zu schätzen weiß, welch echter Glücksfall er für sie ist. Ihm zu schmeicheln ist leicht. Eigentlich kann man ihn einfach für alles bewundern, vor allem aber mag er seine Weitsicht, seine hohen Ideale und seinen Edelmut anerkannt und gewürdigt wissen. So gesehen kann man es sich an seiner Seite wirklich gutgehen lassen. Selbst in schwierigen Alltagssituationen versteht er es, aus allem immer das Beste zu machen und nach großzügigen Lösungen zu suchen. Dennoch gibt es natürlich auch mit ihm nicht nur alle Tage Sonnenschein. Seine Selbstgefälligkeit kann penetrant hochnäsige Züge annehmen, und in seiner Selbstgerechtigkeit genehmigt er sich durchaus Freiheiten, die er seiner Partnerin nicht einzuräumen bereit ist. Diese unterschiedlichen Rechte versucht er mit moralischen Argumenten zu rechtfertigen, die zumeist nur für ihn selbst überzeugend klingen.

In Sachen Treue weht bei ihm ein liberaler Geist. Da er keine Enge erträgt, kann er sich auch auf keine Abmachungen einlassen, die ihm spießig oder pedantisch erscheinen. Vertrauen ist für ihn die Basis jeder

Verbindung, während Mißtrauen deren Wurzeln zerfrißt. Seine sexuelle Energie ist leicht entflammbar, insbesondere auch durch exotische Reize. Wenn sie nicht zwischen scheinheiliger Verklärtheit oder moralischer Enge verklemmt und verbrämt ist, vermag er sie sehr lustvoll und lebendig mit seiner Partnerin zu teilen.

Man vergrault ihn, wenn man immer wieder seine edlen Motive in Frage stellt oder wenn man ihm gegenüber nachhaltig mißtrauisch ist. Darauf reagiert er empört und mit Verachtung. Im Streit kann er sich sehr echauffieren, und je hitziger er wird, um so mehr wird er zu einem rechthaberischen Besserwisser und fanatischen Eiferer. Natürlich hat er aus seiner Sicht schlußendlich immer die besseren und überzeugenderen Argumente. Seine Waffe ist der moralische Bannstrahl, mit dem er sein Gegenüber so niedermachen kann, daß es dem Entzug der bürgerlichen Ehrenrechte gleichkommt. Daß er sich dabei selbst zum Maßstab von Recht und Tugend macht, versteht sich von selbst. Will man sich mit ihm versöhnen, muß man zumindest ein Minimum an Einsicht zeigen. Denn eigentlich hat er ja – aus seiner Sicht – zu hundert Prozent recht, und damit seine Belehrungen nicht ganz umsonst waren, muß er das Gefühl haben, daß zumindest ein Funke seiner Botschaft angekommen ist. Nachtragend ist er nicht, lieber kehrt er so bald wie möglich zu seiner positiven, optimistischen Grundstimmung zurück.

Der Gründung einer Familie steht er offen gegenüber, solange er sich dadurch nicht zu sehr in seinen großen Plänen einschränken muß. Häuslichkeit liegt ihm nicht besonders, doch vertraut er darauf, daß sich letztlich für jedes Problem eine zufriedenstellende Lösung finden läßt. Als Vater vermittelt er den Kindern seine positive Grundhaltung und ermuntert sie in all ihren Unternehmungen stets das Optimum anzustreben. Das kann natürlich auch zu unrealistischen Erwartungen führen, was die Zukunft seiner Sprößlinge anbelangt. In seinen Ansichten ist er grundsätzlich tolerant und kann Dummheiten leicht verzeihen, es sei denn, er sieht seine Großzügigkeit ausgenutzt oder nicht wertgeschätzt. Solange er sich aber als Vorbild geachtet fühlt, ist seine Gutmütigkeit fast grenzenlos. Mit seinem liberalen Geist ist er seinen Kindern vor allem während der Jugendjahre ein guter Kamerad, der ihnen gern »seine« große weite Welt zeigt.

Er ist bestimmt kein praktisch veranlagter Alltagsmensch und auch kein feinfühliger Zuhörer, dafür aber ein weltoffener Partner mit großen Visionen und einem unerschütterlichen Glauben, daß alles seinen Sinn hat und ein gutes Ende nimmt.

♑	Steinbock als männliches Such- oder Selbstbild
♂	im männlichen Horoskop Selbstbild des jungen Mannes im weiblichen Horoskop Hauptsymbol von Animus und Suchbild
☉	im männlichen Horoskop Selbstbild des reifen/väterlichen Mannes im weiblichen Horoskop väterlich-ergänzender Anteil von Animus und Suchbild

ARCHETYP: der Patriarch	ELEMENT: Erde
TYP: der Macher, der Asket, der Tatkräftige, der Zuverlässige	GRUNDHALTUNG: Hält sich an Regeln und Pflichten. Begegnet der Welt mit Ernsthaftigkeit und Verantwortungsbewußtsein.
REIFE FORM: die natürliche Autorität, der Träger großer Verantwortung	NAIVE ODER VERZERRTE FORM: der Verbitterte, der Sklaventreiber, der Griesgram, der Eigenbrötler
STÄRKE: Disziplin, Einsatzwille, Ehrgeiz, Konzentrationsfähigkeit, Ausdauer, Verantwortungsbereitschaft, Pflichtbewußtsein, Zuverlässigkeit	PROBLEMATIK: Verbissenheit, Unnachgiebigkeit, Humorlosigkeit, Prinzipienreiterei, Überforderung, Verkrampfung, Verschlossenheit
BEZIEHUNGSSTÄRKE: Der Mann, der hält, was er verspricht.	BEZIEHUNGSPROBLEMATIK: Ist emotional oft schwer erreichbar und toleriert keine Abweichung von der Regel.
ART DER DURCHSETZUNG: im Schweiße des Angesichts, geradlinig, zielorientiert und mit zäher Ausdauer TYP: der Marathonläufer	SEXUALITÄT: ausdauernd und tief erlebnisfähig, wenn er nicht unter Leistungsdruck gerät

TYPISCHE BERUFSBEREICHE: überall dort, wo Ausdauer und Disziplin gefragt sind, vor allem auch in der Politik und als Verantwortungsträger im öffentlichen Leben: der Staatsmann, der Bürgermeister, der Soldat, der Polizist, der Staatsanwalt, der Lehrer, der Bildhauer, der Bergführer, der Treuhänder, der Architekt, der Baumeister, der Maurer, der Bergarbeiter, der Geologe, der Offizier

LEITSATZ: Durch Anstrengung zu den Sternen!

Als männliches Such- oder Selbstbild steht der Steinbock für den Macher, einen ehrgeizigen, pflichtbewußten und tatkräftigen Mann, der verantwortungsbereit und zuverlässig ist. Sein Auftreten ist korrekt, gelegentlich etwas steif, sein Blick konzentriert, seine Stimme kräftig und klar und manchmal etwas knurrig. Sein markantes Profil läßt seinen starken Willen ebenso erkennen wie seinen Wirklichkeitssinn und seine Konsequenz. Man trifft ihn entweder allein auf weiter Flur oder aber an Orten, wo wichtige Entscheidungen getroffen werden, wie etwa im Wirtschaftsleben oder auf dem politischen Parkett.

Seine Stärke liegt in seiner Disziplin, seiner ungeheuren Beharrlichkeit und einem Durchsetzungswillen, der am Grad der Schwierigkeit noch wächst. Wo Spitzenleistungen gefordert werden, fühlt er sich berufen. Kein Gipfel ist zu hoch, keine Aufgabe zu schwer, keine Herausforderung zu groß, um ihn wirklich abzuschrecken. Zwar überlegt und prüft er anfangs gründlich und erwärmt sich nur sehr langsam für ein Projekt. Wozu er sich aber einmal entschlossen hat, davon ist er nur noch schwerlich abzubringen. Bei alledem gleicht er einem Marathonläufer, der mit seinen Zielsetzungen immer wieder versucht, über sich selbst hinauszuwachsen und sich seinen Erfolg allein im Schweiße seines Angesichts hart erkämpft. Dabei vermag er lange Zeit auf vieles zu verzichten, ohne zu klagen. Oft geht er bis an die Grenzen seiner psychischen und physischen Belastbarkeit und erlebt seine tiefste Befriedigung, wenn das Werk vollbracht ist.

In der verzerrten Form wird er sehr unbeweglich. Dann ist er zwanghaft darum bemüht, immer alles richtig zu machen und fühlt sich durch Fehler und Abweichungen von der Norm höchst verunsichert. Hilfe kann er dann nur schwerlich annehmen, und mit jeder aufkommenden Schwierigkeit kapselt er sich mehr und mehr ab oder stürzt sich noch tiefer in die Arbeit. Schulmeisterlich belehrt er dann andere, was sich gehört und was verboten ist, was richtig und was falsch ist. Mit seinem übermäßigen Pflichtbewußtsein kann er seine Umwelt tyrannisieren und denjenigen mit Verachtung strafen, der sich Freiheiten herausnimmt, die er für unzulässig hält. Letztlich macht er sich so selbst zum Sklaven seines rigorosen Pflichtbewußtseins und seiner engherzigen Welterklärungsmodelle, ohne zu bemerken, daß er allmählich eine Mauer der Einsamkeit um sich herum errichtet.

Natürlich genießt er es wie jeder andere Mensch, gesellschaftliche Anerkennung zu finden. Seine Selbstverwirklichung aber liegt dort, wo er weiß, daß er seine Pflicht erfüllt und seiner Verantwortung nachgekommen ist, auch wenn er dafür kein großes Echo bekommt. Seine berufliche Laufbahn verläuft geradlinig und ohne Abkürzungen. Wohl überlegt plant er seine Karriere und ist bereit, zugunsten einer guten beruflichen Position private Interessen zurückzustellen. Für verantwortungsvolle Aufgaben und langfristige Projekte ist er geradezu prädestiniert. Gewinnt man ihn für ein Team, ist er ein höchst zuverlässiger Partner, der sich seine Zusagen zwar lange überlegt, dann aber sein Letztes gibt, um seinen Beitrag pünktlich und perfekt einzubringen. Für persönliche Animositäten hat er keinerlei Verständnis und ist deshalb auch kompromißfähig, wenn es darum geht, sein eigenes Interesse zurückzustellen. In der Sache selbst aber ist er unnachgiebig hart; denn schließlich muß das Ergebnis den höchsten Ansprüchen – nämlich seinen eigenen – genügen.

Auch wenn es darum geht, die Frau fürs Leben zu finden, erweist er sich als zäher Bewerber, der mit seinem Durchhaltevermögen schon manchen Nebenbuhler mürbe gemacht hat. Doch bevor er startet, prüft er auch hier sehr nüchtern, welche Aussichten er hat. Er ist kein guter Verlierer, weniger weil er die Ablehnung fürchtet, sondern weil ihn die verlorene Zeit reut. Deshalb muß er sich schon echte Chancen ausrechnen und eine gute Gelegenheit erwischen, um sich ans Werk zu machen. Der Flirt ist nicht gerade seine Stärke, denn in seinem spröden Charme liegt nichts Verspieltes. Er ist, wie er ist: direkt, ungeschminkt, ehrlich und manchmal ziemlich trocken.

Das Leben mit ihm ist ernst; nicht todernst, aber doch von einer Nüchternheit durchzogen, bei der für Spiel und Spaß nur wenig Zeit übrigbleibt. Sein Alltag ist klar strukturiert und überschaubar. Er mag nicht improvisieren und erträgt weder Chaos noch Überraschungen, die seine Pläne durcheinander bringen. Dabei sind seine Vorstellungen was Beziehung anbelangt selten unrealistisch. Weil er sich keinen großen Illusionen hingibt, erlebt er auch keine nennenswerten Enttäuschungen. Gibt es in der Beziehung Schwierigkeiten, ist er sofort zu einer sachlichen Auseinandersetzung bereit. Für ihn ist es niemals eine Frage des Stolzes, einen Fehler zuzugeben. Er ist tatsächlich sehr darum bemüht, alles richtig zu machen, und darunter versteht er sachgerecht und absprachegemäß. Wird er aber darüber hinaus mit Gefühlserwartungen konfrontiert, die sich nun mal nicht organisieren, strukturieren oder regeln lassen, wird es für ihn schwierig. Nicht, daß er nicht ebenso tief wie aufrichtig fühlen könnte, aber diese Gefühle zu zeigen, ist wahrlich nicht seine Stärke. Wenn man ihm schmeichelt, lächelt er etwas verlegen. Dennoch tut es ihm gut, wenn vor allem seine enorme Arbeitskraft, sein eiserner Wille und sein hohes Maß an Verantwortung bewundert werden. Auch wenn er manchmal bärbeißig erscheint, sollte man wissen, daß sich hinter seiner harten Schale eine ehrliche Haut und viel Herz verbirgt. So gesehen kann man mit ihm wirklich gut alt werden, zumal wenn mit den Jahren sein großer Ehrgeiz einer reifen, humorvollen Gelassenheit weicht.

Treue ist für ihn eine Selbstverständlichkeit und ebenso wie andere Abmachungen für beide Partner verbindlich. Wo er sich einmal entschieden hat, schielt er selten nach anderen Möglichkeiten, und deshalb ist die Ehe für ihn die ideale Beziehungsform. Seine sexuelle Energie ist enorm, und trotzdem vermag er sie wie kein anderer zu kontrollieren. Solange er nicht unter Leistungsdruck gerät, ist er ein ausdauernder Liebhaber, der zu tiefem Erleben fähig ist.

Man vergrault ihn, wenn man sich als unzuverlässig erweist. Ebensowenig erträgt er ständig wechselnde Launen, Starallüren oder großmäulige Angeberei. Wenn er merkt, daß sich bei ihm ein Schmarotzer eingenistet hat, setzt er ihn zügig vor die Tür. Im Streit wird er knallhart, bleibt aber auch in heftigsten Auseinandersetzungen so diszipliniert, daß er nie die Beherrschung verliert. Seine Waffen sind Härte und Standfestigkeit, und wo ihm der Konflikt aussichtslos und unlösbar erscheint, kann er sich schroff abwenden, ohne sich je wieder umzudrehen. Will man sich mit ihm versöhnen, muß man ihm eine Friedensofferte machen, die sachliche Vorschläge enthält, wie das strittige Thema zukünftig gelöst, umgangen oder besser gehandhabt werden kann. Erscheinen ihm die Vorschläge tauglich, nimmt er sie an und ist bereit, auch seinen Beitrag zu leisten. Aber vergessen wird er die Auseinandersetzung nicht, schon gar nicht, bevor sich die neuen Absprachen bewährt haben.

Die Gründung einer Familie ist für ihn eine wohl zu überlegende Entscheidung. Er ist sich der damit verbundenen Verantwortung durch und durch bewußt. Verspürt er kein Bedürfnis nach Kindern, wird er auch keinerlei Hehl daraus machen. Entschließt er sich aber zu diesem Schritt, ist er ein sehr gewissenhafter Vater, der sich darum bemüht, stets ein Vorbild zu sein. Er setzt ihnen einen festen Rahmen, innerhalb dessen sie sich aber frei entfalten können. Dafür erwartet er von ihnen, daß sie sich stets an Spielregeln und Absprachen halten, an die er sich selbst in gleichem Maße gebunden sieht. So behandelt er sie schon früh als kleine Persönlichkeiten und nimmt sie als Gegenüber ernst. Schwierig wird für ihn die Zeit der Pubertät. Fehlt es ihm an wohlwollender Toleranz und humorvoller Gelassenheit, kann seine Autorität für die Heranwachsenden leicht zur Zielscheibe ihrer Rebellion werden.

Er ist sicherlich weder ein großer Charmeur noch ein verträumter Romantiker, und sprühende Spontaneität hat ihm noch niemand nachgesagt, dafür ist er aber ein durch und durch integerer und trittfester Weggefährte, mit dem man viele Gipfel erklimmen kann.

♒	**Wassermann** **als männliches Such- oder Selbstbild**
♂	im männlichen Horoskop Selbstbild des jungen Mannes im weiblichen Horoskop Hauptsymbol von Animus und Suchbild
☉	im männlichen Horoskop Selbstbild des reifen/väterlichen Mannes im weiblichen Horoskop väterlich-ergänzender Anteil von Animus und Suchbild

ARCHETYP: der Humanist	ELEMENT: Luft
TYP: der Individualist, der Exzentriker, der Revolutionär	GRUNDHALTUNG: Liebt es, aus der Reihe zu tanzen und zu überraschen. Begegnet der Welt tolerant, aber eigenwillig.
REIFE FORM: der Philosoph, der Freigeist, der Erfinder	NAIVE ODER VERZERRTE FORM: der Anarchist, der Rebell, der Sonderling, die Extrawurst, der Snob, der Schrullige
STÄRKE: Einfallsreichtum, Originalität, Humor, Abstraktionsvermögen, Toleranz, Kombinationsgabe, Freigeist, Theorie	PROBLEMATIK: Sprunghaftigkeit, Unzuverlässigkeit, Unberechenbarkeit, Nervosität, Ticks, Spleens, Praxis
BEZIEHUNGSSTÄRKE: Der Mann, den Offenheit und Toleranz zum guten Freund machen.	BEZIEHUNGSPROBLEMATIK: Läßt sich nicht wirklich ein und weicht der Verantwortung aus.
ART DER DURCHSETZUNG: mit List und Tücke! Theoretisch, unverbindlich und mit Überraschungseffekt TYP: der Fallschirmspringer	SEXUALITÄT: wenig triebhaft, mit Freude am Ungewöhnlichen und einer Vorliebe für geistige Genüsse

TYPISCHE BERUFSBEREICHE: überall dort, wo neue Ideen und innovative Gedanken, technisches Verständnis und Flexibilität gefragt sind und wo freie Mitarbeit und Teilzeitarbeit möglich ist: der Computerfreak, der Programmierer, der Ökologe, der Soziologe, der Erfinder, der Marketingchef, der Werbefachmann, der Pilot, der Elektrotechniker, der Zukunftsforscher, der Alternativmediziner, der Supervisor, der Choreograph, der Astrologe, der Techniker

LEITSATZ: Ich bin ein Original und keine Kopie!

Als männliches Such- oder Selbstbild steht der Wassermann für einen Individualisten, einen originellen, einmaligen und manchmal auch etwas schrulligen Mann. Sein Auftreten ist lässig und unkonventionell, sein Blick unruhig und seine Stimme hell und beschwingt. Man sieht ihm an, daß er ein bunter Vogel ist, in dessen Erscheinungsbild irgendwo stets etwas Ausgefallenes zu entdecken ist. Man begegnet ihm überall dort, wo der Zeitgeist weht und auf Grund seiner Unberechenbarkeit auch dort, wo man ihn zuallerletzt erwarten würde.

Seine Stärke liegt in seinem Ideenreichtum und seinen Überraschungseffekten. Mit seinem fröhlichen Wesen, seiner Offenheit und Toleranz macht ihn das alles zu einem beliebten Gesprächspartner und guten Freund. Sein Platz ist nicht im Zentrum, sondern ex-zentrisch, in Randgebieten, Außenbezirken, einfach außerhalb des Rahmens. Sich anzupassen liegt ihm nicht, und fremden Erwartungen entspricht er nur ungern. Er ist der geborene Rebell, der sich mit der Norm sehr schwer tut und sich deshalb lieber in ein Niemandsland begibt oder Freiräume aufsucht, wo er nach seinen eigenen Regeln und Gesetzen leben kann. Dabei kann er auch durchaus unflexibel und eigenbrötlerisch wirken und alles andere als offen für Neues sein. Was ihn treibt, ist die Suche nach dem Ungewöhnlichen, Besonderen, nach Utopia. Er liebt es, Ideen auszubrüten, zu experimentieren, sich neue Modelle und Problemlösungen auszudenken, die das menschliche Miteinander erleichtern. Dabei kommt ihm seine erstaunliche Vorstellungskraft ebenso zugute wie sein blitzschnelles Kombinationsgeschick. Manche Ideen sind wirklich genial, andere hören sich nur so an und viele sind der Zeit einfach noch sehr weit voraus.

In der verzerrten Form wird seine Eigenart – zumindest für andere – auch ein Problem. Dann wird sein Wunsch nach Individualität so zwanghaft, daß er sich grundsätzlich und in allen Handlungen anders verhalten muß, als man es erwartet. Originell zu sein um jeden Preis wird dann zu einem gnadenlosen Pflichtprogramm, mit dem er oft genug albern und lächerlich wirkt, weil es so offensichtlich konstruiert und durchschaubar ist. Zusammen mit einem durchaus snobistischen Dünkel drängt ihn das immer mehr in die Isolation. Er selber wird diese Außenseiterposition damit erklären, daß die anderen ganz einfach geistig noch nicht so weit sind wie er. Aber selbst wenn er damit Recht haben sollte, führt ihn dieser Weg in eine weltfremde Pseudorealität, die allein für ihn existiert und Gültigkeit hat. Dort pflegt er in stolzer Resignation sein Image als verkanntes Genie.

Seine Selbstverwirklichung sieht er überall dort, wo er festgefahrene Strukturen aufbrechen und geistiger Vater neuer Entwicklungen sein kann. Ein starker Experimentierdrang und eine stete Unruhe drängen ihn immer zu neuen Ufern. So verläuft sein beruflicher Weg selten geradlinig, sondern ist geprägt von Quereinstiegen, abrupten Richtungswechseln und unverhofften Zufällen. Eigentlich ist er der typische Freiberufler, denn als Angestellter bekommt er sofort Probleme mit der Norm und mit seinem Vorgesetzten. Seine Fähigkeit liegt in der freiwilligen Zusammenarbeit in einem Netzwerk, bei dem er seine Ideen, Erfindungen und unkonventionellen Lösungen einbringen kann. Was seine Karriere anbelangt, hat er selten große Ambitionen, schon gar nicht im herkömmlichen Sinn. Nur wenn er seinen eigenen Weg gehen und die Dinge in seiner Art tun kann, ist er wirklich zufrieden. Und sofern seine genialen Ideen nicht bloß Hirngespinste bleiben, kann er damit große Erfolge haben.

Auch wenn es darum geht, eine Frau auf sich aufmerksam zu machen, ist er einmalig. Seine Eroberungskünste sind herrlich verrückt oder haben etwas Skurriles. Mit abgegriffenen Standardsätzen oder der obligaten Einladung zum Abendessen wird er seine Auserwählte sicher nicht langweilen. Tut er es doch, kann er dabei so neben den Schuhen stehen, so kompliziert und unbeholfen sein, daß es bereits wieder originell und liebenswürdig wirkt.

Das Leben mit ihm ist selten normal und ganz gewiß nicht eintönig. Er ist ein kurioser Typ, ausgefallen, witzig und voller Humor, der sich gegen jegliche Form von Alltagsroutine wehrt. Deshalb ist er entweder aus beruflichen Gründen viel unterwegs, oder er sorgt mit seinen Hobbys und seinen Freunden dafür, daß genug Abwechslung ins Leben kommt. Wenn er nicht selbst ständig etwas Neues erfindet, schleppt er immer wieder das Neueste vom Neuen ins Haus, weil er entweder davon überzeugt ist, daß man das heutzutage braucht, oder ganz einfach gerne up-to-date ist. Funktioniert einmal etwas nicht, kennt er sich mit den Tücken der Technik natürlich bestens aus. Und wenn er auch den Schaden nicht wirklich beheben kann, so kann er doch stundenlang eloquent über die theoretische Lösung des Problems philosophieren. Will man ihm schmeicheln, sollte man seine Originalität bewundern, seine Schrullen, Ticks und Spleens, auf die er – zumindest insgeheim – sehr stolz ist.

Natürlich ist er durch und durch ein Junggeselle, für den Bindung und Verbindlichkeit befremdliche Begriffe sind. »Freie Liebe für alle« lautet seine Devise, und das meint er wörtlich. Selbstverständlich gewährt er seiner Gefährtin alle Freiheiten, problematisch wird es nur, wenn sie ihm nicht ebenso eingeräumt werden. Seine sexuelle Energie ist nicht sonderlich ausgeprägt. Unter Männlichkeit versteht er weniger Muskelkraft oder Potenz, sondern vielmehr einen scharfen Intellekt und einen wendigen Geist. Ihn treibt nicht so sehr sein körperlicher Trieb, sondern die Neugierde und die Freude an außergewöhnlichen Erfahrungen mit interessanten Menschen. Er ist ein experimentierfreudiger Liebhaber, der sich auch im Bereich der Sexualität nicht für Normen der Gesellschaft interessiert oder sich vorschreiben läßt, was sich gehört. In seiner Vorstellungswelt ist er nicht festgelegt auf Geschlecht, Alter oder die Zweierzahl. Seine Sinnlichkeit erblüht in einem Umfeld von Freiheit, Toleranz und Offenheit. Auch rein platonische Beziehungen ziehen ihn an, zumal für ihn ein geistiger »Orgasmus« oft erregender ist als pure fleischliche Lust.

Vergraulen kann man ihn, wenn man ihn in eine Schablone oder Uniform zwängen will, ihm seine Freiheit und Unabhängigkeit zu beschneiden versucht oder mit moralischem Finger seine Libertinage verurteilt. Wenn es zum Streit kommt und er sich nicht gleich ganz entzieht, kämpft er eiskalt und unberechenbar. Dabei ist seine Waffe sein scharfer Intellekt, mit dem er manch überraschenden Effekt erzielt. Genaugenommen versteht er sich aber nur auf eine Auseinandersetzung, die per Schach entschieden werden kann. Eine direkte Konfrontation, zumal wenn sie lautstark geführt wird, ist ihm sehr zuwider. Will man sich mit ihm versöhnen, muß man mehr Verständnis für seine abstrakten Theorien zeigen und ihm wieder seinen Freiraum gewähren. Vor allem aber muß man bereit sein, mit ihm erneut die gemeinsamen Spielregeln zu definieren, weil er sich davon verspricht, daß dadurch ein nächster Streit vermieden werden kann.

Die Ehe als traditionelle Einrichtung ist für ihn eigentlich indiskutabel. Deshalb läßt er sich auf Familie und Kinder nur dann ein, wenn er sich deswegen nicht in konventionelle Alltagsstrukturen zwängen muß. Er kann sich gut vorstellen, Hausmann zu sein, allein schon deshalb, weil er dadurch einmal mehr aus dem üblichen Rahmen fällt. Familie ist für ihn ohnehin nie auf Blutsbande beschränkt, sondern findet überall dort statt, wo Gleichgesinnte zusammenkommen und Wahlverwandtschaften entstehen. Weil er weiß, wie wichtig ihm seine Freunde sind, unterstützt er die freundschaftlichen Kontakte seiner Kinder sehr. Er ist tolerant und gewährt ihnen viele Freiheiten. Sie eines Tages in die Eigenständigkeit zu entlassen, bereitet ihm wenig Mühe, da er dann schon längst mehr guter Freund als Vater für sie war.

Er tut sich schwer mit verbindlichen Abmachungen, und zuviel Leidenschaft ist nicht nach seinem Geschmack, aber wenn man verrückte Grillen und utopische Gedankenspiele ebenso mag wie seine gelben Latzhosen, dann hat man mit diesem Sonderling viel Freude.

♓	**Fische als männliches Such- oder Selbstbild**
♂	im männlichen Horoskop Selbstbild des jungen Mannes im weiblichen Horoskop Hauptsymbol von Animus und Suchbild
☉	im männlichen Horoskop Selbstbild des reifen/väterlichen Mannes im weiblichen Horoskop väterlich-ergänzender Anteil von Animus und Suchbild

ARCHETYP: der Prophet	ELEMENT: Wasser
TYP: der Künstler, der Hilfsbereite, der Verträumte	GRUNDHALTUNG: Sucht transzendente Erfahrungen. Begegnet der Welt phantasievoll und mit tiefem Mitgefühl.
REIFE FORM: der Seelsorger, der Mystiker	NAIVE ODER VERZERRTE FORM: der Chaot, der Intrigant, der Schmarotzer, der Außenseiter, der Süchtige, der Schwindler
STÄRKE: Intuition, Spiritualität, Medialität, Feingefühl, Hilfsbereitschaft, Mitgefühl, Verständnis, Hingabe, Inspiration, Phantasie, Kreativität	PROBLEMATIK: Willenlosigkeit, Rückgratlosigkeit, Instabilität, Umständlichkeit, Mutlosigkeit, Unselbständigkeit, Grenzenlosigkeit
BEZIEHUNGSSTÄRKE: Der Mann, der sich emotional öffnet und selbstlos lieben kann.	BEZIEHUNGSPROBLEMATIK: Mangelnde Bereitschaft, sich Schwierigkeiten zu stellen und Verantwortung zu übernehmen.
ART DER DURCHSETZUNG: Nichts wie weg! Agiert instinktsicher, häufig durch Verweigerung oder indem er sich entzieht. TYP: der Taucher	SEXUALITÄT: sehr verführbar, hingebungsvoll und zum tantrischen Liebesrausch fähig

TYPISCHE BERUFSBEREICHE: überall dort, wo Einfühlungsvermögen und Intuition gefragt sind sowie im sozialen und therapeutischen Bereich und in der Illusionskunst: der Samariter, der Seelsorger, der Gefängniswärter, der Krankenpfleger, der Musiker, der Maler, der Fotograf, der Filmemacher, der Zauberer, der Fischer, das Medium, der Chemiker, der Schnapsbrenner, der Geheimwissenschaftler, der Yogalehrer

LEITSATZ: Leben ist ein Traum. Verwirkliche ihn!

Als männliches Such- oder Selbstbild steht das Zeichen Fische für einen einfühlsamen und musisch begabten Künstlertyp, der oft eine tief spirituelle Ader hat. Sein Auftreten ist dezent, manchmal schüchtern, sein Blick weich, gelegentlich auch unsicher und seine Stimme eher leise, aber klangvoll. Oft paßt er sich in seinem Erscheinungsbild der jeweiligen Umgebung so sehr an, daß er zeitweise unsichtbar zu sein scheint. Man begegnet ihm an stillen, einsamen Orten, in Künstlerkreisen, in spirituellen Gemeinschaften oder in der Welt des Films.

Seine Stärke ist sein Mitgefühl, seine Hingabefähigkeit und seine erstaunliche Instinktsicherheit, auf die er sich gut verlassen kann. Gleich einem hochempfindlichen Seismographen nimmt er äußere Eindrücke auf und gewinnt so ein inneres Wissen für den richtigen Zeitpunkt. Oft erkennt er seine Ziele erst, wenn er sie über viele Umwege und verschlungene Pfade schon längst erreicht hat. Sein Feingespür läßt ihn nicht nur immer wieder das Richtige tun, sondern hilft ihm auch, gefährliche Klippen mit schlafwandlerischer Sicherheit und ohne Schaden zu umschiffen. Er hat eine ungeheure Phantasie, und seine Durchlässigkeit macht ihn zum Kanal für alle Schwingungen, seien sie feinstofflicher oder seelischer Natur. Mit großem Mitgefühl vermag er wie kein anderer, an den Sorgen und Nöten der Menschen Anteil zu nehmen. Zudem ist er ein einfühlsamer Zuhörer, von dem man sich zutiefst akzeptiert fühlt. Da er für alles Verständnis zeigt und weder richtet noch wertet, wird er oft zum Seelentröster, dem andere vertrauensvoll ihr Herz ausschütten. Seine Anteilnahme ist so aufrichtig und wohltuend, daß mancher, nachdem er sich bei ihm ausgeweint und seinen »Seelenmüll« ent-sorgt hat, tief erleichtert nach Hause geht.

In der verzerrten Form führt ihn sein grenzenloses Mitgefühl zur Selbstaufopferung. Dann ist seine Durchlässigkeit so groß geworden, daß er den Seelenschmerz seiner Umgebung unmittelbar als eigenes Leiden erlebt. Dadurch vermag er immer weniger zwischen sich und anderen zu unterscheiden, verliert sich selbst und findet sich im Leben immer schlechter zurecht. Er weicht dann der Wirklichkeit aus, erträumt sich Scheinlösungen und beharrt so naiv auf dem Glauben an das Gute in jedem Menschen, daß er sich schamlos ausnutzen läßt und letztlich einer kläglichen Opferrolle verfällt. Gelingt es ihm nicht, sich wieder auf die Wirklichkeit zu besinnen und wieder Boden unter den Füßen zu finden, versinkt er allmählich im Chaos und wird zum bedauernswerten Bild des ewigen Verlierers, der der Welt nur noch beweisen will, daß ihm nicht mehr zu helfen ist. Den Schritt zur Flucht in den Rausch und zu Süchten aller Art hat er dann zumeist schon längst getan. Dadurch wird er, der sich aus tiefster Seele nach Einheit sehnt, an den Rand gedrängt und zum Außenseiter der Gesellschaft.

Seine Selbstverwirklichung findet er meist erst nach langer Suche in Bereichen, wo er seiner Vorstellung und seinem Wunsch nach einer besseren, heileren Welt näher kommt. Sehr oft führt ihn das in die Welt der Kunst, zu Theater, Film oder Musik, wo das ersehnte Ideal zumindest als Illusion erschaffen werden kann. Und natürlich läßt ihn seine Hilfsbereitschaft und sein Mitgefühl oft eine soziale Tätigkeit ergreifen. Insbesondere in heilenden, seelsorgerischen Berufen und vor allem dort, wo es um feinstoffliche oder spirituelle Energien geht, vermag er seine Fähigkeiten zu entfalten. Allerdings sucht er sich seinen Beruf selten bewußt selbst aus, sondern wird viel eher von seinem Beruf gefunden. Karriere im herkömmlichen Sinne bedeutet ihm nicht so viel, und deshalb überläßt er auch klassische Führungsrollen gerne anderen. Dennoch nimmt er, wenn auch äußerlich kaum sichtbar, in subtiler Weise gerne Einfluß auf das Geschehen. Und wo es dem Ganzen und damit allen Beteiligten gut geht, erlebt er höchste Befriedigung, weil er spürt, daß er einen wesentlichen Beitrag dazu geleistet hat.

Wenn es darum geht, die Frau seines Herzens zu verzaubern, ist er in seinem Element. Sein weicher, sehnsuchtsvoller Blick, durchtränkt mit einem Hauch lasziver Sinnlichkeit, hat schon manche Frau schwach gemacht. Wie niemand sonst versteht er es, ihre Phantasie und ihre geheimen Wünsche zu stimulieren und ihr dabei das Gesicht zu zeigen, von dem er instinktiv spürt, daß es ihr Traumbild widerspiegelt. Damit ist er nicht nur der perfekte Verführer, sondern in diesem Moment auch der längst totgeglaubte Märchenprinz.

Das Leben mit ihm ist facettenreich und sicherlich auch immer wieder mal chaotisch. Er ist der Künstlertyp, der es versteht, den Alltag völlig auszublenden und seine Muse an den wunderbaren Bildern seiner Phantasiewelt teilhaben zu lassen. Am liebsten würde er nichts anderes tun, als in den Tag hineinzuleben und sich seinen Träumen völlig hinzugeben. Ihm zu schmeicheln ist leicht. Natürlich mag er für sein Einfühlungsvermögen, seine inspirierende Art und seine Hilfs- und Opferbereitschaft bewundert werden. Solange ihn niemand in einengende Strukturen zwängen will oder konsequentes Handeln von ihm fordert, ist er tief zufrieden. Erinnert ihn seine Partnerin aber von Zeit zu Zeit an die alltäglichen Notwendigkeiten oder wirft ihm gar mangelnden Realitätssinn vor, fühlt er sich ungerecht behandelt und zutiefst mißverstanden. Tatsächlich ist er jederzeit bereit, für andere seine eigenen Interessen zurückzustellen und alles stehen und liegen zu lassen, um sich liebevoll um sie zu kümmern. Daß es ihm dagegen in eigener Sache oftmals an der Entschlossenheit mangelt, die er für Belange anderer jederzeit aufzubringen vermag, ist für seine Partnerin nicht immer einfach mitanzusehen.

Treue ist für ihn ein sehr weit gefaßter, höchst unpräziser und durchaus dehnbarer Begriff. Seine Gefühle sind allumfassend, und er fühlt auch in Liebesangelegenheiten sozusagen universell. So kann sich dieser romantische Märchenprinz hin und wieder durchaus als ein mit allen Wassern gewaschener Schlawiner entpuppen. Wie alles andere hängt auch seine sexuelle Energie von der jeweiligen Stimmung ab. Männlichkeit und Potenz im herkömmlichen Sinne sind ihm eher suspekt, und auch das offensive Vorgehen ist nicht seine Stärke. Vielmehr entwickelt sich seine Lust an sexuellen Phantasien oder aber im Austausch mit seiner Muse, von der er sich gerne küssen und verführen läßt. Im Reich der Sinne ist er zu größter Hingabe fähig.

Man vergrault ihn, wenn man über seine Gefühle witzelt, ihn ständig mit nüchternen Fakten konfrontiert oder ihn zur Tüchtigkeit im Alltag erziehen möchte. Weil er sich seiner großen Verwundbarkeit bewußt ist, entzieht er sich gerne jedem Streit und weicht Auseinandersetzungen lieber von vornherein aus. Wie ein Tintenfisch hüllt er sich in undurchsichtige Nebelschwaden ein und taucht ab. Erwischt man ihn aber, hält ihn fest und versucht so, eine Auseinandersetzung zu erzwingen, geht er entweder in die Opferrolle oder entwindet sich dem Griff unmerklich mit Hilfe defensiver Verwirrspiele. Will man sich mit ihm versöhnen, muß man ihn eigentlich nur loslassen. Da der Konflikt nur in den Fällen von ihm ausgeht, bei denen er sich gegen Bevormundung wehren muß, erledigt er sich auch in dem Moment, in dem man ihn wieder in Ruhe weiterschwimmen läßt.

Auch in der Rolle als Vater zeigt er seine große Sensibilität in liebevoller und zärtlicher Fürsorge gegenüber seinen Kindern. Problemlos kann er sich in deren Phantasiewelt einfühlen und fördert schon früh ihre musischen Fähigkeiten. Zudem ist er ein geduldiger Zuhörer und verständnisvoller Berater. Auch in seiner Erziehung läßt er sich lieber von seiner Intuition als von klaren Regeln leiten und führt seine Schützlinge damit zumeist sehr gut ins Leben. Fühlt er sich jedoch von den Wünschen und Forderungen seiner Familie überfordert, kann er sich auch zeitweise völlig entziehen, indem er zwar physisch anwesend, aber für seine Umgebung trotzdem unerreichbar ist.

Er ist kein geschickter Taktiker, und die nüchterne Wirklichkeit ist bestimmt nicht seine Welt, dafür ist er aber ein einfühlsamer und hilfsbereiter Partner, mit dem man immer wieder traumhafte Momente erleben kann.

Aufwertung und Abwertung von Such- und Selbstbild

Die inneren Personen Vater, Mutter, Sohn und Tochter, die in den vorangegangenen Kapiteln als Prototypen geschildert wurden, sind in aller Regel nicht von Anfang an gleichberechtigt, harmonisch und ebenbürtig in uns angelegt. Es gibt Konstellationen, durch die sie auf- oder abgewertet werden, die uns den einen hoch- und den anderen minderwertig erscheinen lassen oder auch erstklassig oder zweitrangig, erstrebenswert oder sogar verächtlich. Diese Wertungen lassen sich vor allem aus den Aspekten ableiten, die von langsam laufenden Planeten auf den jeweiligen Such- oder Selbstbildplaneten geworfen werden. Die wichtigsten Aussagen machen dabei die Planeten Jupiter (♃) und Saturn (♄) und im weiteren Neptun (♆) und Pluto (♇), wohingegen die Aspekte von Uranus (♅) keine Wertung, sondern eine Aufspaltung bewirken, die im nächsten Kapitel besprochen wird.

Alles, was Jupiter (♃) in unserem Horoskop berührt, erleben wir als gut, edel, erstrebenswert, wertvoll und hervorragend. Es sind die Seiten unseres Wesens, auf die wir stolz sind, die wir gern vorzeigen, wo wir uns reich und beschenkt fühlen. Genau umgekehrt ergeht es uns zumindest zunächst mit den Aspekten von Saturn (♄). Vor allem in den Bereichen, die er kritisch berührt, fühlen wir uns arm, gehemmt, ängstlich oder zu kurz gekommen. Es sind Themen, derer wir uns schämen, die mit Mühe und Anstrengung verbunden sind, wo es immer wieder Enttäuschungen und Härten gibt, und die wir deshalb oft als minderwertig erleben. Zwar gehört es zu den wesentlichen Lebensaufgaben, die sich dem Horoskop entnehmen lassen, gerade in diesen saturnischen Bereichen zu wachsen, um die anfängliche Enge zu überwinden, das ändert aber nichts daran, daß wir uns dort zunächst einmal als schwach oder sogar wertlos erleben und diese Themen abwerten.

Alles, was Neptun (♆) im Horoskop berührt, erleben wir als idealisiert und verklärt, wobei diese Verherrlichung so weit gehen kann, daß das jeweilige Thema völlig abgehoben und in jeder Hinsicht als unfaßbar erlebt wird. Dagegen geht von Pluto (♇) eine dunkle Faszination aus, die oftmals eine Dämonisierung bewirkt und die entsprechenden Bereiche als tabuisiert, verwerflich, anstößig und verboten erscheinen läßt.

Wenn mehrere dieser Planeten einen Aspekt auf einen Such- oder Selbstbildplaneten werfen, können Aussagen entstehen, die in ihrer Widersprüchlichkeit zunächst irritieren, sich aber bei genauerer Betrachtung als sehr trefflicher Spiegel einer inneren Widersprüchlichkeit erweisen. Aber gerade bei Aspekthäufungen ist es hilfreich, die Intensität der einzelnen Aspekte voneinander zu unterscheiden. Dazu gibt es drei Kriterien:

1. *Die Genauigkeit des Aspektes.* Je gradgenauer ein Aspekt ist, um so stärker ist seine Wirkung, je ungenauer, das heißt je größer sein Orbis, um so nachgeordneter ist seine Wirkung.
2. *Die Art des Aspektes.* Am stärksten wirken Konjunktion (☌), Opposition (☍) und Quadrat (□), gefolgt von Trigon (△) und Sextil (⚹), während das Quincunx (⚻) und das Eineinhalbquadrat (⚼) eine geringere Wirkung haben. Die Bedeutung der übrigen Nebenaspekte ist so schwach, daß sie bei dieser Betrachtung vernachlässigt werden können.
3. *Die Stellung des Planeten, der den Aspekt bildet.* Wenn trotz der beiden vorgenannten Kriterien zwei Planeten als gleich stark erscheinen, entscheidet ihre Plazierung in Haus und Zeichen. Je nachdem, ob sie dort herrschen, erhöht sind, im Fall oder im Exil stehen, läßt sich entscheiden, welcher der beiden das größere Gewicht hat.

Die Art der Wertung hängt aber nicht nur von dem jeweiligen Planeten ab, sondern auch von der Art des Aspektes, den er bildet. Dabei muß man zwischen den harmonischen Aspekten Trigon (△) und Sextil (⚹) sowie den Spannungsaspekten Opposition (☍), Quadrat (□), Quincunx (⚻) und Eineinhalbquadrat (⚼) unterscheiden und – in diesem Fall – auch die Konjunktion (☌) im Sinne der Spannungsaspekte deuten. Im einzelnen bedeuten die Aspekte:

Auf- und Abwertungen durch Aspekte[1]			
PLANET		HARMONISCHER ASPEKT	SPANNUNGSASPEKT
♃	JUPITER	positive Bewertung, Hochschätzung	Überbewertung, kritiklose Überschätzung
♄	SATURN	nüchterne Bewertung, leichte Abwertung	negative Bewertung, Abschätzung
♆	NEPTUN	Idealisierung, Verklärung	Überidealisierung, Verschwommenheit
♇	PLUTO	Faszination, leichte Abwertung	Dämonisierung, Verachtung

Durch diese Betrachtung wird deutlich, wie die einzelnen Personen des inneren Beziehungsquartetts eingestuft werden. So kann die junge Frau abgewertet sein, weil Saturn neben der Venus steht, wohingegen ein Jupiteraspekt auf den Mond die reife oder mütterliche Frau verherrlicht, während ein Pluto-Sonne-Aspekt einen dämonischen Schatten auf den Vater wirft und ein freundlicher Neptunaspekt auf den Mars den jünglingshaften Helden idealisiert.

Darüber hinaus aber läßt sich aus diesen Aspekten auch ablesen, wie der Mensch ganz generell das Männliche und das Weibliche bewertet, ob er das eine Geschlecht als das eigentlich bessere, wichtigere, bedeutsamere und überlegene einstuft und auf das andere geringschätzig herabblickt oder es sogar dämonisiert und verachtet. Natürlich sollte man sich auch bei dieser Betrachtung stets vor Augen halten, daß das Horoskop nur die Anlage zeigt, nicht, was ein Mensch im Laufe seines Lebens daraus gemacht hat oder machen wird.

Zwei sehr gegensätzliche Beispiele können diese Wertungen veranschaulichen. Die starken Jupiteraspekte auf die weiblichen Planeten im Horoskop von Oswalt Kolle zeigen dessen ausgemachte Hochschätzung für das weibliche Geschlecht, die er in seiner

1 Natürlich sind diese Bewertungen nicht festlegend. Wie auch alle anderen Themen im Horoskop, zeigen diese Aspekte unsere Anlage. Ob es dabei bleibt oder ob wir reifen und diese Anlage zu Höherem entwickeln, steht nicht im Horoskop.

Tätigkeit als Aufklärer der Nation in den sechziger und siebziger Jahren in Buch und Film (»Die Frau, das unbekannte Wesen«) zum Ausdruck brachte. Wohingegen das Horoskop des Underground-Schriftstellers Charles Bukowski, den man wohl ungeniert einen Pornographen und einen höchst fragwürdigen Frauenhelden nennen darf, eine saturnale Abwertung der weiblichen Planeten Venus und Mond erkennen läßt, der eine joviale Verherrlichung des Männlichen gegenübersteht. Diese Haltung spiegelt sich in seinen Büchern (z.B. »Notes of a dirty old man«), in denen er mit pornographischer Detailfreude seine sexuellen Exzesse be-

Oswalt Kolle	02.10.1928 02:00:00 MEZ	
Kiel	010:08:00 O 54:20:00 N	01:00:00 GMT

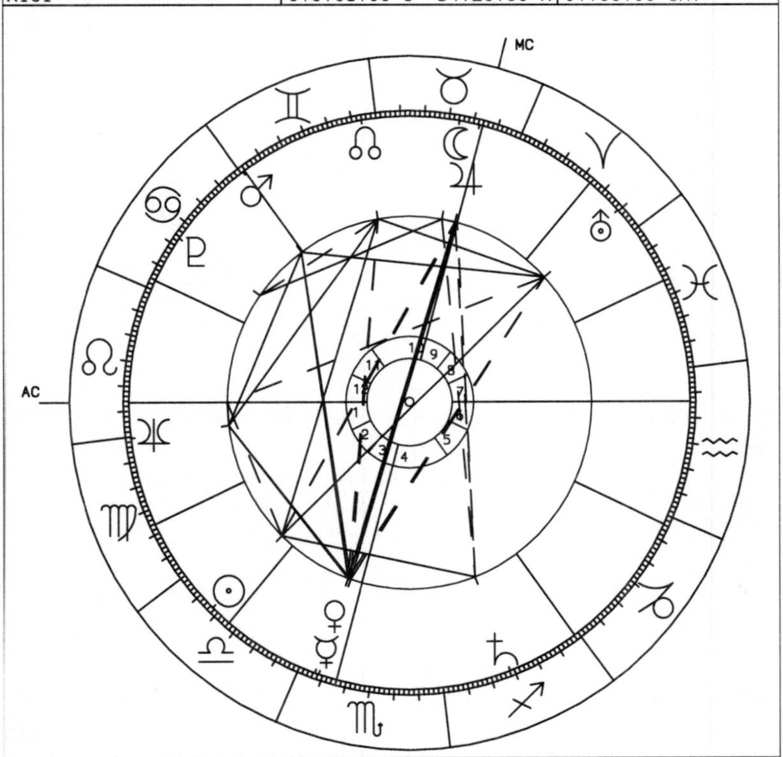

Oswalt Kolle brachte in den sechziger und siebziger Jahren als großer Volksaufklärer der Nation seine Hochschätzung für die Frau zum Ausdruck. Sein Horoskop zeigt diese Wertschätzung durch die starken Jupiteraspekte auf die weiblichen Planeten (♀☍♃ und ☾☌♃).

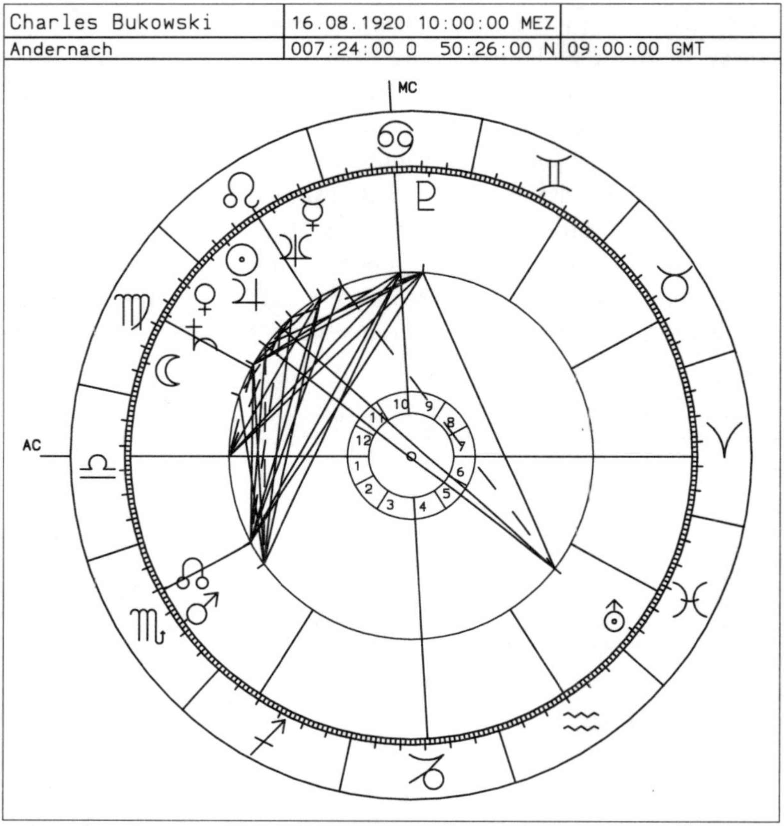

Das Horoskop des Underground-Schriftstellers Charles Bukowski spiegelt seine Verherrlichung des Männlichen in der Konjunktion von Jupiter und Sonne (☉☌♃) und dem (allerdings recht weitläufigen) Quadrat zu Mars (♂□♃), wohingegen die Saturnkonjunktion zu Venus und Mond (♀☌♄ und ☾☌♄) seiner Frauenverachtung entspricht.

schreibt, bei denen Frauen benutzt und zu Gebrauchsgegenständen degradiert werden.

Die Auswirkungen dieser inneren Bewertungen sind äußerst vielfältig und lassen sich nicht auf eine kurze Formel bringen. Dementsprechend wäre es eine höchst unergiebige Sisyphusarbeit, wollte man alle denkbaren Kombinationen beschreiben. Dies um so mehr, als daß sich ohnehin nicht sagen läßt, auf welchem Niveau ein Mensch diese Anlage lebt.

So kann beispielsweise eine stark plutonische Betonung des anderen Geschlechts zu einer entsprechenden Dämonisierung führen, die je nachdem, wie gut und stark das eigene Geschlecht erlebt wird, zu abschätziger Verachtung führt, zu angstvoller Abkehr, zu devoter Unterwerfung oder – im Gegenteil – zu einem ungeheuren Drang, das andere Geschlecht zu kontrollieren. Ist aber das eigene Geschlecht plutonisch besetzt und das andere neptunisch verklärt, wird man sich entweder mit der eigenen Schmutzigkeit nicht dem reinen, idealisierten Bilde zu nähern wagen, oder aber man bejaht und identifiziert sich mit der dämonischen Rolle und zwingt den neptunischen Partner in die Opferhaltung.

Mit diesen Auf- und Abwertungen erschöpft sich aber die Bedeutung der langsam laufenden Planeten noch lange nicht. Sie geben dem jeweiligen Selbst- oder Suchbild darüber hinaus eine spezielle Färbung, Schattierung oder sogar Überlagerung. Erst in diesem Zusammenhang werden die unterschiedlichsten Auswirkungen unserer inneren Werteskala verständlich.

Färbung von Such- und Selbstbild durch Aspekte

Die Such- und Selbstbilder, wie sie in den vorhergehenden Kapiteln beschrieben werden, sind natürlich Reinzeichnungen, die ihre individuelle Gestalt erst dann annehmen, wenn man die Färbung berücksichtigt, die sie durch Aspekte mit anderen Planeten annehmen. Da Sonne und Mond hier nur als aspektempfangende Planeten angesehen werden, sind für diese Betrachtung nur die Planeten von Merkur (☿) bis Pluto (♇) bedeutsam. Die Intensität ihrer Färbung wächst nach den folgenden Kriterien:

1. *Mit der Genauigkeit des Aspektes.* Je gradgenauer ein Aspekt ist, um so stärker ist seine Färbung. Mit seiner Ungenauigkeit, das heißt mit der Größe seines Orbis, nimmt die Intensität seiner Färbung ab.
2. *Mit der Langsamkeit des Planeten, der den Aspekt bildet.* Je langsamer sich ein Planet bewegt, um so stärker ist seine Wirkung. (In den nachfolgenden Beschreibungen sind die Planeten in der Reihenfolge ihrer Geschwindigkeit aufgeführt.)
3. *Die Art des Aspektes.* Am stärksten wirken Konjunktion (☌), Opposition (☍) und Quadrat (□), gefolgt von Trigon (△) und Sextil (⚹), während das Quincunx (⚻) und das Eineinhalbquadrat (⚼) die geringste Wirkung haben. Die übrigen Nebenaspekte können vernachlässigt werden.

Darüber hinaus sollte auch hier, wie schon im vorhergehenden Kapitel, zwischen harmonischen Aspekten und Spannungsaspekten unterschieden werden (siehe Seite 201).

Betrachtet man die Aspekte im einzelnen, läßt sich unterscheiden, ob diese Themen ursprünglich mit dem Vater (Sonne ☉) oder der Mutter (Mond ☽) verbunden wurden oder ob sie als Unterscheidung von den Eltern erlebt werden, als etwas, das neu ins Leben tritt und das zunächst mit dem eigenen oder dem anderen, dem männlichen (Mars ♂) oder dem weiblichen (Venus ♀) Geschlecht erlebt wird.

In der den Planetenbesprechungen folgenden Übersicht findet sich auch eine Rubrik »Innere Botschaft«, hinter der sich in aller Regel frühkindliche Prägungen verbergen. Natürlich begegnen wir allen Aspektthemen schon in den ersten Lebensjahren und ziehen daraus unsere frühen »Schlüsse«, die dann zu einer inneren Botschaft werden, einer zwar nicht immer bewußten, aber dennoch felsenfesten Überzeugung davon, wie diese Welt beschaffen ist. Handelt es sich dabei um eine übertrieben positive Botschaft, trägt das Leben schon selber dafür Sorge, daß wir unser Bild der Wirklichkeit anpassen. Viel hartnäckiger sind dagegen die Negativbotschaften, für deren scheinbar berechtigte Existenz wir immer neue Beweise finden. Sie entstammen einem Zerrbild, das aus einer hilflosen, kindlichen Perspektive gemacht wurde. Die Art, wie wir auf dieses falsche Bild reagieren, findet sich unter »Kompensation«. Sie ist für den erwachsenen Menschen natürlich ebenso falsch wie die Botschaft, die aus frühsten Kindheitstagen gespeichert ist. Werden wir uns dieser Tatsache nicht bewußt, beharren wir auf unserer Kindheitswahrnehmung, statt eine unserem Lebensalter entsprechende neue Antwort zu finden, gehen von diesen negativen Botschaften erhebliche, nachhaltige Störungen für das Beziehungsleben aus. Im einzelnen bedeuten die Felder dieser Rubrik:

Selbstbild +	das positiv gefärbte Bild, das der Mensch von sich hat
Selbstbild –	das negativ gefärbte Bild, das der Mensch von sich hat
Suchbild +	der Typ, auf den der Mensch positiverweise reagiert
Suchbild –	die problematische Variante dieses Typs oder das Feindbild
Elternbild +	das innere Bild von Vater (Sonnenaspekt) oder Mutter (Mondaspekt) in seiner positiven und
Elternbild –	negativen Ausprägung
Innere Botschaft +	die positive Botschaft aus der Kindheit, die diesem Aspekt entspricht
Innere Botschaft –	die negative Botschaft aus der Kindheit, die diesem Aspekt entspricht
Kompensation	die naheliegende, aber falsche Antwort auf die negative Botschaft

☿ Merkur gibt dem jeweiligen Bild eine verstandesbetonte Färbung. Er steht für geistige Wendigkeit, für analytisches und logisches Denken, für Taktik und sprachliche Gewandtheit, für einen cleveren, gut informierten, zumeist belesenen Menschen, der auf alles eine Antwort weiß. Merkurprobleme lassen den Menschen als kalt berechnend, verlogen, durchtrieben erscheinen, als listigen Bluffer, Blender und Mogler, als einen mit allen Wassern gewaschenen Geschäftemacher.

Selbstbild +	Ich bin hellwach, clever, geschickt. Ich weiß Bescheid.
Selbstbild –	Ich bin listig, raffiniert und gerissen.
Suchbild +	Der kluge Mensch, der wortgewandt und belesen ist.
Suchbild –	Der Schwätzer, der das Blaue vom Himmel lügt.
Elternbild +	Vater/Mutter ist intelligent, gesprächig, scharfsinnig, bewandert.
Elternbild –	Vater/Mutter ist mit Worten nicht zu schlagen.
Innere Botschaft +	Männer/Frauen sind interessant, gescheit und unterhaltsam.
Innere Botschaft –	Männer/Frauen sind berechnend, nüchtern und kühl.
Kompensation	Männern/Frauen darf man nichts glauben!

♀ Venus verleiht dem jeweiligen Bild eine liebenswürdige Farbe. Sie steht für Anmut, Charme, für das Streben nach Frieden und Harmonie, für Genuß und Lebensfreude, für einen geschmackssicheren Menschen, für jemanden, der anderen die Augen für das Schöne in der Welt öffnet. Venusprobleme ergeben häufig das Bild eines eitlen, hohlen, rein vordergründigen Menschen, dem der schöne Schein wichtiger als der Inhalt ist.

Selbstbild +	Ich bin schön, charmant und einfach liebenswert.
Selbstbild –	Ich ertrage keinen Konflikt und passe mich zu sehr an.
Suchbild +	Der friedliche Mensch, mit einer sympathischen Ausstrahlung.

Suchbild	–	Der nur schöne Mensch, hinter dem nichts steckt.
Elternbild	+	Vater/Mutter ist sehr liebenswert.
Elternbild	–	Vater/Mutter ist mein Konkurrent.
Innere Botschaft	+	Männer/Frauen sind hoch attraktiv und liebenswert.
Innere Botschaft	–	Männer/Frauen sind oberflächlich, eitel und falsch.
Kompensation		Männer/Frauen darf man locken, aber nicht hereinlassen.

♂ Mars gibt dem jeweiligen Bild eine äußerst kraftvolle Farbe. Er steht für Energie, Vitalität, Durchsetzungsbereitschaft, Risikofreude, für Spontaneität, für einen mutigen, entschlossenen Menschen, der seinen Standpunkt und seine Interessen entschieden vertritt, für jemanden, der voller Kraft im Leben steht. Marsprobleme dagegen lassen den Menschen als gefährlich erscheinen, als jähzornig, gewalttätig, triebhaft, brutal, sadistisch, als einen Egoisten, der rücksichtslos seine Interessen auslebt.

Selbstbild	+	Ich bin kräftig, spontan, mutig und männlich.
Selbstbild	–	Ich bin egoistisch, unberechenbar und gewalttätig.
Suchbild	+	Der tapfere Mensch, mit dem man sich sicher fühlt.
Suchbild	–	Der gefährliche Mensch, der als Bedrohung erlebt wird.
Elternbild	+	Vater/Mutter ist vital, stark, durchsetzungsfähig.
Elternbild	–	Vater/Mutter ist bedrohlich, gewalttätig und cholerisch.
Innere Botschaft	+	Mit Männern/Frauen kann man Pferde stehlen.
Innere Botschaft	–	Männer/Frauen sind gefährlich!
Kompensation		Männer/Frauen muß man bekämpfen!

♃ Jupiter färbt das Bild edel und würdevoll. Er steht für Großzügigkeit, Gerechtigkeit, für einen optimistischen, wohlwollenden Menschen, der Vertrauen schenkt und Vertrauen gewinnt, für eine wirklich gute, vorbildliche, durchaus stolze Person, die Respekt und Bewunderung bekommt und verdient. Jupiterprobleme führen zu einer unkritischen Einstellung gegenüber dem Menschen, der um jeden Preis als positiv gesehen und bewundert wird, so daß sogar Selbstgefälligkeit, Scheinheiligkeit und dickfellige Bequemlichkeit übersehen werden.

Selbstbild	+	Ich bin toll, beliebt und großartig.
Selbstbild	–	Ich bin überheblich.
Suchbild	+	Der gute, vertrauenswürdige Mensch, auf den man stolz sein kann.
Suchbild	–	Der eingebildete, blasierte Mensch, der Hochstapler
Elternbild	+	Vater/Mutter unterstützt mich, ist großzügig und vorbildlich.
Elternbild	–	Vater/Mutter ist das Maß aller Dinge und unerreichbar.
Innere Botschaft	+	Männer/Frauen sind wunderbar und meinen es gut mit mir.
Innere Botschaft	–	Männer/Frauen haben immer recht und dürfen einfach alles.
Kompensation		Mit Männern/Frauen muß man sich gutstellen.

♄ Saturn gibt dem jeweiligen Bild etwas Schlichtes und verleiht ihm eine ernste Farbe. Er steht für Klarheit, Stabilität, für Konsequenz, für einen verantwortungsvollen, zuverlässigen, geduldigen Menschen, der in reifer Bescheidenheit seine eigenen Interessen ohne Groll zurückzustecken vermag. Saturnprobleme lassen den Menschen unerreichbar, hart, ungnädig, ungerecht, verschlossen, verbittert, streng, gemein oder sogar böse erscheinen. Sie bedeuten ferner Pessimismus, Hemmungen, Minderwertigkeitsgefühle und können dazu führen, daß sich der Mensch als chancenlos, als ein Stiefkind des Lebens sieht und aus dem Gefühl, nicht gut genug zu sein und nirgends zu genügen, einen verbissenen Ehrgeiz entwickelt.

SELBSTBILD +	Ich bin verantwortungsvoll, diszipliniert und ernsthaft.
SELBSTBILD –	Ich bin schwierig, unbeliebt, nichts wert.
SUCHBILD +	Der Mensch, auf den man sich verlassen kann.
SUCHBILD –	Der strenge Mensch, der einengt, kalt und ablehnend ist. Oder: Der arme, alte, kranke Mensch, dem man helfen muß.
ELTERNBILD +	Vater/Mutter ist zuverlässig, berechenbar, gibt Halt und Sicherheit.
ELTERNBILD –	Vater/Mutter kann man nichts recht machen; ist hart, respektgebietend, unerreichbar.
INNERE BOTSCHAFT +	Auf Männer/Frauen ist Verlaß.
INNERE BOTSCHAFT –	Männer/Frauen sind schwierig, abweisend, reserviert, kalt.
KOMPENSATION	Männer/Frauen muß man eiskalt behandeln, muß man kurzhalten und eisern im Griff haben.

♅ Uranus bringt eine originelle, einmalige, durchaus schrille Farbe in das Bild. Er steht für Freiheit und Unabhängigkeit, für alles Moderne, für einen in seiner Art besonderen Menschen, einem Individualisten, der gegen geistige Enge, überholte Lebensformen und verkrustete Strukturen rebelliert, für einen Freigeist, der allen Neuerungen gegenüber aufgeschlossen ist. Uranusprobleme bedeuten übertriebene Extravaganz und stehen für einen Menschen, auf den man sich nicht verlassen kann, der exzentrisch, wenn nicht sogar verrückt ist, sich als etwas ganz Besonderes fühlt und dessen Freiheitsliebe stets größer ist als sein Verantwortungsbewußtsein; der sich für alles einen Freibrief gibt und dadurch unberechenbar und in jeder Hinsicht unhaltbar ist.

Vor allem schwierige Uranusaspekte können das jeweilige Bild auch polarisieren und zu speziellen Formen von Dreiecksbeziehungen mit beiden Gegenpolen führen. Dazu zählt ebenso eine platonische Liebe, die neben einer körperlich leidenschaftlichen besteht, wie etwa eine bisexuelle Verbindung. Und natürlich findet sich hier auch die Polarisierung in gut und böse, wie sie in der »klassischen« Variante bekannt ist als die liebevolle Beziehung zur guten Frau, gekoppelt mit einer Haßliebe zur bösen Schwiegermutter.

Selbstbild	+	Ich bin originell, ideenreich und ungebunden.
Selbstbild	–	Ich bin überdreht, kompliziert, anstrengend, skurril und unverbindlich.
Suchbild	+	der schillernde, außergewöhnliche Mensch, der bunte Vogel
Suchbild	–	Der unzuverlässige Mensch, der eher früher als später wieder verschwindet.
Elternbild	+	Vater/Mutter ist mein Freund, originell, modern und aufgeschlossen.
Elternbild	–	Vater/Mutter ist schrullig, unberechenbar, verrückt, unzuverlässig.
Innere Botschaft	+	Männer/Frauen sind aufregend.
Innere Botschaft	–	Auf Männer/Frauen ist kein Verlaß.
Kompensation		Zu Männern/Frauen muß man innerlich immer auf Distanz bleiben!

♆ Neptun verklärt das Bild und gibt ihm eine idealisierte Färbung. Er steht für höchstes Einfühlungsvermögen, für Medialität und spirituelles Streben, für einen sehr sensiblen und vergeistigten Menschen, der aus tiefem Mitgefühl eine echte Hilfsbereitschaft entfaltet und sich dabei auch nicht scheut, große Selbstopfer zu bringen. Neptunprobleme machen den Menschen oft unfaßbar und geben ihm eine so überidealisierte Färbung, daß dieses Bild nebulös wird und ins Unerreichbare entrückt. Sie können aber auch für neptunische Entgleisungen stehen, für einen labilen, ständig berauschten Menschen, der haltlos und süchtig ist, ein schwaches, ohnmächtiges Opfer, von allen Strömungen hin- und hergerissen, und für die Tendenz, sich ungreifbar zu machen und sich aus allem herauszuwinden.

Selbstbild	+	Ich bin einfühlsam, medial, hingabevoll, sehr sensibel, verständnisvoll.
Selbstbild	–	Ich bin schwach, ohnmächtig, überempfindlich, chaotisch, verwirrt.
Suchbild	+	Der Mensch, mit dem man verschmelzen kann, der Seelenverwandte.

SUCHBILD	–	Der Schwarm, der die Träume und die Sehnsucht beflügelt, aber beim Erwachen verschwunden ist.
ELTERNBILD	+	Vater/Mutter ist hilfsbereit, zärtlich, liebevoll.
ELTERNBILD	–	Vater/Mutter ist schwach, krank, nebulös, spirituell verklärt oder unfaßbar, weil stets berauscht.
INNERE BOTSCHAFT	+	Männer/Frauen sind traumhaft.
INNERE BOTSCHAFT	–	Männer/Frauen sind schillernde Schwindler, die allesamt enttäuschen!
KOMPENSATION		Lieber die Sehnsucht opfern und auf Männer/Frauen verzichten!

♇ Pluto gibt dem jeweiligen Bild eine dunkle, intensive, faszinierende Färbung. Er steht für Macht und tiefgreifende Wandlung, für einen charismatischen Menschen von enormer, seelischer Einflußkraft, der andere damit zu heilen vermag und ihnen deshalb helfen kann, weil er selbst tiefe Abgründe durchlebt hat und aus seinen Krisen gestärkt und gewandelt hervorgegangen ist. Plutoprobleme lassen das Bild dunkel, gefährlich oder auch gnadenlos erscheinen. Sie stehen für einen Menschen, der als machtgierig, besessen, despotisch, sadistisch, fanatisch oder zutiefst böse erlebt wird, aus dessen Einfluß man sich aber dennoch kaum befreien kann, weil er es offen oder verdeckt versteht, andere zu manipulieren, zu kontrollieren und von sich abhängig zu machen; aber auch für jemanden, der sich seine Machtgelüste nicht recht eingesteht und sich seiner starken Triebhaftigkeit schämt oder sie hemmungslos und durchaus sadistisch auslebt.

SELBSTBILD	+	Ich bin faszinierend, einflußreich, mächtig und unwiderstehlich.
SELBSTBILD	–	Ich bin machthungrig, bedrohlich, triebhaft und böse.
SUCHBILD	+	Der fesselnde Mensch, der eine magnetische Ausstrahlung hat.
SUCHBILD	–	Der manipulative Mensch, dem man mit Haut und Haaren verfällt.

ELTERNBILD +	Vater/Mutter ist allmächtig.
ELTERNBILD –	Vater/Mutter ist so übermächtig, daß man sich dem Einfluß nicht entziehen kann.
INNERE BOTSCHAFT +	Männer/Frauen sind unwiderstehlich, begehrenswert und intensiv.
INNERE BOTSCHAFT –	Männer/Frauen sind dominant, eiskalt, dämonisch und bösartig.
KOMPENSATION	Männer/Frauen muß man kontrollieren, unterdrücken, knechten.

Da Venus und Mars im Horoskop auch für Erotik und Sexualität stehen und die unter den jeweiligen Typen beschriebene Einstellung zu diesem Bereich ebenfalls durch Aspekte gefärbt wird, zeigt die nachstehende Tabelle in einer Übersicht die spezifische Färbung der langsam laufenden Planeten für diesen Bereich der Partnerschaft.

Färbung von Erotik (♀) und Sexualität (♂) durch Aspekte langsamer Planeten		
Planet	harmonischer Aspekt zu ♀ und ♂	Spannungsaspekt zu ♀ und ♂
♃	Hat große Freude an diesem Bereich und bejaht Sinnlichkeit aus vollem Herzen.	desgleichen – allerdings mit einer Tendenz zur Übertreibung und Maßlosigkeit
♄	etwas reserviert, manchmal spröde. Versteht sich gut zu kontrollieren und Grenzen einzuhalten.	gehemmt, verklemmt, frustriert und steif. Betrachtet diese Themen als verboten, für sich unerreichbar oder als sündig, was oft ein schlechtes Gewissen bereitet.
♅	experimentierfreudig und ungezwungen. Sorgt für überraschende Begegnungen und ungewöhnliche Erfahrungen.	Sprengt jegliche Norm und liebt den Reiz ungewöhnlicher Verbindungen. Verlangt Freiheit für die Triebe oder erstrebt Freiheit von den Trieben. Bindungsunwilligkeit.
♆	phantasievoll und hingabefähig. Vergeistigt den Bereich der Sinnlichkeit von Tantra bis zur platonischen Verbindung.	Läßt jegliches Interesse erlöschen. Oder aber Flucht ins Unpersönliche, berauschte Verführbarkeit, Opferhaltung und Entgleisungen.
♇	Faszination und Magnetismus, unwiderstehliche Anziehungskraft, lustvolle Intensität	starke Triebhaftigkeit, verruchte Lüsternheit, Tabulosigkeit, Abhängigkeit und sexuelle Hörigkeit

Die innere Beziehung

Setzt man nun diese inneren Personen miteinander in Bezug, so lassen sich natürlich alleine schon aus der Verträglichkeit ihrer jeweiligen Thematik interessante Erkenntnisse ableiten. Die Art, wie sie zueinander stehen, wie sie sich mögen, befeinden, wie sie einander anziehen und widersprechen ist ein Spiegel, der manche Ungereimtheit im äußeren Beziehungsleben anschaulich macht und verständlicher werden läßt. Waren bei den bisherigen Betrachtungen vor allem die Aspekte wichtig, die andere Planeten bildeten, geht es nun um die Stellungen und Aspekte der Such- und Selbstbildplaneten untereinander. Um eine entsprechende Dynamik auszulösen, bedarf es vielfach nicht einmal eines wirklichen Aspekts. Oft genügt schon die gespannte Zeichenstellung an sich, wie das folgende Beispiel zeigt:

> Stehen etwa Mond und Mars in gegenüberliegenden Zeichen, wird das mütterlich Weibliche (☽) das jugendlich Männliche (♂) als provokante Herausforderung erleben, wie umgekehrt dem Heißsporn (♂) die mütterliche Frau (☽) nicht ganz geheuer ist. Ein echter Konflikt zwischen den beiden ist erst dann angezeigt, wenn die beiden einander so gegenüberstehen, daß sie eine Opposition bilden (☽☍♂). Dann fürchtet der Jüngling (♂) vom Weiblichen (☽) verschluckt zu werden, dann erlebt die Frau (☽) männliche Direktheit, Sexualität oder Aggressivität (♂) als bedrohlich. Je nachdem, wie stark der Mars oder der Mond dabei gestellt ist, können sich aus dieser Gegenüberstellung die unterschiedlichsten Themen ergeben. Folgende Bilder sind leicht daraus abzuleiten[1]:
>
> Die Mutter (☽), die den Sohn (♂) kontrolliert.
> Der Jüngling (♂), der gegen die Mutter (☽) rebelliert.

1 Das Deutungsspektrum dieser Konstellation reicht natürlich von Jähzorn über Familienkrach, Affekthandlungen und heruntergeschluckter Wut bis hin zu Magenproblemen. Hier aber geht es nur darum, die Personen der inneren Beziehung zu beschreiben.

Die Frau (☽), die Angst hat, vergewaltigt (♂) zu werden.
Der junge Mann (♂), der zur Mutter (☽) auf Distanz geht.
Die Frau (☽), die sich einen Mann (♂) sucht, der der Mutterschaft (☽) feindlich gegenübersteht (☍).

Da gerade in Oppositionen auch ein aufreizend provokanter Kitzel liegt, könnten sich auch andere Bilder ergeben, wie etwa: die Frau (☽), die es liebt, ihre Kräfte mit einem Macho (♂) zu messen, oder die Frau (☽), die den Reiz herausfordernder Sexualität (♂) liebt, womit das Gegenteil von Kuschelsex gemeint ist.

Die wichtigsten Aussagen, die sich aus dieser abschließenden Betrachtung entnehmen lassen, beziehen sich auf folgende Aspekte – und in gemilderter Form auch auf die entsprechenden Zeichenabstände:

1. ⚹ Sextil (60°) – Übernächstes Zeichen und
   △ Trigon (120°) – Vier Zeichen Abstand Voneinander
   Diese harmonischen Aspekte geben der inneren Beziehung Harmonie und Frieden. Sie zeigen auch, daß die so miteinander verbundenen inneren Personen sich mögen und unterstützen.
2. ☌ Konjunktion (0°) – Gleiches Zeichen
   Die Konjunktion bedeutet grundsätzlich, daß die daran beteiligten Planeten eine Einheit bilden. In den meisten Fällen wird sie als harmonisch erlebt. Es besteht aber auch die Möglichkeit, daß die Planetenkräfte untereinander rivalisieren.
3. ☍ Opposition (180°) – Gegenüberliegende Zeichen
   Diese Gegenüberstellung zweier Planeten bedeutet grundsätzlich eine Polarisierung. Sie wird oftmals als eine Herausforderung erlebt, hat aber auch eine sehr attraktive Seite, da Gegensätze einander bekanntlich anziehen.
4. □ Quadrat (90°) – Drei Zeichen Abstand voneinander
   Dieser Aspekt verknüpft zwei Themen, die einander auszuschließen scheinen. So gesehen ist das Quadrat der schwierigste Aspekt und der größte Störenfried der inneren Beziehung.
5. Kein Aspekt
   Kein Aspekt zwischen zwei Planeten heißt bei dieser Betrachtung einfach keine Aussage.

Über die reine Verträglichkeit hinaus lassen diese Aspekte aber auch noch folgende Themen erkennen:

SONNE – MOND
Aspekte, die Sonne und Mond miteinander bilden, zeigen, wie die Eltern zueinander stehen; genauer gesagt, wie sie aus der Sicht des Kindes erlebt wurden oder werden:

Konjunktion (☌)	als Einheit, möglicherweise rivalisierend
Sextil (⚹) und Trigon (△)	als harmonisches Paar
Opposition (☍)	als Polarität – wahrscheinlich miteinander rivalisierend
Quadrat (□)	als schwieriges, widersprüchliches Paar, als Scheidungskandidaten

MOND – VENUS
Die Aspekte der weiblichen Planeten untereinander zeigen, wie sich die junge Frau (♀) zu der mütterlichen Frau (☽) stellt.

Im weiblichen Horoskop läßt sich daraus ablesen, wie sich das frühe Selbstverständnis der Frau (♀) zum mütterlichen Vorbild (☽) verhält:

Konjunktion (☌)	Mutter und Tochter sind einander sehr ähnlich und nah. Mögliche Rivalität.
Sextil (⚹) und Trigon (△)	Mutter und Tochter verstehen sich gut. Die Mutter ist der Tochter ein Vorbild.
Opposition (☍)	Die Tochter erlebt sich als Gegenpol zur Mutter.
Quadrat (□)	Mutter und Tochter stehen konkurrierend oder feindlich zueinander. Die Tochter will unter keinen Umständen so werden wie ihre Mutter.

Natürlich behalten diese Aspekte auch in der nächsten Generation ihre Gültigkeit. Wenn die Frau selbst zur Mutter wird, sind sie ein Spiegel ihres Verhältnisses zur eigenen Tochter. Darüber hinaus zeigen diese Aspekte natürlich auch, wie problemlos (☌, ⚹, △), wie spannungsvoll (☍) oder problematisch (□) der Übergang in die Mutterrolle sein kann.

Im männlichen Horoskop zeigen die Aspekte von Mond und Venus wie sehr die Anima (♀) des Mannes vom mütterlichen Vorbild

(☽) geprägt ist, wie sehr er sich in seinem Suchbild an der Mutter orientiert:

Konjunktion (☌)	sehr eng.
Sextil (⚹) und Trigon (△)	harmonisch. Die Mutter ist ein positives Vorbild.
Opposition (☍) und vor allem Quadrat (□)	Seine Frau soll völlig anders sein als seine Mutter.

Ferner lassen diese Aspekte auch erkennen, wie er den Übergang erlebt, wenn seine eigene Frau Mutter wird.

SONNE – MARS

Die Aspekte der männlichen Planeten untereinander zeigen, wie der Jüngling (♂) zum Vater (☉) steht. Ihre Bedeutung entspricht, mit umgekehrtem Vorzeichen, genau dem, was zu den Aspekten von Mond und Venus gesagt wurde.

Im männlichen Horoskop läßt sich daraus ablesen, wie sich das frühe Selbstverständnis des Jünglings (♂) zum väterlichen Vorbild (☉) verhält:

Konjunktion (☌)	Vater und Sohn sind einander sehr ähnlich und nah. Mögliche Rivalität.
Sextil (⚹) und Trigon (△)	Vater und Sohn verstehen sich gut. Der Vater ist dem Sohn ein Vorbild.
Opposition (☍)	Der Sohn erlebt sich als Gegenpol zum Vater.
Quadrat (□)	Vater und Sohn stehen feindlich zueinander. Der Sohn will unter keinen Umständen so werden wie sein Vater.

Natürlich behalten diese Aspekte auch in der nächsten Generation ihre Gültigkeit. Wenn der Sohn selbst Vater wird, sind sie ein Spiegel seines Verhältnisses zum eigenen Sohn. Darüber hinaus zeigen diese Aspekte natürlich auch, wie problemlos (☌, ⚹, △), wie spannungsvoll (☍) oder problematisch (□) der Übergang in die Vaterrolle sein kann.

Im weiblichen Horoskop zeigen die Aspekte von Sonne und Mars wie sehr der Animus (♂) der Frau vom väterlichen Vorbild (☉) geprägt ist, wie sehr sie sich in ihrem Suchbild am Vater orientiert:

Konjunktion (☌)	sehr eng.
Sextil (⚹) und Trigon (△)	harmonisch. Der Vater ist ein positives Vorbild.
Opposition (☍) und vor allem Quadrat (□)	Ihr Mann soll völlig anders sein als ihr Vater.

MOND – MARS UND SONNE – VENUS
In diesen beiden Aspektpaaren kommen vor allem Generationsfragen zum Ausdruck; wie der Sohn (♂) zur Mutter (☽) steht und der Vater (☉) zur Tochter (♀). Die verschiedenen Ausdrucksebenen wurden in dem Beispiel zu Beginn dieses Kapitels (Seite 216) gezeigt.

VENUS – MARS
Die Art wie die junge Frau (♀) zum Jüngling (♂) steht, sagt viel über Leidenschaft, Erotik und Sexualität aus, inwieweit dieser Themenkreis eine tragende Säule der inneren Beziehung ist (☌, ⚹, △), ein Spannungsgebiet (☍) oder ein Problemfeld (□).

BEISPIEL: Eine sehr zerstrittene innere Beziehung, bei der die weiblichen Planeten unterdrückt werden, findet sich im Horoskop des Mannes, dessen Name bezeichnend für den problematischen, gewaltsamen Umgang mit dem anderen Geschlecht wurde.

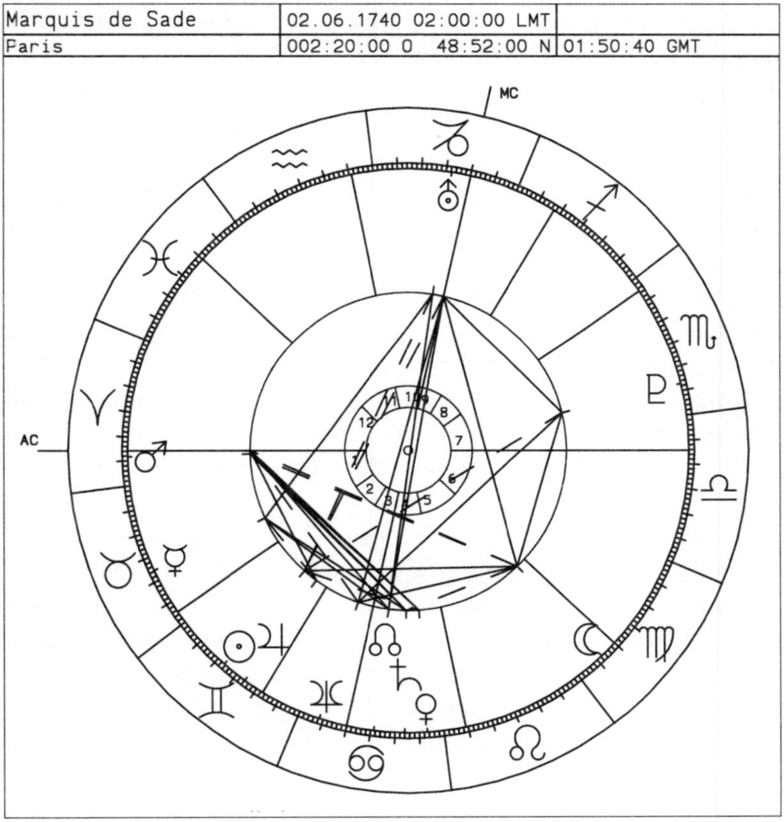

Das Horoskop von Donatien Alphonse François Marquis de Sade zeigt den Krieg der Geschlechter, bei dem das Männliche auf- und das Weibliche abgewertet ist.

Es handelt sich dabei um den *Marquis de Sade*, auf den das Wort Sadismus zurückgeht. Sonne (☉) und Mond (☽) stehen ebenso miteinander im Quadrat (□) wie Mars (♂) und Venus (♀). Die Sonne (☉) ist durch die Konjunktion (☌) mit Jupiter (♃) eindeutig aufgewertet, und auch Mars (♂) als der zweite männliche Planet ist im eigenen Zeichen, im eigenen Haus und in Konjunktion zum Aszendenten sehr stark gestellt. Die als feindlich erlebten weiblichen Planeten sind dagegen abgewertet. Der Mond (☽) erhält einen gradgenauen Aspekt von Pluto (♇). Zwar handelt es sich dabei um ein Sextil (⚹), das eigentlich als harmonisch gilt, aber im Falle Plutos trotz seiner Faszinationskraft bereits eine Abwertung enthält; dies natürlich um so mehr, wenn – wie hier – die Sonne jupiterhaft aufgewertet erscheint.[1] Die Venus (♀) wird durch die Konjunktion (☌) mit Saturn (♄) abgewertet, versachlicht und geknechtet und vom stark gestellten Mars (♂) gequält. (Man mag einwenden, daß das Saturnquadrat zu Mars (♄ □ ♂) doch auch die männliche Seite abwerte. Das trifft in gewisser Weise auch zu, und es ist zu vermuten, daß der Marquis in seinem männlichen Selbstverständnis durchaus gespalten war zwischen seiner jupiterhaften Sonnenseite und seiner aggressiven, aber abgewerteten Triebhaftigkeit (♂). Da aber in diesem Fall Mars durch seine Stellung im eigenen Zeichen und eigenen Haus deutlich stärker ist als Saturn, der mit Haus und Zeichen im Exil steht, wird sich Mars diese Abwertung nicht »gefallen« lassen und um so gereizter darauf reagieren.)

Wie man sieht, finden unsere Beziehungskonflikte – aber erfreulicherweise auch die sonnigen Seiten – zunächst in uns selbst statt. Wer sich seine inneren Personen mit all ihren Eigenarten vor Augen führt und die Art, wie sie miteinander umgehen, findet dabei viele Phänomene, die ihm aus seinem Beziehungsleben längst vertraut sind. In unseren alltäglichen Erfahrungen haben wir allerdings immer wieder den Eindruck, daß die meisten Störungen und Lösungen von außen kommen. Das läßt uns immer wieder glauben oder zumindest heimlich hoffen, daß alles gut wird, wenn doch nur endlich einmal der oder die Richtige kommt. Erkennen wir in den Problemen tatsächlich unsere eigenen, inneren Kämpfe, haben wir damit zwar nur den ersten, aber den wichtigsten Schritt getan, wirklich etwas zu verändern.

1 In der Mythologie gilt Jupiter/Zeus als Herrscher auf dem Olymp, während Pluto/Hades die Unterwelt regiert. So schaut hier das Männliche - die Sonne (☉) – selbstgefällig von olympischer Höhe (♃) auf das Weibliche - den Mond (☽) – herab, das sich in den Abgründen der Unterwelt (♇) befindet.

Was nun?
oder
Einsicht ist der erste Schritt zur Besserung

So schön es vielleicht wäre, am Ende dieses Buches einige Patentrezepte, Instant-Lösungen und Schnellverfahren anzubieten, mit denen sich – wenn schon nicht alle – so wenigstens einige Konflikte in Liebe und Partnerschaft über Nacht lösen ließen; dieser Wunsch wird unerfüllt bleiben. Es scheint in unserem Leben und vor allem auch in unseren Beziehungen nicht darum zu gehen, ohne Probleme zu leben, sondern diese vielmehr zu verstehen, aus ihnen zu lernen, sie so gut es geht zu lösen und an ihnen zu wachsen. Ohne problematische Konstellationen, ohne Spannungsaspekte, würde es auch im Leben an Spannung fehlen. Deshalb überrascht es kaum, daß Horoskope großer Persönlichkeiten häufig voll schwieriger Konstellationen sind. Nicht, daß sie a priori eine Garantie für menschliche Reife wären, aber offensichtlich fördert die ständige Auseinandersetzung mit scheinbar unvereinbaren Widersprüchen den seelischen Wachstumsprozeß erheblich. So sagt auch C.G. Jung: »Die großen Lebensprobleme sind nie auf immer gelöst. Sind sie es einmal anscheinend, so ist es immer ein Verlust. Ihr Sinn und Zweck scheint nicht in ihrer Lösung zu liegen, sondern darin, daß wir unablässig an ihnen arbeiten. Das allein bewahrt uns vor Verdummung und Versteinerung.«[1]

Daran zu arbeiten bedeutet, lebendig zu bleiben und sich mit seiner Problematik immer wieder bewußt auseinanderzusetzen, um allmählich besser mit ihr umgehen zu können, statt ihr unbewußt zum Opfer zu fallen. Der Volksmund bringt es auf den Punkt, wenn er sagt: »Einsicht ist der erste Schritt zur Besserung.« Ohne Einsicht wird nicht viel geschehen, Einsicht allein aber bewirkt noch keine Wandlung. Allerdings ist sie der unverzichtbare erste Schritt, der sich bei genauerer Betrachtung in drei Phasen unterteilen läßt:

1 C.G. Jung, Die Lebenswende, Grundwerk Band 9, Seite 68

1. die Einsicht, wer ich bin.
2. die Einsicht, was mir fehlt.
3. die Einsicht, wozu ich eine Erfahrung mache.

Das »Wer bin ich« sagt uns, wie wir angelegt sind und wo wir gerade stehen. Das »Was fehlt mir« zeigt, was unser Potential ist, was es noch zu erkennen und zu erlernen gilt, bis wir zu dem geworden sind, was wir sein können. Die Einsicht, wozu wir eine Erfahrung machen, kann verhindern, daß wir in schwierigen Situationen davonlaufen, bevor wir gelernt haben, was sie uns lehren wollen. »Es gibt kein Problem, das nicht auch ein Geschenk für dich in den Händen trüge«, sagt Richard Bach, »Du suchst Probleme, weil du ihre Geschenke brauchst.«

Das zu erkennen fällt nicht immer leicht, und wir fühlen uns auch nicht immer in der Lage, in akuten Krisensituationen genügend Standfestigkeit aufzubringen. Therapeutische Hilfe mag in dem einen oder anderen Fall hilfreich oder auch tröstlich sein. In erster Linie bietet sie einen geschützten Rahmen, um nach gewonnener Einsicht neue Verhaltensmuster einzuüben. Therapeutische Sitzungen können allerdings auch den Charakter von Alibiübungen oder Ersatzveranstaltungen bekommen. Man tut dort zwar sein Bestes, aber eben nur dort. Und was in der Laborsituation so wunderbar funktioniert, mag sich im wirklichen Leben als untauglich erweisen.

Im Zeitalter der Selbstverwirklichung und der Unverbindlichkeiten erscheint es zudem überholt, sich auch noch mit den Marotten und seelischen Problemen des anderen herumzuschlagen und gemeinsam um Lösungen zu ringen. Statt dessen nähren wir eine Glückserwartung an Liebe und Beziehung, die zwar viel mit Phantasie, aber wenig mit der Wirklichkeit zu tun hat. Die Vorstellung, daß wir bloß den richtigen Schalter drücken müssen, um von da an mit unserem Liebsten selig sein zu können, ist zwar ein schönes, aber eben nur ein Märchen. Eine Beziehung ist oft kein einfacher, schmerzfreier Prozeß, sondern verlangt durchaus harte, manchmal auch frustrierende Arbeit; und das ein Leben lang.

Nicht zuletzt sind die Menschen, mit denen wir in Beziehung stehen, auch immer wieder ein Spiegel unserer inneren Beziehungsdynamik und damit eine wesentliche Hilfe auf unserem Weg zur Ganzwerdung. Ohne den Blick in diesen Spiegel bleibt unser Bemühen um Selbstverwirklichung reine Nabelschau. Wir brauchen den anderen als Begleiter auf dem Weg zu uns selbst. Ihn als solchen zu erkennen und wertzuschätzen, auch wenn dies nicht immer einfach erscheint, verändert unsere Haltung gegenüber den Problemen in der Partnerschaft. Wenn wir mit dieser Einsicht in der nächsten Krise einmal einen Schritt zurücktreten, um besser wahrnehmen zu können, was sich da gerade abspielt, bemerken wir womöglich, daß wir einmal mehr unsere innere Beziehungsdynamik nach außen verlegt haben. Vielleicht tun wir das ja immer nur, damit wir sie uns besser anschauen können? Sie wird uns deswegen zwar kaum besser gefallen, aber vielleicht lernen wir so, dort etwas zu lösen, wo wir wirklich etwas lösen können, nämlich in uns selbst.

Erkennt man die Konfliktparteien als innere Personen der eigenen Seelenlandschaft und versteht deren Probleme und Zuneigungen mit- und füreinander, dann erscheinen vertraute Beziehungszwiste plötzlich in einem neuen Licht. Wer begreift, wie seine inneren Personen sich lieben und hassen, verbünden und widersprechen, wundert sich nicht länger über manche Ungereimtheit in seiner Beziehung. Und wer für seine inneren Widersprüche neue Lösungen findet, wird auch die dazugehörigen Krisen in seinem Beziehungsleben überwinden.

Nicht nur dabei vermag uns die Astrologie die Augen zu öffnen. Sie kann uns zu jeder der drei vorgenannten Einsichten verhelfen. Das Horoskop macht den Spannungsbogen sichtbar, der sich zwischen unserer individuellen Anlage und der Ganzheit als unser aller Lebensziel entfaltet. Es zeigt, wie wir angelegt sind und läßt damit zugleich erkennen, was uns noch fehlt, was wir noch entwickeln müssen, um ganz zu werden. Haben wir aber einmal das Woher und das Wohin verstanden, dann fällt es uns auch viel leichter, zu begreifen, was uns die Erfahrungen lehren wollen, die wir tagtäglich machen. Ihren Sinn zu erkennen, ihnen nicht auszuweichen, sie nicht zu zerreden oder nur theoretisch auf Ersatzschauplätzen zu lösen, sondern erst dann weiterzugehen, wenn sie tatsächlich im Leben gemacht, verstanden und integriert wurden, darin liegt der wirklich entscheidende Schritt zur Besserung.

Im Unterschied dazu macht das Horoskop keine direkte Aussage darüber, wie weit ein Mensch auf seinem Weg gegangen ist, ob er ihn überhaupt zur Kenntnis nimmt oder sich einfach treiben läßt. Indirekt aber läßt sich der jeweilige Standort aus den Begegnungen und Erfahrungen ablesen, die ein Mensch gerade macht und vor allem aus dem Grad der Reife, mit dem er darauf reagiert.

Wer sich mit Hilfe dieses Buches die verschiedenen Aspekte seiner partnerschaftlichen Thematik in einer Übersicht vor Augen führen möchte, dem sei abschließend folgende Zusammenstellung empfohlen. Es ist kein Fragebogen, der zum Schluß eine Punktzahl ergibt und Noten verteilt, sondern vielmehr eine Anregung zur Reflexion und zu einer kritischen Standortbestimmung. Dabei geht es um eine sachliche Bestandsaufnahme, deren Aussage weder gut noch schlecht ist, sondern ganz einfach den momentanen Status quo beschreibt und dadurch vielleicht klarmacht, welches der nächste Schritt sein könnte. Sollten Sie keine oder nur geringe astrologische Kenntnisse haben, lassen Sie sich davon nicht verunsichern oder gar abhalten, den Bogen auszufüllen. Sie können Ihre Antworten mit dem Wissen geben, das Ihnen dieses Buch vermittelt.

In der nachstehenden Übersicht wird der Einfachheit halber nur von Partner und jetziger Beziehung gesprochen. Mit Partner ist die Partnerin ebenso gemeint, und wer derzeit ohne feste Partnerschaft lebt, der möge sich die letzte wichtige Beziehung vor Augen führen.

Fragen zur Verteilung der vier Elemente[1]	
Welches Element fehlt mir am meisten?	Feuer □ Erde □ Luft □ Wasser □
Wie stark ist es in meinem Partner angelegt?	stark □ mittel □ schwach □
Wie schätze ich diese Qualität bei ihm?	sehr □ ziemlich □ wenig □ gar nicht □
Wie sehr reibe ich mich bei ihm daran, kann mich darüber aufregen oder fühle mich davon bedroht?	sehr □ ziemlich □ wenig □ gar nicht □
Wie sehr überlasse ich den damit verbundenen Lebensbereich dem Partner?	ganz □ ziemlich □ wenig □ gar nicht □
Wie sehr versuche ich von ihm in diesem Bereich zu lernen?	ständig □ häufig □ selten □ gar nicht □
In welchen Elementen stehen meine Suchbildplaneten?[2] (Mann: ♀/☽ – Frau: ♂/☉)	♀/♂ Feuer □ Erde □ Luft □ Wasser □ ☽/☉ Feuer □ Erde □ Luft □ Wasser □
Welches Element hat mein Partner kaum oder gar nicht?	Feuer □ Erde □ Luft □ Wasser □
Wie oft vermisse ich diese Qualität bei ihm?	oft □ manchmal □ gar nicht □
Welches Element wird nicht von meinen Suchbildplaneten, aber stark von meinem Partner vertreten?	Feuer □ Erde □ Luft □ Wasser □
Vermag ich die damit verbundenen Eigenschaften als Qualitäten des anderen Geschlechts zu erkennen und wertzuschätzen?	sehr □ ziemlich □ wenig □ gar nicht □
Welches Element wird von meinen Suchbildplaneten, aber nicht oder kaum von meinem Partner vertreten?	Feuer □ Erde □ Luft □ Wasser □
Wie sehr vermisse ich die damit verbundenen Qualitäten bei ihm?	sehr □ ziemlich □ wenig □ gar nicht □

1 Eine ausführliche Darstellung dieser Thematik findet sich bei: Hajo Banzhaf, Der Mensch in seinen Elementen

2 Wenn Sie sehr gründlich vorgehen wollen, müssen Sie hier und im folgenden auch starke Aspekte (☌, □, ☍) von langsamlaufenden Planeten auf Such- und Selbstbildplaneten berücksichtigen. Sie geben folgende Färbung: ♃ - feurig, ♄ - erdhaft, ♅ - luftig, ♆ - wäßrig. (♇ ist hierbei nicht eindeutig zuzuordnen).

Fragen zur inneren Beziehung		
Wie gut sind mir die vier inneren Personen meines Beziehungs-quartetts vertraut, wie klar kann ich sie mir vor Augen führen?	☉ ☽ ♀ ♂	gut ☐ ziemlich ☐ wenig ☐ gar nicht ☐ gut ☐ ziemlich ☐ wenig ☐ gar nicht ☐ gut ☐ ziemlich ☐ wenig ☐ gar nicht ☐ gut ☐ ziemlich ☐ wenig ☐ gar nicht ☐
Welche Auf- und Abwertung der Geschlechter ist in mir durch Aspekte (von ♃,♄,♆,♇) angelegt?	☉ ♂ ☽ ♀	aufgewertet ☐ neutral ☐ abgewertet ☐ aufgewertet ☐ neutral ☐ abgewertet ☐ aufgewertet ☐ neutral ☐ abgewertet ☐ aufgewertet ☐ neutral ☐ abgewertet ☐
Welche Färbung erhält mein Such- oder Selbstbild durch alle Aspekte mit anderen Planeten? (Schreiben Sie die Färbung neben den jeweiligen Planet z.B. bei ☉ □ ♆: ☉ idealisiert, verschwommen, unfaßbar, oder bei ♀ ☌ ♇: ♀ faszinierend, gefährlich)	☉ ♂ ☽ ♀	
Wie vertragen sich meine inneren Personen? (Schreiben Sie die Bedeutung der Aspekte, die diese vier Planeten untereinander bilden, neben den jeweiligen Planeten, z.B. ☽ □ ♀: ☽ im Streit mit ♀ oder ☉ △ ♂: ☉ freundschaftlich zu ♂	☉ ♂ ☽ ♀	

ANHANG

Beispiel

Wie sich die individuelle Beziehungsdynamik aus dem Horoskop ablesen läßt, zeigt dieses Kapitel am Beispiel von Salvador Dalí.

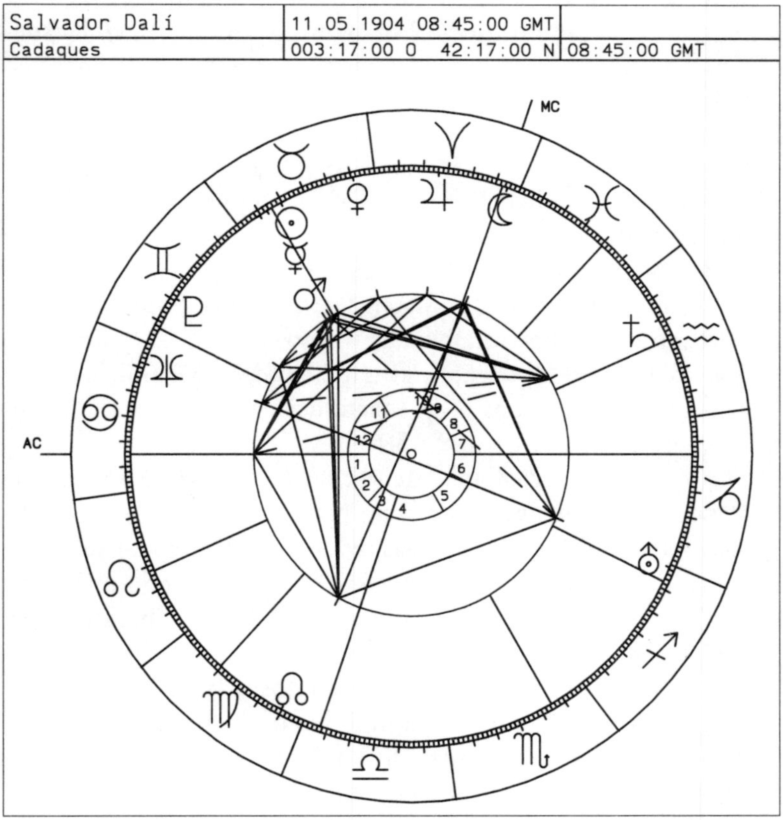

Salvador Dalí

1. SCHWÄCHSTES ELEMENT UND ACHILLESFERSE
   Luft ist das Element, in dem sich weder persönliche Planeten noch Aszendent oder Himmelsmitte befinden und darf deshalb als das Element betrachtet werden, das Dalí fehlt, ihn deshalb ergänzen würde, aber zugleich seine Achillesferse ist.

2. SUCHBILD UND SUCHBILDKONFLIKT
Die beiden weiblichen Planeten stehen in Erde und Feuer: nämlich Venus (♀) im Erdzeichen Stier (♉) und Mond (☽) im Feuerzeichen Widder (♈). Während also Luft das Element ist, das Dalí ergänzt, suggeriert ihm seine innere Weiblichkeit, Frauen müßten feurig oder erdhaft sein. Daraus entsteht für ihn in jedem Fall ein Suchbildkonflikt. Entweder findet er eine feurige und/oder erdhafte Frau, die aber nicht sein fehlendes Element ergänzt, oder er findet diese Ergänzung in einer luftigen Partnerin, die dann aber eben nicht seinem feurig-erdhaften Suchbild entspricht.
3. SELBSTBILD
Sein Selbstverständnis als Mann ist durch und durch erdhaft. Die beiden männlichen Planeten Mars (♂) und Sonne (☉) stehen im Erdzeichen Stier (♉).
4. AUF- UND ABWERTUNGEN – SELBSTBILD
Die beiden männlichen Planeten Mars (♂) und Sonne (☉) werden durch Saturnquadrate heftig abgewertet (♂ □ ♄ und ☉ □ ♄). Die innere Botschaft könnte lauten: »Männlichkeit ist schlecht, verboten, anstößig, schändlich, schmutzig.«
5. AUF- UND ABWERTUNGEN – SUCHBILD
Dagegen ist das Weibliche deutlich aufgewertet. Während die Venus (die junge Frau) durch ein Neptunsextil (♀ ⚹ ♆) idealisiert wird, steht der Mond (das mütterlich Weibliche) als Herrscher des Krebsaszendenten (AC/♋) an der Himmelsmitte (MC), wo er durch ein Neptunquadrat (☽ □ ♆) überidealisiert und ins Unerreichbare entrückt wird.
6. FÄRBUNGEN DES SELBSTBILDS DURCH ASPEKTE
Über die vorgenannten Wertungen hinaus bedeuten die Saturnquadrate auf die beiden männlichen Planeten (♂ □ ♄ und ☉ □ ♄) eine Problematisierung des männlichen Selbstverständnisses. Die inneren Botschaften könnten dabei lauten: »Ich bin schwierig, unbeliebt. Ich bin nie gut genug. Als Mann genüge ich nicht. Ich bin eine Zumutung.« Einen kleinen Ausgleich bietet Merkur, der durch seine Konjunktion mit Mars und Sonne (☿ ☌ ♂ und ☿ ☌ ☉) dem männlichen Selbstbild eine pfiffige, gewandte Färbung verleiht und den Mann zeigt, der nie um ein Wort verlegen ist.

7. FÄRBUNGEN DES SUCHBILDS DURCH ASPEKTE
Die Anima, die in ihrer feurig-erdhaften Mischung (☽/♈ = Feuer und ♀/♉ = Erde) durch Neptuns Einfluß (♀ ⚹ ♆ und ☽ □ ♆) nebulös verklärt wird, bekommt durch die Aspekte von Uranus (♀ △ ♅ und ☽ □ ♅) noch eine zusätzliche Note, die das Suchbild einer schillernden Frau oder eines bunten Vogels entstehen läßt. Sie enthält aber auch die Botschaft, daß auf Frauen kein Verlaß ist und daß sie früher oder später ohnehin untreu werden und wieder verschwinden. Dieser uranische Einfluß kann aber auch zur Spaltung des weiblichen Suchbildes führen, zu einer Polarisierung zwischen einem zur allgegenwärtigen Göttin verklärten Mutterbild und einer recht irdischen, leibhaftigen Frau.
8. DIE INNERE BEZIEHUNG
Für die innere Beziehung ergibt sich daraus neben einem naheliegenden Treueproblem allem voran ein ewiges Dürsten der als minderwertig erlebten männlichen Natur nach Erlösung durch das verklärte Weibliche, ein Hoffen auf jenes berühmte »Das ewig Weibliche zieht uns hinan.«[1] Die größte Spannung liegt jedoch zweifellos zwischen dem Selbstverständnis als durch und durch sinnlicher (☉/♉ und ♂/♉), aber minderwertiger, vielleicht sogar unwürdiger (♂ □ ♄ und ☉ □ ♄) Mann, der stierhaft Besitzanspruch auf alles – und damit auch auf seine Frau – erhebt, die er aber zugleich als unhaltbar (♅) erlebt und ins Unfaßbare (♆) verklärt. Die Palette, diese innere Beziehungsdynamik zu inszenieren, ist sicherlich sehr weit gefächert. Sie reicht vom eifersüchtigen, verkniffenen Haustyrannen bis zum devoten Liebesdiener der großen Göttin. Wie sehr Dalí diesem letzteren Aspekt gehuldigt hat, kommt nicht nur in vielen seiner Bilder zum Ausdruck, sondern auch in seinem bemerkenswerten Tarot, in dem seine hochverehrte Gala als »DIE HERRSCHERIN« zu sehen ist.

1 Johann Wolfgang von Goethe, auf den dieses Zitat bekanntlich zurückgeht, hatte eine nicht unähnliche innere Beziehung: ein Plutoquadrat verfinsterte seine Sonne (♇ □ ☉ / ♍), während seine Venus durch ein Neptunsextil (♆ ⚹ ♀ / ♍) ebenso wie sein Mond durch die Stellung im Zeichen Fische und einem Eineinhalbquadrat von Neptun (♆ ⚼ ☽ / ♓) erlösende Qualitäten erhielt.

Im Tarot von Salvador Dalí ist Gala, seine Frau und Muse, »Die Herrscherin«.

Leider ist von Gala keine Geburtszeit bekannt, so daß wir zum Vergleich nur die Tageskonstellationen ihrer Geburt haben. Das ist vor allem deshalb bedauerlich, weil der Mond am späten Vormittag dieses Tages vom Zeichen Zwillinge in das Zeichen Krebs wechselte und damit ein wichtiger Selbstbildplanet unbestimmt bleibt. Aus diesem Grund werden wir hier keine spiegelbildliche Deutung der Beziehung aus ihrer Sicht machen, sondern lediglich einige Entsprechungen zu Dalís innerer Beziehung aufzeigen.

Inwieweit sie zumindest teilweise Dalís fehlendes Luftelement auszugleichen vermochte, ist nicht zu sagen, da wie gesagt die Zeichenstellung ihres Mondes unsicher ist. Dagegen läßt sich der Aspektierung Jupiters entnehmen, daß sie das Männliche wohlwollender und deutlich positiver bewertete (☉ ⚹ ♃ und ♂ ⚹ ♃) als Dalí selbst und daß ihr erdhaftes Suchbild (♂/♉ und ☉/♍) seinem Selbstbild einschließlich der Merkurfärbung (☉ ☌ ☿) entsprach. Auch seine große Verehrung dürfte ihr keine Mühe bereitet haben, da sie mit einer Jupiter-Mond-Konjunktion[1] (☽ ☌ ♃) und einer Löwevenus (♀/♌) ein durchaus gesundes Selbstverständnis als Frau hatte. Der Verklärung seines Bildes würde sie entsprechen, wenn sie in den ersten Stunden des Tages geboren wäre, in denen der Mond noch eine weite Konjunktion mit Neptun bildete. In jedem Fall aber findet sich in ihrem Selbstverständnis als unabhängige Frau (♀ □ ♅) eine klare Entsprechung und Projektionsfläche für Dalís innere Botschaft, derzufolge Frauen unhaltbar, exzentrisch und unberechenbar sind.

Gala	26.08.1894 12:00:00 LMT	
Kazan	049:08:00 O 55:49:00 N	08:43:28 GMT

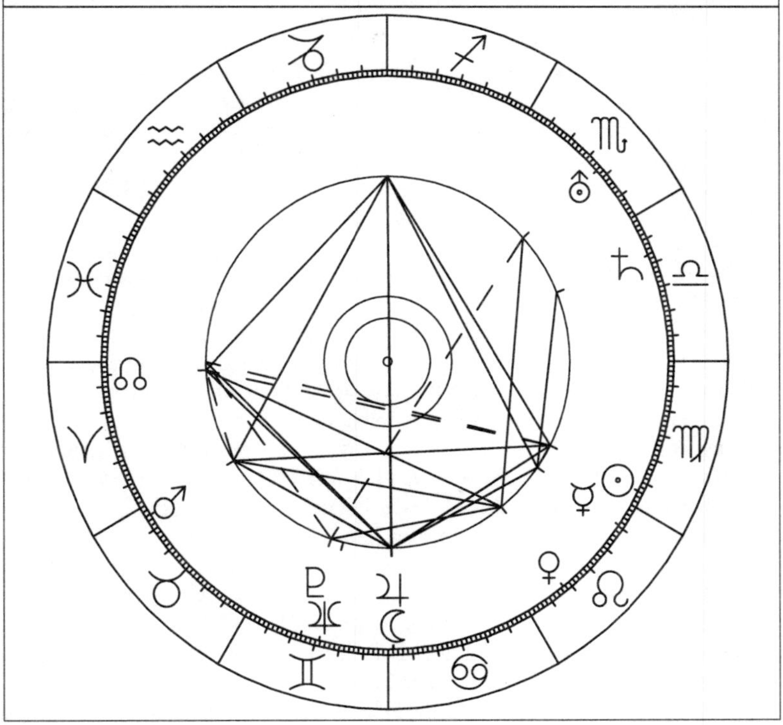

Elena Iwanowna Djakonowa, genannt Gala. Leider ist ihre Geburtsstunde unbekannt.

1 Diese Konjunktion bestand den ganzen Tag über und darf deshalb trotz fehlender Geburtszeit angenommen werden.

Zum Auffinden der Such- und Selbstbildplaneten Die Planetenstände von 1920 bis 2000

WICHTIGER HINWEIS:
Mit Hilfe der nachfolgenden Tabellen lassen sich die Zeichenstände der Such- und Selbstbildplaneten Sonne (☉), Mond (☾), Venus (♀) und Mars (♂) für die Zeit von 1920 bis zum Jahr 2000 nachschlagen. Dabei muß natürlich berücksichtigt werden, daß die Planeten nicht um Mitternacht unserer Zeitrechnung die Zeichen wechseln, sondern im Laufe der jeweils angegebenen Tage.

HINTERGRUND:
Von der Erde aus gesehen, scheinen alle Planeten mit der ihnen eigenen Geschwindigkeit auf einer gemeinsamen Bahn die Erde zu umkreisen, die seit alter Zeit als Ekliptik, Zodiak oder Tierkreis bekannt ist. Die Zeit, die die Sonne für diese Umrundung braucht, nennen wir ein Jahr. Der Mond legt dieselbe Strecke am schnellsten zurück. Aus seiner Umlaufzeit von etwa 27 Tagen ist unser Monat hervorgegangen. Dagegen benötigt die Venus 225 Tage und der Mars 687, um die Erde einmal zu umkreisen.

Die 360 Grad dieser Kreisbahn sind in zwölf gleich lange Streckenabschnitte von je 30 Grad eingeteilt, die nach Sternbildern benannt sind, und die man üblicherweise als die zwölf Sternzeichen kennt. Am gleichmäßigsten durchzieht die Sonne diese Bahn. Jedes Jahr steht sie zur gleichen Zeit ziemlich genau am gleichen Ort des Zodiaks. Deshalb läßt sich von allen Planetenständen am leichtesten die Position der Sonne berechnen. Sie ergibt sich aus dem Geburtstag und ist fast jedem als »sein Sternzeichen« bekannt. Doch auch der Lauf der Sonne ist nicht ganz mit dem Jahreslauf identisch, weshalb es ja alle vier Jahre ein Schaltjahr gibt. Die sich daraus ergebende geringfügige Verschiebung erklärt die scheinbare Ungenauigkeit, mit der in verschiedenen Büchern oder Illustrierten die Zeitabschnitte für die einzelnen Sternzeichen angegeben werden. Zwar mag es den Laien zunächst verwirren, wenn er feststellt, daß der am 20.3. geborene Friedrich Hölderlin Widder war, während der einen Tag später geborene Hans-Dietrich Genscher ein Fisch ist, obwohl bekanntlich das Zeichen Widder dem Zeichen Fische folgt. Dabei handelt es sich aber keineswegs um eine willkürliche Festlegung oder eine astrologische Ungenauigkeit. Im Gegenteil: 1770, im Geburtsjahr Hölderlins, wechselte die Sonne am 20.3. um 14.07 Uhr Ortszeit in das Zeichen Widder, während sie das 1927, im Geburtsjahr Genschers erst am 21.3. um 15.59 Uhr mitteleuropäischer Zeit tat.

WAS IST ZU TUN?
Wenn Sie bei Sonne, Venus oder Mars nicht gerade auf ein Übergangsdatum stoßen, also auf den ersten oder letzten Tag der genannten Periode, ist die angegebene Zeichenposition eindeutig. In all diesen Fällen können Sie die ermittelten Zeichenstände als gesichert betrachten.

Wenn Sie in den Tabellen von Sonne, Venus oder Mars aber auf den ersten Tag des dort genannten Zeitabschnitts treffen, könnte es sein, daß der Planet noch im davorliegenden Zeichen steht, zumal wenn die Person am Vormittag des Tages geboren ist. Handelt es sich um den letzten Tag der angegebenen Phase, dann ist es möglich, daß der Planet schon in das nächste Zeichen gewechselt hat; dies um so mehr, wenn die Person in der zweiten Tageshälfte geboren ist.

Mit dem Mond hat es eine besondere Bewandtnis. Da er alle zwei Tage das Zeichen wechselt, würde es jeden Rahmen sprengen, auch seine Zeichenstände für 80 Jahre in Tabellen wiederzugeben. Statt dessen haben wir uns für eine Mondformel entschieden, die mit einer sehr hohen Wahrscheinlichkeit die richtige Mondstellung ergibt oder in Grenzfällen die zwei in Frage kommenden Zeichen benennt.

In solchen Fällen ist es ratsam, beide in Frage kommenden Konstellationen nachzulesen, und auf Grund dieser Beschreibungen herauszufinden, welche der beiden Möglichkeiten die zutreffende ist. Letzte Sicherheit kann Ihnen aber stets ein Blick in die sogenannten Ephemeriden geben. Das sind Tabellen, aus denen sich der Lauf aller Planeten Tag für Tag ablesen läßt; und natürlich gibt jedes genau berechnete Horoskop den exakten Stand aller Planeten einschließlich des Mondes wieder.

Die Sonne ☉	
Zeit	Zeichen
21.3.-20.4.	WID
21.4.- 20.5.	STI
21.5.-21.6.	ZWI
22.6.- 22.7.	KRE
23.7.-22.8.	LÖW
23.8.-22.9.	JUN
23.9.-22.10.	WAA
23.10.- 21.11.	SKO
22.11.-21.12.	SCH
22.12.-20.1.	STE
21.1.-19.2.	WAS
20.2.-20.3.	FIS

Der Mond ☽

Mit den folgenden vier Schritte läßt sich die Stellung des Mondes ermitteln:

1. Entnehmen Sie der Tabelle A die Zahl, die dem Monat des Geburtsjahres entspricht.
2. Suchen Sie in der Tabelle B die Zahl für den Geburtstag.
3. Wenn Sie die genaue Geburtszeit kennen, nehmen Sie aus Tabelle C die Zahl für die Geburtsstunde. Ist Ihnen die Geburtszeit unbekannt, dann überspringen Sie diesen Punkt.
4. Zählen Sie diese Zahlen zusammen. Falls die Summe größer als 360 ist, ziehen Sie bitte 360 davon ab. Mit dem Ergebnis finden Sie in Tabelle D die Zeichenstellung des Mondes.

Tabelle A

Suchen Sie den Monat des Geburtsjahres

Jahr	Jan	Feb	Mrz	Apr	Mai	Jun	Jul	Aug	Sep	Okt	Nov	Dez
1910	167	212	220	263	297	347	25	79	131	166	212	244
1911	289	336	345	37	75	128	165	213	258	298	333	6
1912	55	109	133	165	222	268	301	346	31	66	119	158
1913	211	259	269	314	346	30	63	113	166	205	256	292
1914	337	21	29	74	108	158	197	250	301	336	22	55
1915	100	147	156	207	247	299	336	23	67	99	145	176
1916	227	280	305	356	31	78	111	155	202	239	291	331
1917	23	70	79	124	156	200	234	283	336	15	67	103
1918	147	191	199	239	275	329	9	57	113	147	193	225
1919	270	318	326	18	57	109	145	192	236	268	313	347
1920	38	91	115	167	202	248	281	326	14	50	104	153
1921	194	241	249	294	325	10	44	94	148	186	237	271
1922	317	1	10	55	91	153	182	234	284	318	3	35
1923	80	128	138	188	227	280	316	1	46	78	123	159
1924	210	263	288	339	13	59	91	137	185	222	270	314
1925	4	51	59	103	129	179	214	265	319	357	48	81
1926	126	172	180	226	262	315	354	46	95	128	172	204
1927	250	299	306	359	38	90	126	172	216	248	294	330
1928	22	76	100	150	184	229	261	307	356	34	87	125
1929	175	221	229	273	304	350	25	76	130	168	218	252
1930	296	341	350	37	74	127	166	218	265	298	342	14
1931	59	109	117	170	208	261	295	341	26	58	105	142
1932	194	248	272	321	355	38	71	117	167	205	258	296
1933	345	31	38	82	114	160	196	248	302	340	29	63
1934	107	152	161	208	245	299	337	29	76	108	152	184
1935	230	280	288	341	20	72	106	151	196	229	277	314
1936	7	60	84	132	165	209	241	287	237	15	69	106
1937	155	200	208	252	285	331	8	60	114	151	200	233
1938	277	322	331	19	56	110	148	199	246	278	321	353
1939	40	90	99	153	191	242	276	322	6	39	88	126
1940	180	232	255	302	335	19	51	97	148	188	240	277
1941	325	10	18	61	95	142	180	232	286	323	10	43
1942	87	133	141	190	227	281	319	9	55	88	131	163
1943	211	262	272	325	3	53	87	132	176	210	260	298
1944	351	43	65	112	145	188	221	268	318	357	50	87
1945	135	180	188	232	266	314	352	45	97	134	181	214
1946	258	303	311	1	38	91	130	179	225	257	301	334
1947	22	73	84	136	175	224	258	302	347	22	71	116
1948	163	215	236	282	314	358	30	77	129	168	221	257

Jahr	Jan	Feb	Mrz	Apr	Mai	Jun	Jul	Aug	Sep	Okt	Nov	Dez
1949	305	350	358	45	76	126	164	216	269	305	351	24
1950	67	114	121	171	209	263	300	350	35	67	111	144
1951	193	245	256	309	347	35	68	112	157	192	243	281
1952	335	25	46	92	124	167	200	248	300	339	31	68
1953	115	159	168	213	247	297	336	30	81	116	161	193
1954	237	283	291	341	29	73	111	160	205	237	281	315
1955	5	58	69	121	158	205	238	282	328	357	54	92
1956	145	196	214	262	293	337	11	60	112	151	203	239
1957	285	330	339	24	58	109	148	201	252	287	331	3
1958	47	93	101	142	190	244	281	330	15	47	92	126
1959	177	230	241	293	330	16	48	92	126	173	225	263
1960	316	6	26	71	103	147	181	231	284	323	14	50
1961	95	140	149	194	229	280	319	13	32	97	141	172
1962	216	264	272	323	2	55	92	140	184	217	263	298
1963	349	43	53	105	140	186	218	262	308	343	36	74
1964	126	176	196	241	273	317	353	43	96	135	186	221
1965	266	310	319	5	40	92	130	184	233	267	311	342
1966	27	74	83	135	174	227	263	310	355	28	74	110
1967	161	215	225	276	311	356	28	72	118	157	208	245
1968	297	346	6	51	83	129	164	215	268	307	357	31
1969	76	121	129	175	210	263	302	354	43	76	120	152
1970	197	245	255	307	347	38	74	121	165	198	245	281
1971	334	27	36	87	121	156	197	241	288	324	17	56
1972	107	156	176	221	254	300	335	27	81	119	168	202
1973	246	290	298	345	21	74	114	165	213	246	290	322
1974	7	57	66	120	158	210	245	291	325	8	55	92
1975	145	199	207	257	290	335	7	52	98	137	188	227
1976	278	326	347	32	63	110	147	200	253	291	339	12
1977	56	100	118	155	191	245	283	335	23	56	100	132
1978	178	227	238	292	331	22	56	101	145	178	226	263
1979	317	9	18	67	100	145	176	221	269	307	1	38
1980	89	136	157	201	234	282	319	11	65	102	150	182
1981	226	270	278	325	2	55	94	145	193	226	270	303
1982	349	40	51	104	142	192	226	271	315	348	37	74
1983	127	181	188	237	270	314	346	31	80	118	171	210
1984	260	306	327	12	45	93	130	184	236	273	320	353
1985	36	80	88	136	173	226	266	316	353	36	80	113
1986	161	212	223	276	315	4	37	81	125	159	207	239
1987	296	351	359	46	80	124	156	203	253	291	344	23
1988	71	117	138	182	216	264	301	355	42	84	130	161
1989	205	250	258	306	344	38	77	127	173	206	250	284
1990	333	24	34	88	126	174	206	251	295	328	18	56
1991	109	161	168	217	250	294	327	14	64	103	156	194
1992	242	287	307	352	26	75	112	166	219	254	300	331

Jahr	Jan	Feb	Mrz	Apr	Mai	Jun	Jul	Aug	Sep	Okt	Nov	Dez
1993	15	60	69	118	156	210	248	297	343	16	61	95
1994	144	197	207	260	297	344	17	61	105	139	189	226
1995	280	331	340	27	60	104	138	185	236	275	329	6
1996	53	97	118	162	195	245	283	337	29	64	109	141
1997	185	230	240	290	328	22	60	108	154	186	231	266
1998	316	9	18	71	107	154	186	230	275	309	359	37
1999	91	142	151	197	230	275	308	357	49	88	140	177
2000	223	268	287	332	5	56	94	148	199	234	279	311

Tabelle B

Suchen Sie die Zahl, die dem Geburtstag entspricht und zählen Sie diese zu der Zahl aus Tabelle A.

B	Tag der Geburt				
Tag	Zahl	Tag	Zahl	Tag	Zahl
1.	0	11.	132	21.	265
2.	13	12.	146	22.	278
3.	26	13.	159	23.	291
4.	40	14.	172	24.	305
5.	53	15.	185	25.	318
6.	66	16.	199	26.	331
7.	79	17.	212	27.	344
8.	93	18.	225	28.	358
9.	106	19.	238	29.	11
10.	119	20.	252	30.	24
				31.	37

Tabelle C

Wenn Sie die Geburtsstunde kennen, nehmen Sie den entsprechenden Wert und addieren ihn zu dem bisherigen Ergebnis bzw. ziehen ihn davon ab:

C	Geburtszeit zwischen			
Zeit Wert	0 - 6 Uhr -6	6 - 12 Uhr -3	12 - 18 Uhr +3	18 - 24 Uhr +6

Tabelle D

D	Die Zeichenstellung des Mondes
Bei einer Gesamtzahl zwischen	steht der Mond in diesen Zeichen
355 - 4	Fisch/Widder
5 - 24	Widder
25 - 34	Widder/Stier
35 - 54	Stier
55 - 64	Stier/Zwillinge
65 - 84	Zwillinge
85 - 94	Zwillinge/Krebs
95 - 114	Krebs
115 - 124	Krebs/Löwe
125 - 144	Löwe
145 - 154	Löwe/Jungfrau
155 - 174	Jungfrau
175 - 184	Jungfrau/Waage
185 - 204	Waage
205 - 214	Waage/Skorpion
215 - 234	Skorpion
235 - 244	Skorpion/Schütze
245 - 264	Schütze
265 - 274	Schütze/Steinbock
275 - 294	Steinbock
295 - 304	Steinbock/Wassermann
305 - 324	Wassermann
325 - 334	Wassermann/Fische
335 - 354	Fische

Beispiele:	Bill Clinton, geb. am 19.8.1946 um 08.51 Uhr	Hillary Clinton, geb. am 26.10.1947 um 20.00 Uhr
Wert aus Tabelle A	179	22
Wert aus Tabelle B	238	331
Wert aus Tabelle C	-3	+6
Summe	414	359
falls möglich minus 360	-360	-
Mondzahl	54	359
Mondstellung aus Tabelle D	Stier	Fische/Widder

Dementsprechend hat Bill Clinton einen eindeutigen Stiermond, während im Horoskop von Hillary Clinton der Mond vom Zeichen Fische in den Widder wechselt (siehe Seite 52 und 53).

DIE VENUS ♀

Jahr	WID	STI	ZWI	KRE	LOE	JUN	WAA	SKO	SCH	STE	WAS	FIS
1920	13.4.-6.5.	7.5.-30.5.	31.5.-24.6.	25.6.-18.7.	19.7.-12.8.	13.8.-5.9.	6.9.-29.9.	1.1.-4.1. 30.9.- 24.10.	5.1.-29.1. 25.10.- 17.11.	30.1.-23.2. 18.11.- 12.12.	24.2.-18.3. 13.12.- 31.12.	19.3.-12.4.
1921	3.2.-7.3. 27.4.-2.6.	8.3.-26.4. 3.6.-8.7.	9.7.-5.8.	6.8.-31.8.	1.9.-26.9.	27.9.- 20.10.	21.10.- 13.11.	14.11.- 7.12.	8.12.- 31.12.		1.1.-6.1.	7.1.-2.2.
1922	14.3.-6.4.	7.4.-1.5.	2.5.-25.5.	26.5.-19.6.	20.6.-15.7.	16.7.-10.8	11.8.-7.9.	8.9.-10.10. 29.11.- 31.12.	11.10.- 28.11.	1.1.-24.1.	25.1.-17.2.	18.2.-13.3.
1923	27.4.-21.5.	22.5.-15.6	16.6.-10.7.	11.7.-3.8.	4.8.-27.8.	28.8.-21.9	22.9.- 15.10.	1.1.-2.1. 16.10.- 8.11.	3.1.-6.2. 9.11.-2.12	7.2.-6.3. 3.12.- 26.12.	7.3.-1.4. 27.12.- 31.12.	2.4.-26.4.
1924	14.2.-9.3.	10.3.-5.4.	6.4.-6.5.	7.5.-8.9.	9.9.-7.10.	8.10.-2.11	3.11.- 27.11.	28.11.- 21.12.	22.12.- 31.12.		1.1.-19.1.	20.1.-13.2.
1925	29.3.-21.4.	22.4.-15.5	16.5.-9.6.	10.6.-3.7.	4.7.-28.7.	29.7.-22.8	23.8.-16.9.	17.9.- 11.10.	1.1.-14.1. 12.10.- 6.11.	15.1.-7.2. 7.11.-5.12.	8.2.-4.3. 6.12.- 31.12.	5.3.-28.3.
1926	7.5.-2.6.	3.6.-28.6.	29.6.-24.7.	25.7.-18.8.	19.8.-11.9.	12.9.-5.10	6.10.- 29.10.	30.10.- 22.11.	23.11.- 16.12.	17.12.- 31.12.	1.1.-6.4.	7.4.-6.5.
1927	27.2.-22.3.	23.3.-16.4	17.4.-12.5.	13.5.-8.6.	9.6.-7.7.	8.7.-9.11.	10.11.- 8.12.	9.12.- 31.12.		1.1.-9.1.	10.1.-2.2.	3.2.-26.2.
1928	12.4.-5.5.	6.5.-30.5.	31.5.-23.6.	24.6.-18.7.	19.7.-11.8.	12.8.-4.9.	5.9.-29.9.	1.1.-3.1. 30.9.- 23.10.	4.1.-29.1. 24.10.- 17.11.	30.1.-22.2. 18.11.- 12.12.	23.2.-18.3. 13.12.- 31.12.	19.3.-11.4.
1929	3.2.-8.3. 21.4.-3.6.	9.3.-20.4. 4.6.-8.7.	9.7.-5.8.	6.8.-31.8.	1.9.-25.9.	26.9.- 20.10.	21.10.- 13.11.	14.11.- 7.12.	8.12.- 31.12.		1.1.-6.1.	7.1.-2.2.
1930	13.3.-6.4.	7.4.-30.4.	1.5.-25.5.	26.5.-19.6.	20.6.-14.7.	15.7.-10.8	11.8.-7.9.	8.9.-12.10. 23.11.- 31.12.	13.10.- 22.11.	1.1.-24.1.	25.1.-16.2.	17.2.-12.3.
1931	27.4.-21.5.	22.5.-14.6	15.6.-9.7.	10.7.-3.8.	4.8.-27.8.	28.8.-20.9	21.9.- 14.10.	1.1.-3.1. 15.10.- 7.11.	4.1.-6.2. 8.11.-1.12	7.2.-5.3. 2.2.-25.12.	6.3.-31.3. 26.12.- 31.12.	1.4.-26.4.
1932	13.2.-9.3.	10.3.-5.4.	6.4.-6.5. 14.7.-28.7.	7.5.-13.7. 29.7.-8.9.	9.9.-7.10.	8.10.-2.11	3.11.- 26.11.	27.11.- 21.12.	22.12.- 31.12.		1.1.-19.1.	20.1.-12.2.
1933	28.3.-20.4.	21.4.-15.5	16.5.-8.6.	9.6.-3.7.	4.7.-27.7.	28.7.-21.8	22.8.-15.9.	16.9.- 11.10.	1.1.-14.1. 12.10.- 6.11.	15.1.-7.2. 7.11.-5.12.	8.2.-3.3. 6.12.- 31.12.	4.3.-27.3.
1934	7.5.-2.6.	3.6.-28.6.	29.6.-23.7.	24.7.-17.8.	18.8.-11.9.	12.9.-5.10	6.10.- 29.10.	30.10.- 22.11.	23.11.- 16.12.	17.12.- 31.12.	1.1.-6.4.	7.4.-6.5.
1935	27.2.-22.3.	23.3.-16.4	17.4.-11.5.	12.5.-7.6.	8.6.-7.7.	8.7.-9.11.	10.11.- 8.12.	9.12.- 31.12.		1.1.-8.1.-	9.1.-1.2.	2.2.-26.2.
1936	12.4.-5.5.	6.5.-29.5.	30.5.-23.6.	24.6.-17.7.	18.7.-11.8.	12.8.-4.9.	5.9.-28.9.	1.1.-3.1. 29.9.- 23.10.	4.1.-28.1. 24.10.- 16.11.	29.1.-22.2. 17.11.- 11.12.	23.2.-17.3. 12.12.- 31.12.	18.3.-11.4.
1937	3.2.-9.3. 15.4.-4.6.	10.3.-14.4 5.6.-7.7.	8.7.-4.8.	5.8.-30.8.	31.8.-25.9.	26.9.- 19.10.	20.10.- 12.11.	13.11.- 6.12.	7.12.- 30.12.	31.12.	1.1.-6.1.	7.1.-2.2.
1938	13.3.-5.4.	6.4.-29.4.	30.4.-24.5.	25.5.-18.6.	19.6.-14.7.	15.7.-9.8.	10.8.-7.9.	8.9.-13.10. 16.11.- 31.12	14.10.- 15.11.	1.1.-23.1.	24.1.-16.2.	17.2.-12.3.
1939	26.4.-20.5.	21.5.-14.6	15.6.-9.7.	10.7.-2.8.	3.8.-26.8.	27.8.-20.9	21.9.- 14.10.	1.1.-4.1. 15.10.- 7.11.	5.1.-6.2. 8.11.-1.12	7.2.-5.3. 2.12.- 25.12.	6.3.-31.3. 26.12.- 31.12.	1.4.-25.4.

DIE VENUS ♀

Jahr	WID	STI	ZWI	KRE	LOE	JUN	WAA	SKO	SCH	STE	WAS	FIS
1940	13.2.-8.3.	9.3.-4.4.	5.4.-6.5. 6.7.-1.8.	7.5.-5.7. 2.8.-8.9.	9.9.-6.10.	7.10.-1.11	2.11.- 26.11	27.11.- 20.12.	21.12.- 31.12.		1.1.-18.1.	19.1.-12.2.
1941	28.3.-20.4.	21.4.-14.5	15.5.-7.6.	8.6.-2.7.	3.7.-27.7.	28.7.-21.8	22.8.-15.9.	16.9.- 10.10.	1.1.-13.1. 11.10.- 6.11.	14.1.-6.2. 7.11.-5.12.	7.2.-2.3. 6.12.- 31.12.	3.3.-27.3.
1942	7.5.-2.6.	3.6.-27.6.	28.6.-23.7.	24.7.-17.8.	18.8.- 10.9.-	11.9.-4.10	5.10.- 28.10.	29.10.- 21.11.	22.11.- 15.12.	16.12.- 31.12.	1.1.-6.4.	7.4.-6.5.
1943	26.2.-21.3.	22.3.-15.4	16.4.-11.5.	12.5.-7.6.	8.6.-7.7.	8.7.-9.11.	10.11.- 8.12.	9.12.- 31.12.		1.1.-8.1.	9.1.-1.2.	2.2.-25.2.
1944	11.4.-4.5.	5.5.-29.5.	30.5.-22.6.	23.6.-17.7.	18.7.-10.8.	11.8.-3.9.	4.9.-28.9.	1.1.-3.1. 29.9.- 22.10.	4.1.-28.1. 23.10.- 16.11.	29.1.-21.2. 17.11.- 11.12.	22.2.-17.3. 12.12.- 31.12.	18.3.-10.4.
1945	3.2.-11.3. 8.4.-4.6.	12.3.-7.4. 5.6.-7.7.	8.7.-4.8.	5.8.-30.8.	31.8.-24.9.	25.9.- 19.10.	20.10.- 12.11.	13.11.- 6.12.	7.12.- 30.12.	31.12.	1.1.-5.1.	6.1.-2.2.
1946	12.3.-5.4.	6.4.-29.4.	30.4.-24.5.	25.5.-18.6.	19.6.-13.7.	14.7.-9.8.	10.8.-7.9.	8.9.-16.10. 9.11.- 31.12.	17.10.- 8.11.	1.1.-22.1.	23.1.-15.2.	16.2.-11.3.
1947	26.4.-20.5.	21.5.-13.6	14.6.-8.7.	9.7.-2.8.	3.8.-26.8.	27.8.-19.9	20.9.- 13.10.	1.1.-5.1. 14.10.- 6.11.	6.1.-6.2. 7.11.- 30.11.	7.2.-5.3. 1.12.- 24.12.	6.3.-30.3. 25.12.- 31.12.	31.3.-25.4.
1948	12.2.-8.3.	9.3.-4.4.	5.4.-7.5. 30.6.-3.8.	8.5.-29.6. 4.8.-8.9.	9.9.-6.10.	7.10.-1.11	2.11.- 26.11.	27.11.- 20.12.	21.12.- 31.12.		1.1.-18.1.	19.1.-11.2.
1949	27.3.-19.4.	20.4.-14.5	15.5.-7.6.	7.6.-1.7.	2.7.-26.7.	27.7.-20.8	21.8.-14.9.	15.9.- 10.10.	1.1.-13.1. 11.10.- 6.11.	14.1.-6.2. 7.11.-6.12.	7.2.-2.3. 7.12.- 31.12.	3.3.-26.3.
1950	6.5.-1.6.	2.6.-27.6.	28.6.-22.7.	23.7.-16.8.	17.8.-10.9.	11.9.-4.10	5.10.- 28.10.	29.10.- 21.11.	22.11.- 14.12.	15.12.- 31.12.	1.1.-6.4.	7.4.-5.5.
1951	25.2.- .21.3.	22.3.-15.4	16.4.-11.5.	12.5.-7.6.	8.6.-8.7.	9.7.-9.11.	10.11.- 8.12.	9.12.- 31.12.		1.1.-7.1.	8.1.-31.1.	1.2.-24.2.
1952	10.4.- 4.5.	5.5.-28.5.	29.5.-22.6.	23.6.-16.7.	17.7.- 9.8.	10.8.- 3.9.	4.9.-27.9.	1.1.-2.1. 28.9.- 22.10.	3.1-27.1 23.10.- 15.11.	28.1.-21.2. 16.11.- 10.12.	22.2.-16.3. 11.12.- 31.12.	17.3.-9.4.
1953	3.2.-14.3. 1.4.-5.6.	15.3.-31.3 6.6.-7.7.	8.7.-4.8.	5.8.-30.8.	31.8.-24.9.	25.9.- 18.10.	19.10.- 11.11.	12.11.- 5.12.	6.12.- 29.12.	30.12- 31.12.	1.1.-5-1.	6.1.-2.2.
1954	12.3.-4.4.	5.4.-28.4.	29.4.-23.5.	24.5.-17.6.	18.6.-13.7.	14.7.-9.8.	10.8.-6.9.	7.9.-23.10. 28.10.- 31.12.	24.10.- 27.10.	1.1.-22.1.	23.1.-15.2.	16.2.-11.3.
1955	25.4.-19.5.	20.5.-13.6	14.6.-8.7.	9.7.-1.8.	2.8.-25.8.	26.8.-18.9	19.9.- 13.10.	1.1.-6.1. 14.10.- 6.11.	7.1.-6.2. 7.11.- 30.11.	7.2.-4.3. 1.12.- 24.12.	5.3.-30.3. 25.12.- 31.12.	31.3.-24.4.
1956	12.2.-7.3.	8.3.-4.4.	5.4.-8.5. 24.6.-4.8.	9.5.-23.6. 5.8.-8.9.	9.9.-6.10.	7.10.- 31.10.	1.11.- 25.11.	26.11.- 19.12.	20.12.- 31.12.		1.1.-17.1.	18.1.-11.2.
1957	26.3.-19.4.	20.4.-13.5	14.5.-6.6.	7.6.-1.7.	2.7.-26.7.	27.7.-20.8	21.8.-14.9.	15.9.- 10.10.	1.1.-12.1. 11.10.- 5.11.	13.1.-5.2. 6.11.-6.12.	6.2.-1.3. 7.12.- 31.12.	2.3.-25.3.
1958	6.5.-1.6.	2.6.-26.6.	27.6.-22.7.	23.7.-16.8.	17.8.-9.9.	10.9.-3.10	4.10.- 27.10.	28.10.- 20.11.	21.11.- 14.12.	15.12.- 31.12.	1.1.-6.4.	7.4.-5.5.
1959	25.2.-20.3.	21.3.-14.4	15.4.-10.5.	11.5.-6.6.	7.6.-8.7. 20.9.-25.9.	9.7.-19.9. 26.9.-9.11	10.11.- 7.12.	8.12.- 31.12.		1.1.-7.1.	8.1.-31.1.	1.2.-24.2.

Die Venus ♀

Jahr	WID	STI	ZWI	KRE	LOE	JUN	WAA	SKO	SCH	STE	WAS	FIS
1960	10.4.-3.5.	4.5.-28.5.	29.5.-21.6.	22.6.-16.7.	17.7.-9.8.	10.8.-2.9.	3.9.-27.9.	1.1.-2.1. 28.9.-21.10.	3.1.-27.1. 22.10.-15.11.	28.1.-20.2. 16.11.-10.12.	21.2.-16.3. 11.12.-31.12.	17.3.-9.4.
1961	3.2.-5.6.	6.6.-7.7.	8.7.-3.8.	4.8.-29.8.	30.8.-23.9.	24.9.-18.10.	19.10.-11.11.	12.11.-5.12.	6.12.-28.12.	29.12.-31.12.	1.1.-5.1	6.1.-2.2
1962	11.3.-3.4.	4.4.-28.4.	29.4.-23.5.	24.5.-17.6.	18.6.-12.7.	13.7.-8.8.	9.8.-6.9.	7.9.-31.12.		1.1.-21.1.	22.1.-14.2.	15.2.-10.3.
1963	25.4.-19.5.	20.5.-12.6.	13.6.-7.7.	8.7.-31.7.	1.8.-25.8.	26.8.-18.9.	19.9.-12.10.	1.1.-6.1. 13.10.-5.11.	7.1.-5.2. 6.11.-29.11.	6.2.-4.3. 30.11.-23.12.	5.3.-30.3. 24.12.-31.12.	31.3.-24.4.
1964	11.2.-7.3.	8.3.-4.4.	5.4.-9.5. 18.6.-5.8.	10.5.-17.6. 6.8.-8.9.	9.9.-5.10.	6.10.-31.10.	1.11.-25.11.	26.11.-19.12.	20.12.-31.12.		1.1.-17.1.	18.1.-10.2.
1965	26.3.-18.4.	19.4.-12.5.	13.5.-6.6.	7.6.-30.6.	1.7.-25.7.	26.7.-19.8.	20.8.-13.9.	14.9.-9.10.	1.1.-12.1. 10.10.-5.11.	13.1.-5.2. 6.11.-7.12.	6.2.-1.3. 8.12.-31.12.	2.3.-25.3.
1966	6.5.-31.5.	1.6.-26.6.	27.6.-21.7.	22.7.-15.8.	16.8.-8.9.	9.9.-3.10.	4.10.-27.10.	28.10.-20.11.	21.11.-13.12.	7.2.-25.2. 14.12.-31.12.	1.1.-6.2. 26.2.-6.4.	7.4.-5.5.
1967	24.2.-20.3.	21.3.-14.4.	15.4.-10.5.	11.5.-6.6.	7.6.-8.7. 10.9.-1.10.	9.7.-9.9. 2.10.-9.11.	10.11.-7.12.	8.12.-31.12.		1.1.-6.1.	7.1.-30.1.	31.1.-23.2.
1968	9.4.-3.5.	4.5.-27.5.	28.5.-21.6	22.6.-15.7.	16.7.-8.8.	9.8.-2.9.	3.9.-26.9.	1.1. 27.9.-21.10.	2.1.-26.1. 22.10.-14.11.	27.1.-20.2. 15.11.-9.12.	21.2.-15.3. 10.12.-31.12.	16.3.-8.4.
1969	3.2.-6.6.	7.6.-6.7.	7.7.-3.8.	4.8.-29.8.	30.8.-23.9.	24.9.-17.10.	18.10.-10.11.	11.11.-4.12.	5.12.-28.12.	29.12.31.12.	1.1.-4.1.	5.1.-2.2.
1970	11.3.-3.4.	4.4.-27.4.	28.4.-22.5.	23.5.-16.6.	17.6.-12.7.	13.7.-8.8.	9.8.-7.9.	8.9.-31.12.		1.1.-21.1.	22.1.-14.2.	15.2.-10.3.
1971	24.4.-18.5.	19.5.-12.6.	13.6.-6.7.	7.7.-31.7.	1.8.-24.8.	25.8.-17.9.	18.9.-11.10.	1.1.-7.1. 12.10.-5.11.	8.1.-5.2. 6.11.-29.11.	6.2.-4.3. 30.11.-23.12.	5.3.-29.3. 24.12.31.12.	30.3.-23.4.
1972	11.2.-7.3.	8.3.-3.4.	4.4.-10.5. 12.6.-6.8.	11.5.-11.6. 7.8.-7.9.	8.9.-5.10.	6.10.-30.10.	31.10.-24.11.	25.11.-18.12.	19.12.-31.12.		1.1.-16.1.	17.1.-10.2.
1973	25.3.-18.4.	19.4.-12.5.	13.5.-5.6.	6.6.-30.6.	1.7.-25.7.	26.7.-19.8.	20.8.-13.9.	14.9.-9.10.	1.1.-11.1. 10.10.-5.11.	12.1.-4.2. 6.11.-7.12.	5.2.-28.2. 8.12.-31.12.	1.3.-24.3.
1974	5.5.-31.5.	1.6.-25.6.	26.6.-21.7.	22.7.-14.8.	15.8.-8.9.	9.9.-2.10.	3.10.-26.10.	27.10.-19.11.	20.11.-13.12.	30.1.-28.2. 14.12.-31.12.	1.1.-29.1. 1.3.-6.4.	7.4.-4.5.
1975	24.2.-19.3.	20.3.-13.4.	14.4.-9.5.	10.5.-6.6.	7.6.-9.7. 3.9.-4.10.	10.7.-2.9. 5.10.-9.11.	10.11.-7.12.	8.12.-31.12.		1.1.-6.1.	7.1.-30.1.	31.1.-23.2.
1976	9.4.-2.5.	3.5.-27.5.	28.5.-20.6.	21.6.-14.7.	15.7.-8.8.	9.8.-1.9.	2.9.-26.9.	1.1. 27.9.-20.10.	2.1.-26.1. 21.10.-14.11.	27.1.-19.2. 15.11.-9.12.	20.2.-15.3. 10.12.-31.12.	16.3.-8.4.
1977	3.2.-6.6.	7.6.-6.7.	7.7.-2.8.	3.8.-28.8.	29.8.-22.9.	23.9.-17.10.	18.10.-10.11.	11.11.-4.12.	5.12.-27.12.	28.12.-31.12.	1.1.-4.1.	5.1.-2.2.
1978	10.3.-2.4.	3.4.-27.4.	28.4.-22.5.	23.5.-16.6.	17.6.-12.7.	13.7.-8.8.	9.8.-7.9.	8.9.-31.12.		1.1.-20.1.	21.1.-13.2.	14.2.-9.3.
1979	24.4.-18.5.	19.5.-11.6.	12.6.-6.7.	7.7.-30.7.	31.7.-24.8.	25.8.-17.9.	18.9.-11.10.	1.1.-7.1. 12.10.-4.11.	8.1.5.2. 5.11.-28.11.	6.2.-3.3. 29.11.-22.12.	4.3.-29.3. 23.12.-31.12.	30.3.23.4.

Die Venus ♀

Jahr	WID	STI	ZWI	KRE	LOE	JUN	WAA	SKO	SCH	STE	WAS	FIS
1980	10.2.-6.3.	7.3.-3.4.	4.4.-12.5. 6.6.-6.8.	13.5.-5.6. 7.8.-7.9.	8.9.-4.10.	5.10.- 30.10.	31.10.- 24.11.	25.11.- 18.12.	19.12.- 31.12.		1.1.-16.1.	17.1.-9.2.
1981	25.3.-17.4.	18.4.-11.5.	12.5.-5.6.	6.6.-29.6.	30.6.-24.7.	25.7.-18.8.	19.8.-12.9.	13.9.-8.10.	1.1.-11.1. 9.10.-5.11.	12.1.-4.2. 6.11.-8.12.	5.2.-28.2. 9.12.- 31.12.	1.3.-24.3.
1982	5.5.-30.5.	31.5.-25.6.	26.6.-20.7.	21.7.-14.8.	15.8.-7.9.	8.9.-2.10.	3.10.- 26.10.	27.10.- 18.11.	19.11.- 12.12.	24.1.-2.3. 13.12.- 31.12.	1.1.-23.1. 3.3.-6.4.	7.4.-4.5.
1983	23.2.-19.3.	20.3.-13.4.	14.4.-9.5.	10.5.-6.6.	7.6.-10.7. 28.8.-5.10.	11.7.-27.8. 6.10.-9.11.	10.11.- 6.12.	7.12.- 31.12.		1.1.-5.1.	6.1.-29.1.	30.1.-22.2.
1984	8.4.-2.5.	3.5.-26.5.	27.5.-20.6.	21.6.-14.7.	15.7.-7.8.	8.8.-1.9.	2.9.-25.9.	1.1. 26.9.- 20.10.	2.1.-25.1. 21.10.- 13.11.	26.1.-19.2. 14.11.- 9.12.	20.2.-14.3. 10.12.- 31.12.	15.3.-7.4.
1985	3.2.-6.6.	7.6.-6.7.	7.7.-2.8.	3.8.-28.8.	29.8.-22.9.	23.9.- 16.10.	17.10.- 9.11.	10.11.- 3.12.	4.12.- 27.12.	28.12.- 31.12.	1.1.-4.1.	5.1.-2.2.
1986	10.3.-2.4.	3.4.-26.4.	27.4.-21.5.	22.5.-15.6.	16.6.-11.7.	12.7.-7.8.	8.8.-7.9.	8.9.-31.12.		1.1.-20.1.	21.1.-13.2.	14.2.-9.3.
1987	23.4.-17.5.	18.5.-11.6.	12.6.-5.7.	6.7.-30.7.	31.7.-23.8.	24.8.-16.9.	17.9.- 10.10.	1.1.-7.1. 11.10.- 3.11.	8.1.-5.2. 4.11.- 28.11.	6.2.-3.3. 29.11.- 22.12.	4.3.-28.3. 23.12.- 31.12.	29.3.-22.4.
1988	10.2.-6.3.	7.3.-3.4.	4.4.-17.5. 28.5.-6.8.	18.5.-27.5. 7.8.-7.9.	8.9.-4.10.	5.10.- 29.10.	30.10.- 23.11.	24.11.- 17.12.	18.12.- 31.12.		1.1.-15.1.	16.1.-9.2.
1989	24.3.-16.4.	17.4.-11.5.	12.5.-4.6.	5.6.-29.6.	30.6.-24.7.	25.7.-18.8.	19.8.-12.9.	13.9.-8.10.	1.1.-10.1. 9.10.-5.11.	11.1.-3.2. 6.11.- 10.12.	4.2.-27.2. 11.12.- 31.12.	28.2.-23.3.
1990	5.5.-30.5.	31.5.-25.6.	26.6.-20.7.	21.7.-13.8.	14.8.-7.9.	8.9.-1.10.	2.10.- 25.10.	26.10.- 18.11	19.11.- 12.12.	17.1.-3.3. 13.12.- 31.12.	1.1.-16.1. 4.3.-6.4.	7.4.-4.5.
1991	23.2.-18.3.	19.3.-13.4.	14.4.-9.5.	10.5.-6.6.	7.6.-11.7. 22.8.-6.10.	12.7.-21.8. 7.10.-9.11.	10.11.- 6.12.	7.12.- 31.12.		1.1.-5.1.	6.1.-29.1.	30.1.-22.2.
1992	8.4.-1.5.	2.5.-26.5.	27.5.-19.6.	20.6.-13.7.	14.7.-7.8.	8.8.-31.8.	1.9.-25.9.	26.9.- 19.10.	1.1.-25.1. 20.10.- 13.11.	26.1.-18.2. 14.11.- 8.12.	19.2.-13.3. 9.12.- 31.12.	14.3.-7.4.
1993	3.2.-6.6.	7.6.-6.7.	7.7.-1.8.	2.8.-27.8.	28.8.-21.9.	22.9.- 16.10.	17.10.- 9.11.	10.11.- 2.12.	3.12.- 26.12.	27.12.- 31.12.	1.1.-3.1.	4.1.-2.2.
1994	9.3.-1.4.	2.4.-26.4.	27.4.-21.5.	22.5.-15.6.	16.6.-11.7.	12.7.-7.8.	8.8.-7.9.	8.9.-31.12.		1.1.-19.1.	20.1.-12.2.	13.2.-8.3.
1995	23.4.-16.5.	17.5.-10.6.	11.6.-5.7.	6.7.-29.7.	30.7.-23.8.	24.8.-16.9.	17.9.- 10.10.	1.1.-7.1. 11.10.- 3.11.	8.1.-4.2. 4.11.- 27.11.	5.2.-2.3. 28.11.- 21.12.	3.3.-28.3. 22.12.- 31.12.	29.3.-22.4.
1996	10.2.-6.3.	7.3.-3.4.	4.4.-7.8.	8.8.-7.9.	8.9.-4.10.	5.10.- 29.10.	30.10.- 23.11.	24.11.- 17.12.	18.12.- 31.12.		1.1.-15.1.	16.1.-9.2.
1997	24.3.-16.4.	17.4.-10.5.	11.5.-4.6.	5.6.-28.6.	29.6.-23.7.	24.7.-17.8.	18.8.-12.9.	13.9.-8.10.	1.1.-10.1. 9.10.-5.11.	11.1.-3.2. 6.11.- 12.12.	4.2.-27.2. 13.12.- 31.12.	28.2.-23.3.
1998	4.5.-29.5.	30.5.-24.6.	25.6.-19.7.	20.7.-13.8.	14.8.-6.9.	7.9.-30.9.	1.10.- 24.10.	25.10.- 17.11.	18.11.- 11.12.	10.1.-4.3. 12.12.- 31.12.	1.1.-9.1. 5.3.-6.4.	7.4.-3.5.
1999	22.2.-18.3.	19.3.-12.4.	13.4.-8.5.	9.5.-5.6.	6.6.-12.7. 16.8.-7.10.	13.7.-15.8. 8.10.-9.11.	10.11.- 5.12.	6.12.- 31.12.		1.1.-4.1.	5.1.-28.1.	29.1.-21.2.
2000	7.4.-1.5.	2.5.-25.5.	26.5.-18.6.	19.6.-13.7.	14.7.-6.8.	7.8.-31.8.	1.9.-24.9.	25.9.- 19.10.	1.1.-24.1. 20.10.- 13.11.	25.1.-18.2. 14.11.- 8.12.	19.2.-13.3. 9.12.- 31.12.	14.3.-6.4.

Der Mars ♂

Zeit	Zeichen	Zeit	Zeichen	Zeit	Zeichen	Zeit	Zeichen	Zeit	Zeichen
1920		23.2.-17.4.	ZWI	5.2.-14.3.	FIS	5.1.-17.2.	SCH	19.5.-17.7.	JUN
1.1.-31.1.	WAA	18.4.-6.6.	KRE	15.3.-22.4.	WID	18.2.-2.4.	STE	18.7.-3.9.	WAA
1.2.-23.4.	SKO	7.6.-25.7.	LOE	23.4.-2.6.	STI	3.4.-16.5.	WAS	4.9.-17.10.	SKO
24.4.-10.7.	WAA	26.7.-10.9.	JUN	3.6.-15.7.	ZWI	17.5.-2.7.	FIS	18.10.-26.11.	SCH
11.7.-4.9.	SKO	11.9.-26.10.	WAA	16.7.-30.8.	KRE	3.7.-31.12.	WID	27.11.-31.12.	STE
5.9.-18.10.	SCH	27.10.-8.12.	SKO	31.8.-18.10.	LOE	**1942**		**1949**	
19.10.-27.11.	STE	9.12.-31.12.	SCH	19.10.-11.12.	JUN	1.1.-11.1.	WID	1.1.-4.1.	STE
28.11.-31.12.	WAS	**1928**		12.12.-31.12.	WAA	12.1.-7.3.	STI	5.1.-11.2.	WAS
1921		1.1.-19.1.	SCH	**1935**		8.3.-26.4.	ZWI	12.2.-21.3.	FIS
1.1.-5.1.	WAS	20.1.-28.2.	STE	1.1.-29.7.	WAA	27.4.-14.6.	KRE	22.3.-30.4.	WID
6.1.-13.2.	FIS	29.2.-7.4.	WAS	30.7.-16.9.	SKO	15.6.-1.8.	LOE	1.5.-10.6.	STI
14.2.-25.3.	WID	8.4.-16.5.	FIS	17.9.-28.10.	SCH	2.8.-17.9.	JUN	11.6.-23.7.	ZWI
26.3.-6.5.	STI	17.5.-26.6.	WID	29.10.-7.12.	STE	18.9.-1.11.	WAA	24.7.-7.9.	KRE
7.5.-18.6.	ZWI	27.6.-9.8.	STI	8.12.-31.12.	WAS	2.11.-15.12.	SKO	8.9.-27.10.	LOE
19.6.-3.8.	KRE	10.8.-3.10.	ZWI	**1936**		16.12.-31.12.	SCH	28.10.-26.12.	JUN
4.8.-19.9.	LOE	4.10.-20.12.	KRE	1.1.-14.1.	WAS	**1943**		27.12.-31.12.	WAA
20.9.-6.11.	JUN	21.12.-31.12.	ZWI	15.1.-22.2.	FIS	1.1.-26.1.	SCH	**1950**	
7.11.-26.12.	WAA	**1929**		23.2.-1.4.	WID	27.1.-8.3.	STE	1.1.-28.3.	WAA
27.12.-31.12.	SKO	1.1.-10.3.	ZWI	2.4.-13.5.	STI	9.3.-17.4.	WAS	29.3.-11.6.	JUN
1922		11.3.-13.5.	KRE	14.5.-25.6.	ZWI	18.4.-27.5.	FIS	12.6.-10.8.	WAA
1.1.-18.2.	SKO	14.5.-4.7.	LOE	26.6.-10.8.	KRE	28.5.-7.7.	WID	11.8.-25.9.	SKO
19.2.-13.9.	SCH	5.7.-21.8.	JUN	11.8.-26.9.	LOE	8.7.-23.8.	STI	26.9.-6.11.	SCH
14.9.-30.10.	STE	22.8.-6.10.	WAA	27.9.-14.11.	JUN	24.8.-31.12.	ZWI	7.11.-15.12.	STE
31.10.-11.12.	WAS	7.10.-18.11.	SKO	15.11.-31.12.	WAA	**1944**		16.12.-31.12.	WAS
12.12.-31.12.	FIS	19.11.-29.12.	SCH	**1937**		1.1.-28.3.	ZWI	**1951**	
1923		30.12.-31.12.	STE	1.1.-5.1.	WAA	29.3.-22.5.	KRE	1.1.-22.1.	WAS
1.1.-21.1.	FIS	**1930**		6.1.-13.3.	SKO	23.5.-12.7.	LOE	23.1.-1.3.	FIS
22.1.-4.3.	WID	1.1.-6.2.	STE	14.3.-14.5.	SCH	13.7.-29.8.	JUN	2.3.-10.4.	WID
5.3.-16.4.	STI	7.2.-17.3.	WAS	15.5.-8.8.	SKO	30.8.-13.10.	WAA	11.4.-21.5.	STI
17.4.-30.5.	ZWI	18.3.-24.4.	FIS	9.8.-30.9.	SCH	14.10.-25.11.	SKO	22.5.-3.7.	ZWI
31.5.-16.7.	KRE	25.4.-3.6.	WID	1.10.-11.11.	STE	26.11.-31.12.	SCH	4.7.-18.8.	KRE
17.7.-1.9.	LOE	4.6.-14.7.	STI	12.11.-21.12.	WAS	**1945**		19.8.-5.10.	LOE
2.9.-18.10.	JUN	15.7.-28.8.	ZWI	22.12.-31.12.	FIS	1.1.-5.1.	SCH	6.10.-24.11.	JUN
19.10.-4.12.	WAA	29.8.-20.10.	KRE	**1938**		6.1.-14.2.	STE	25.11.-31.12.	WAA
5.12.-31.12.	SKO	21.10.-31.12.	LOE	1.1.-30.1.	FIS	15.2.-25.3.	WAS	**1952**	
1924		**1931**		31.1.-12.3.	WID	26.3.-2.5.	FIS	1.1.-20.1	WAA
1.1.-19.1.	SKO	1.1.-16.2.	LOE	13.3.-23.4.	STI	3.5.-11.6.	WID	21.1.-27.8.	SKO
20.1.-6.3.	SCH	17.2.-30.3.	KRE	24.4.-7.6.	ZWI	12.6.-23.7.	STI	28.8.-12.10.	SCH
7.3.-24.4.	STE	31.3.-10.6.	LOE	8.6.-22.7.	KRE	24.7.-7.9.	ZWI	13.10.-21.11.	STE
25.4.-24.6.	WAS	11.6.-1.8.	JUN	23.7.-7.9.	LOE	8.9.-11.11.	KRE	22.11.-30.12.	WAS
25.6.-24.8.	FIS	2.8.-17.9.	WAA	8.9.-25.10.	JUN	12.11.-26.12.	LOE	31.12.	FIS
25.8.-19.10.	WAS	18.9.-30.10.	SKO	26.10.-11.12.	WAA	27.12.-31.12.	KRE	**1953**	
20.10.-19.12.	FIS	31.10.-10.12.	SCH	12.12.-31.12.	SKO	**1946**		1.1.-8.2.	FIS
20.12.-31.12.	WID	11.12.-31.12.	STE	**1939**		1.1.-22.4.	KRE	9.2.-20.3.	WID
1925		**1932**		1.1.-29.1.	SKO	23.4.-20.6.	LOE	21.3.-1.5.	STI
1.1.-5.2.	WID	1.1.-18.1.	STE	30.1.-21.3.	SCH	21.6.-9.8.	JUN	2.5.-14.6.	ZWI
6.2.-24.3.	STI	19.1.-25.2.	WAS	22.3.-24.5.	STE	10.8.-24.9.	WAA	15.6.-29.7.	KRE
25.3.-9.5.	ZWI	26.2.-3.4.	FIS	25.5.-21.7.	WAS	25.9.-6.11.	SKO	30.7.-14.9.	LOE
10.5.-26.6.	KRE	4.4.-12.5.	WID	22.7.-24.9.	STE	7.11.-17.12.	SCH	15.9.-1.11.	JUN
27.6.-12.8.	LOE	13.5.-22.6.	STI	25.9.-19.11.	WAS	18.12.-31.12.	STE	2.11.-20.12.	WAA
13.8.-28.9.	JUN	23.6.-4.8.	ZWI	20.11.-31.12.	FIS	**1947**		21.12.-31.12.	SKO
29.9.-13.11.	WAA	5.8.-20.9.	KRE	**1940**		1.1.-25.1.	STE	**1954**	
14.11.-28.12.	SKO	21.9.-13.11.	LOE	1.1.-3.1.	FIS	26.1.-4.3.	WAS	1.1.-9.2.	SKO
29.12.-31.12.	SCH	14.11.-31.12.	JUN	4.1.-17.2.	WID	5.3.-11.4.	FIS	10.2.-12.4.	SCH
1926		**1933**		18.2.-1.4.	STI	12.4.-21.5.	WID	13.4.-3.7.	STE
1.1.-9.2.	SCH	1.1.-6.7.	JUN	2.4.-17.5.	ZWI	22.5.-1.7.	STI	4.7.-24.8.	SCH
10.2.-23.3.	STE	7.7.-26.8.	WAA	18.5.-3.7.	KRE	2.7.-13.8.	ZWI	25.8.-21.10.	STE
24.3.-3.5.	WAS	27.8.-9.10.	SKO	4.7.-19.8.	LOE	14.8.-1.10.	KRE	22.10.-4.12.	WAS
4.5.-15.6.	FIS	10.10.-19.11.	SCH	20.8.-5.10.	JUN	2.10.-1.12.	LOE	5.12.-31.12.	FIS
16.6.-1.8.	WID	20.11.-28.12.	STE	6.10.-20.11.	WAA	2.12.-31.12.	JUN	**1955**	
2.8.-31.12.	STI	29.12.-31.12.	WAS	21.11.-31.12.	SKO	**1948**		1.1.-30.1.	FIS
1927		**1934**		**1941**		1.1.-12.2.	JUN	31.1.-26.2.	WID
1.1.-22.2.	STI	1.1.-4.2.	WAS	1.1.-4.1.	SKO	13.2.-18.5.	LOE	27.2.-10.4.	STI

Der Mars ♂

Zeit	Zeichen	Zeit	Zeichen	Zeit	Zeichen	Zeit	Zeichen	Zeit	Zeichen
11.4.-26.5.	ZWI	29.5.-9.6.	STI	**1970**		**1977**		19.11.-31.12.	WAA
27.5.-11.7.	KRE	10.6.-22.8.	ZWI	1.1.-24.1.	FIS	1.1.	SCH	**1984**	
12.7.-27.8.	LOE	23.8.-11.10.	KRE	25.1.-7.3.	WID	2.1.-9.2.	STE	1.1.-11.1.	WAA
28.8.-13.10.	JUN	12.10.-31.12.	LOE	8.3.-18.4.	STI	10.2.-20.3.	WAS	12.1.-17.8.	SKO
14.10.-29.11.	WAA	**1963**		19.4.-2.6.	ZWI	21.3.-27.4.	FIS	18.8.-5.10.	SCH
30.11.-31.12.	SKO	1.1.-3.6.	LOE	3.6.-18.7.	KRE	28.4.-6.6.	WID	6.10.-15.11.	STE
1956		4.6.-27.7.	JUN	19.7.-3.9.	LOE	7.6.-17.7.	STI	16.11.-25.12.	WAS
1.1.-14.1.	SKO	28.7.-12.9.	WAA	4.9.-20.10.	JUN	18.7.-1.9.	ZWI	26.12.-31.12.	FIS
15.1.-28.2.	SCH	13.9.-25.10.	SKO	21.10.-6.12.	WAA	2.9.-26.10.	KRE	**1985**	
29.2.-14.4.	STE	26.10.-5.12.	SCH	7.12.-31.12.	SKO	27.10.-31.12.	LOE	1.1.-2.2.	FIS
15.4.-3.6.	WAS	6.12.-31.12.	STE	**1971**		**1978**		3.2.-15.3.	WID
4.6.-6.12.	FIS	**1964**		1.1.-23.1.	SKO	1.1.-26.1.	LOE	16.3.-26.4.	STI
7.12.-31.12.	WID	1.1.-13.1.	STE	24.1.-12.3.	SCH	27.1.-10.4.	KRE	27.4.-9.6.	ZWI
1957		14.1.-20.2.	WAS	13.3.-3.5.	STE	11.4.-14.6.	LOE	10.6.-25.7.	KRE
1.1.-28.1.	WID	21.2.-29.3.	FIS	4.5.-6.11.	WAS	15.6.-4.8.	JUN	26.7.-10.9.	LOE
29.1.-17.3.	STI	30.3.-7.5.	WID	7.11.-26.12.	FIS	5.8.-19.9.	WAA	11.9.-27.10.	JUN
18.3.-4.5.	ZWI	8.5.-17.6.	STI	27.12.-31.12.	WID	20.9.-2.11.	SKO	28.10.-14.12.	WAA
5.5.-21.6.	KRE	18.6.-30.7.	ZWI	**1972**		3.11.-12.12.	SCH	15.12.-31.12.	SKO
22.6.-8.8.	LOE	31.7.-15.9.	KRE	1.1.-10.2.	WID	13.12.-31.12.	STE	**1986**	
9.8.-24.9.	JUN	16.9.-6.11.	LOE	11.2.-27.3.	STI	**1979**		1.1.-2.2.	SKO
25.9.-8.11.	WAA	7.11.-31.12.	JUN	28.3.-12.5.	ZWI	1.1.-20.1.	STE	3.2.-28.3.	SCH
9.11.-23.12.	SKO	**1965**		13.5.-28.6.	KRE	21.1.-27.2.	WAS	29.3.-9.10.	STE
24.12.-31.12.	SCH	1.1.-29.6.	JUN	29.6.-15.8.	LOE	28.2.-7.4.	FIS	10.10.-26.11.	WAS
1958		30.6.-20.8.	WAA	16.8.-30.9.	JUN	8.4.-16.5.	WID	27.11.-31.12.	FIS
1.1.-3.2.	SCH	21.8.-4.10.	SKO	1.10.-15.11.	WAA	17.5.-26.6.	STI	**1987**	
4.2.-17.3.	STE	5.10.-14.11.	SCH	16.11.-30.12.	SKO	27.6.-8.8.	ZWI	1.1.-8.1.	FIS
18.3.-27.4.	WAS	15.11.-23.12.	STE	31.12.	SCH	9.8.-24.9.	KRE	9.1.-20.2.	WID
28.4.-7.6.	FIS	24.12.-31.12.	WAS	**1973**		25.9.-19.11.	LOE	21.2.-5.4.	STI
8.6.-21.7.	WID	**1966**		1.1.-12.2.	SCH	20.11.-31.12.	JUN	6.4.-21.5.	ZWI
22.7.-21.9.	STI	1.1.-30.1.	WAS	13.2.-26.3.	STE	**1980**		22.5.-6.7.	KRE
22.9.-29.10.	ZWI	31.1.-9.3.	FIS	27.3.-8.5.	WAS	1.1.-11.3.	JUN	7.7.-22.8.	LOE
30.10.-31.12.	STI	10.3.-17.4.	WID	9.5.-20.6.	FIS	12.3.-4.5.	LOE	23.8.-8.10.	JUN
1959		18.4.-28.5.	STI	21.6.-12.8.	WID	5.5.-10.7.	JUN	9.10.-24.11.	WAA
1.1.-10.2.	STI	29.5.-11.7.	ZWI	13.8.-29.10.	STI	11.7.-29.8.	WAA	25.11.-31.12.	SKO
11.2.-10.4.	ZWI	12.7.-25.8.	KRE	30.10.-24.12.	WID	30.8.-12.10.	SKO	**1988**	
11.4.-1.6.	KRE	26.8.-12.10.	LOE	25.12.-31.12.	STI	13.10.-22.11.	SCH	1.1.-8.1.	SKO
2.6.-20.7.	LOE	13.10.-4.12.	JUN	**1974**		23.11.-30.12.	STE	9.1.-22.2.	SCH
21.7.-5.9.	JUN	5.12.-31.12.	WAA	1.1.-27.2.	STI	31.12.	WAS	23.2.-6.4.	STE
6.9.-21.10.	WAA	**1967**		28.2.-20.4.	ZWI	**1981**		7.4.-22.5.	WAS
22.10.-3.12.	SKO	1.1.-12.2.	WAA	21.4.-9.6.	KRE	1.1.-6.2.	WAS	23.5.-13.7.	FIS
4.12.-31.12.	SCH	13.2.-31.3.	SKO	10.6.-27.7.	LOE	7.2.-17.3.	FIS	14.7.-23.10.	WID
1960		1.4.-19.7.	WAA	28.7.-12.9.	JUN	18.3.-25.4.	WID	24.10.-1.11.	FIS
1.1.-14.1.	SCH	20.7.-10.9.	SKO	13.9.-28.10.	WAA	26.4.-5.6.	STI	2.11.-31.12.	WID
15.1.-23.2.	STE	11.9.-23.10.	SCH	29.10.-10.12.	SKO	6.6.-18.7.	ZWI	**1989**	
24.2.-2.4.	WAS	24.10.-1.12.	STE	11.12.-31.12.	SCH	19.7.-2.9.	KRE	1.1.-19.1.	WID
3.4.-11.5.	FIS	2.12.-31.12.	WAS	**1975**		3.9.-21.10.	LOE	20.1.-11.3.	STI
12.5.-20.6.	WID	**1968**		1.1.-21.1.	SCH	22.10.-15.12.	JUN	12.3.-29.4.	ZWI
21.6.-2.8.	STI	1.1.-9.1.	WAS	22.1.-3.3.	STE	16.12.-31.12.	WAA	30.4.-16.6.	KRE
3.8.-21.9.	ZWI	10.1.-17.2.	FIS	4.3.-11.4.	WAS	**1982**		17.6.-3.8.	LOE
22.9.-31.12.	KRE	18.2.-27.3.	WID	12.4.-21.5.	FIS	1.1.-3.8.	WAA	4.8.-19.9.	JUN
1961		28.3.-8.5.	STI	22.5.-1.7.	WID	4.8.-20.9.	SKO	20.9.-4.11.	WAA
1.1.-6.5.	KRE	9.5.-21.6.	ZWI	2.7.-14.8.	STI	21.9.-31.10.	SCH	5.11.-18.12.	SKO
7.5.-28.6.	LOE	22.6.-5.8.	KRE	15.8.-17.10.	ZWI	1.11.-10.12.	STE	19.12.-31.12.	SCH
29.6.-17.8.	JUN	6.8.-21.9.	LOE	18.10.-25.11	KRE	11.12.-31.12.	WAS	**1990**	
18.8.-1.10.	WAA	22.9.-9.11.	JUN	26.11.-31.12.	ZWI	**1983**		1.1.-29.1.	SCH
2.10.-13.11.	SKO	10.11.-29.12.	WAA	**1976**		1.1.-17.1.	WAS	30.1.-11.3.	STE
14.11.-24.12.	SCH	30.12.-31.12.	SKO	1.1.-18.3.	ZWI	18.1.-25.2.	FIS	12.3.-20.4.	WAS
25.12.-31.12.	STE	**1969**		19.3.-16.5.	KRE	26.2.-5.4.	WID	21.4.-31.5.	FIS
1962		1.1.-25.2.	SKO	17.5.-6.7.	LOE	6.4.-16.5.	STI	1.6.-12.7.	WID
1.1.-1.2.	STE	26.2.-21.9.	SCH	7.7.-24.8.	JUN	17.5.-29.6.	ZWI	13.7.-31.8.	STI
2.2.-12.3.	WAS	22.9.-4.11.	STE	25.8.-8.10.	WAA	30.6.-13.8.	KRE	1.9.-14.12.	ZWI
13.3.-18.4.	FIS	5.11.-15.12.	WAS	9.10.-20.11.	SKO	14.8.-29.9..	LOE	15.12.-31.12.	STI
19.4.-28.5.	WID	16.12.-31.12.	FIS	21.11.-31.12.	SCH	30.9.-18.11.	JUN		

Der Mars ♂

Zeit	Zeichen	Zeit	Zeichen	Zeit	Zeichen	Zeit	Zeichen	Zeit	Zeichen
1991		**1993**		**1995**		**1997**		28.11.-31.12.	WAA
1.1.-21.1.	STI	1.1.-27.4.	KRE	1.1.-22.1.	JUN	1.1.-3.1.	JUN	**1999**	
22.1.-3.4.	ZWI	28.4.-23.6.	LOE	23.1.-25.5.	LOE	4.1.-8.3.	WAA	1.1.-26.1.	WAA
4.4.-26.5.	KRE	24.6.-12.8.	JUN	26.5.-21.7.	JUN	9.3.-19.6.	JUN	27.1.-5.5.	SKO
27.5.-15.7.	LOE	13.8.-27.9.	WAA	22.7.-7.9.	WAA	20.6.-14.8.	WAA	6.5.-5.7.	WAA
16.7.-1.9.	JUN	28.9.-9.11.	SKO	8.9.-20.10.	SKO	15.8.-28.9.	SKO	6.7.-2.9.	SKO
2.9.-16.10.	WAA	10.11.-20.12.	SCH	21.10.-30.11.	SCH	29.9.-9.11.	SCH	3.9.-17.10.	SCH
17.10.-29.11.	SKO	21.12.-31.12.	STE	1.12.-31.12.	STE	10.11.-18.12.	STE	18.10.-26.11.	STE
30.11.-31.12.	SCH	**1994**		**1996**		19.12.-31.12.	WAS	27.11.-31.12.	WAS
1992		1.1.-28.1.	STE	1.1.-8.1.	STE	**1998**		**2000**	
1.1.-9.1.	SCH	29.1.-7.3.	WAS	9.1.-15.2.	WAS	1.1.-25.1.	WAS	1.1.-4.1.	WAS
10.1.-18.2.	STE	8.3.-14.4.	FIS	16.2.-24.3.	FIS	26.1.-4.3.	FIS	5.1.-12.2.	FIS
19.2.-28.3.	WAS	15.4.-23.5.	WID	25.3.-2.5.	WID	5.3.-13.4.	WID	13.2.-23.3.	WID
29.3.-5.5.	FIS	24.5.-3.7.	STI	3.5.-12.6.	STI	14.4.-24.5.	STI	24.3.-3.5.	STI
6.5.-14.6.	WID	4.7.-16.8.	ZWI	13.6.-25.7.	ZWI	25.5.-6.7.	ZWI	4.5.-16.6.	ZWI
15.6.-26.7.	STI	17.8.-4.10.	KRE	26.7.-9.9.	KRE	7.7.-20.8.	KRE	17.6.-1.8.	KRE
27.7.-12.9.	ZWI	5.10.-12.12.	LOE	10.9.-30.10.	LOE	21.8.-7.10.	LOE	2.8.-17.9.	LOE
13.9.-31.12.	KRE	13.12.-31.12.	JUN	31.10.-31.12.	JUN	8.10.-27.11.	JUN	18.9.-4.11.	JUN

Glossar

Achillesferse Schwachpunkt eines Menschen, dem in der Jungschen Psychologie die minderwertige Funktion (→ Bewußtseinsfunktionen) und astrologisch das → fehlende Element entspricht.

Androgyn Zweigeschlechtliche Gestalt. Symbolfigur
a) in der Alchemie für das höchst erreichbare Gut.
b) in der Psychologie für die → Ganzheit.
c) für den Menschentyp im → Wassermannzeitalter.

Anima Unbewußte weibliche Seite im Mann, die sein → Suchbild prägt und ihn vor allem zur → Ganzheit führen will. Sie zeigt sich im Horoskop in den → weiblichen Planeten.

Animus Unbewußte männliche Seite der Frau, die ihr → Suchbild prägt und sie vor allem zur → Ganzheit führen will. Er zeigt sich im Horoskop in den →männlichen Planeten.

Archetypen Urbilder der Seele, die alle Menschen gemeinsam haben.

Aspekte *astrologisch:* Bedeutsame Abstände von Planeten untereinander. Man unterscheidet:
HARMONISCHE ASPEKTE:
☌ = Konjunktion (0° Abstand)
△ = Trigon (120° Abstand)
⚹ = Sextil (60° Abstand)
SPANNUNGSASPEKTE:
☍ = Opposition (180° Abstand)
□ = Quadrat (90° Abstand)
⚼ = Eineinhalbquadrat (135°)
⚻ = Quincunx (150°)

Aszendent *astrologisch:* Das Tierkreiszeichen, das zum Zeitpunkt der Geburt am östlichen Himmel aufgeht.

Autarkie Das Bemühen um vollkommene Unabhängigkeit von allem und jedem.

Bewußtseinsfunktionen Begriff aus der Jungschen Typenlehre zur Beschreibung der vier Grundcharaktere, die dort als vier Bewußtseinsfunktionen verstanden werden, die in jedem Menschen – allerdings in unterschiedlicher Ausprägung – angelegt sind.

Beziehungsquartett *psychologisch*: die vier →inneren Personen, die sich (nach C.G. Jung) zu einer Beziehung verbinden:
1. die Frau und 2. ihre männliche Seite (Animus),
3. der Mann und 4. seine weibliche Seite (Anima).

	astrologisch: die entsprechenden vier Planeten: 1. Frau – Mond (☽), 2. Animus-Mars (♂), 3. Mann – Sonne (☉), 4. Anima-Venus (♀). *symbolisch:* zum Beispiel in Märchen König – Königin, Prinz – Prinzessin.
Deszendent	*astrologisch:* Das Tierkreiszeichen, das zum Zeitpunkt der Geburt am westlichen Himmel untergeht.
Ego	→ Ich
eigengeschlechtliche Planeten	Im Horoskop einer Frau: Mond (☽) und Venus (♀), im Horoskop eines Mannes: Sonne (☉) und Mars (♂).
Eineinhalbquadrat	spannungsreicher →Aspekt
Element	Feuer, Erde, Luft und Wasser sind nach antiker Lehre die »Grundstoffe« der Schöpfung und damit auch des Geschöpfes Mensch. *astrologisch:* Grundlage der Typenlehre und gleichbedeutend mit dem klassischen Modell der vier Temperamente. Von den zwölf Tierkreiszeichen gehören jeweils drei Zeichen zu einem Element. *psychologisch:* die vier Bewußtseinsfunktionen des Menschen. *symbolisch:* die »Stoffe«, die der Mensch zur Ganzwerdung braucht.
Element, fehlendes	Die vier →Elemente sind nicht von Anfang an gleichmäßig im Menschen angelegt. Vor allem eines von den Vieren scheint anfangs zu fehlen. Es zu entdecken, zu entfalten und wertzuschätzen gehört zu den wichtigsten Schritten auf dem Weg zur → Ganzheit.
Erhöhung	→ Herrschersystem
Exil	→ Herrschersystem
Fall	→ Herrschersystem
Ganzheit	Das Lebensziel, bei dem der Mensch sein ganzes Potential (alle vier Elemente) entfaltet hat.
gegengeschlechtliche Planeten	Im Horoskop einer Frau: Sonne (☉) und Mars (♂), im Horoskop eines Mannes: Mond (☽) und Venus (♀).
Herrscher	→ Herrschersystem
Herrschersystem	Jedes Sternzeichen und jedes astrologische Haus wird von mindestens einem Planeten regiert. Dort ist der Planet Herrscher und damit sehr stark gestellt. Im gegenüberliegenden Zeichen/Haus befindet er sich dagegen im Exil, was eine Schwächung bedeutet. Ferner gibt es für jeden Planeten noch ein Zeichen, in dem er erhöht (= stark gestellt) ist, wohingegen er wiederum im gegenüberliegenden Zeichen/Haus im Fall (= geschwächt) steht.

Ich	Das Zentrum der bewußten Persönlichkeit. Seine Reichweite ist die der Willensfreiheit.
innere Beziehung	*astrologisch:* Das Verhältnis der männlichen und weiblichen Planeten Sonne, Mars, Mond und Venus untereinander als Spiegelbild unserer äußeren Beziehungen.
innere Personen	Bildhafte Ausdrucksweise für Teilpersönlichkeiten. In diesem Buch für die vier Personen verwandt, die als Vater, Mutter, Sohn und Tochter den vier Planeten Sonne, Mond, Mars und Venus entsprechen und als innere Bilder in jedem Menschen angelegt sind.
Konjunktion	harmonischer → Aspekt
männliche Planeten	Sonne (☉) und Mars (♂)
Opposition	spannungsreicher → Aspekt
Projektion	Das Phänomen, einen eigenen, aber unbekannten Wesenszug unbewußt einem anderen Menschen zuzuschreiben, so daß die damit verbundene Eigenschaft, Verhaltensweise, Absicht oder Anlage als die des anderen erlebt wird.
Quaternität	Die Vierheit, die archetypisch das Ganze beschreibt.
Quincunx	spannungsreicher → Aspekt
Schatten	Alles, was in einem Menschen als Möglichkeit angelegt ist, ohne ihm aber bewußt zu sein. Damit sowohl sein Potential wie aber auch seine dunklen Seiten, die oftmals → verdrängt oder → projiziert werden.
Seelenführer	bildhafter Ausdruck für → Anima und → Animus als Kraft, die den Menschen zur → Ganzheit führen will.
Selbst	Die Gesamtpersönlichkeit des Menschen, die das Bewußte und das Unbewußte umfaßt. Das → Ich als bewußtes Zentrum der Persönlichkeit verhält sich zum Selbst wie der Teil zum Ganzen, bleibt ihm daher immer untergeordnet und wird es nie völlig erfassen.
Selbstbild	In diesem Buch steht dieser Begriff für die Art und Weise, wie sich ein Mensch in eine Beziehung einbringt. Sie läßt sich mit Hilfe der Astrologie aus den → eigengeschlechtlichen Planeten ablesen.
Selbstbildplaneten	Im Horoskop einer Frau: Mond (☽) und Venus (♀), im Horoskop eines Mannes: Sonne (☉) und Mars (♂).
Sextil	harmonischer → Aspekt
Suchbild	Das in jedem Menschen angelegte Bild vom anderen Geschlecht, das sich im Horoskop aus den → gegengeschlechtlichen Planeten ablesen läßt.

Suchbildkonflikt	Die Reibung, die dadurch entsteht, daß wir uns mit einem Menschen verbinden, der unser → fehlendes Element verkörpert, damit aber in aller Regel nicht unserem → Suchbild entspricht, da die → Suchbildplaneten üblicherweise nicht in den Zeichen stehen (→ Zeichenstellung), die zum fehlenden Element gehören.
Suchbildplaneten	Im Horoskop einer Frau: Sonne (☉) und Mars (♂), im Horoskop eines Mannes: Mond (☽) und Venus (♀).
Symbiose	*psychologisch:* das Verschmelzen zweier oder mehrerer Menschen zu einer Einheit, bei der der einzelne seine Eigenständigkeit verliert.
Temperament	Die klassische Lehre von den vier Temperamenten, als eine Entsprechung der vier → Elemente, ist die Charakterkunde der Antike.
Trigon	harmonischer → Aspekt
Verdrängung	Inhalte des Unbewußten, die bewußt werden wollen oder schon einmal halbbewußt oder bewußt waren, aber vom → Ich als bedrohlich erlebt werden oder aus anderen Gründen unerwünscht sind. Sie werden deshalb nicht in das Bewußtsein gelassen und bleiben somit unbewußt. Oder sie werden vergessen, das heißt unbewußt gemacht.
Verzerrung	Keine Horoskopkonstellation ist an sich »gut« oder »schlecht«. Einzig entscheidend ist die Art, wie sie gelebt wird. Die problematische Ausdrucksform (maßlos, verhärtet, verwässert, unreif, ungesund usw.) wird in diesem Buch jeweils als Verzerrung beschrieben.
Wassermann-zeitalter	Auf Grund der Rotation der Erdachse scheint sich der Tierkreis am Himmel langsam (alle 72 Jahre um ein Grad) zu bewegen, so daß er durchschnittlich alle 2140 Jahre um ein Sternbild »vorrückt«. Die Astrologie betrachtet das Sternbild, vor dem die Sonne zum Zeitpunkt der Frühlingstagundnachtgleiche steht, als Symbol für das jeweilige Weltzeitalter. Die Menschheit erlebt jetzt den Wechsel vom Fische- zum Wassermannzeitalter.
weibliche Planeten	Mond (☽) und Venus (♀)
Zeichenstellung	Der Tierkreis ist die Bahn, durch die alle 10 Planeten ziehen. Er untergliedert sich in 12 gleiche Abschnitte (zu je 30°), die sogenannten Sternzeichen, die nach 12 Sternbildern benannt sind. Sie dienen als Ortsangabe, um den Stand eines bestimmten Planeten anzugeben.

Ein herzliches Dankeschön!

Unser Dank gilt allen, die durch ihre Freundschaft, in Beziehungen und Partnerschaften das Beste in uns hervorgeliebt, sich mit uns auseinandergesetzt und uns dabei auch immer wieder mit unseren ungeliebten Anteilen konfrontiert haben. Letzteres zu schätzen, fällt hinterher meist leichter! Außerdem bedanken wir uns bei allen Freunden, Bekannten und Verwandten, die während der Entstehung der einzelnen Typenbeschreibungen jeweils vor unserem inneren Auge auftauchten, uns sozusagen Modell standen und dadurch, ohne ihr Wissen, einen wesentlichen Beitrag zur Entstehung dieses Buches geleistet haben.

Ein besonderes Dankeschön gilt unserer Freundin Sonja Hermann für die herzliche Atmosphäre, in der wir weite Teile dieses Buches schreiben konnten, für ihre umfassende Unterstützung, die aufbauende Kritik und vor allem für die Überprüfung des Manuskripts auf Wirklichkeitsnähe und Anwendbarkeit.

München, im Juni 1996

Brigitte Theler
Hajo Banzhaf

Informationen über Astrologieseminare bei:
Hajo Banzhaf
Mauerkircherstr. 29/IV, D-81679 München,
Fax 089/ 98 00 86.

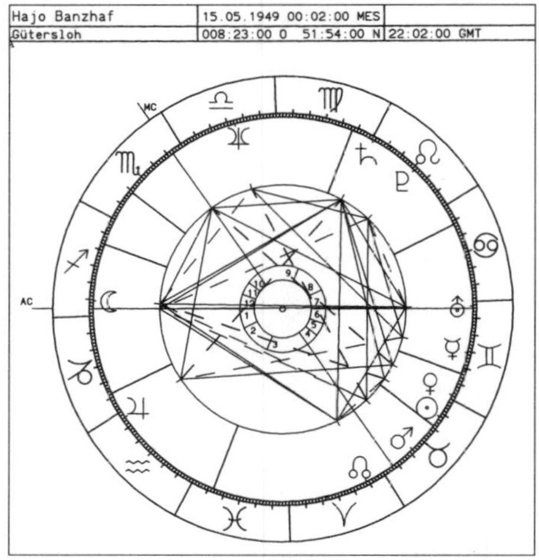

HAJO BANZHAF, geboren 1949, Sprachstudium in Frankreich und Philosophiestudium an der Universität Münster. Danach zwölfjährige Banklaufbahn. Seit 1985 freiberuflich tätig als Buchautor, Seminarleiter, Astrologe und seit 1992 auch als Herausgeber der Buchreihe KAILASH im Heinrich Hugendubel Verlag, München. Er gibt regelmäßig Tarotseminare, veröffentlicht Beiträge in bekannten Zeitschriften und hält seit vielen Jahren Vorträge über Astrologie und Tarot.

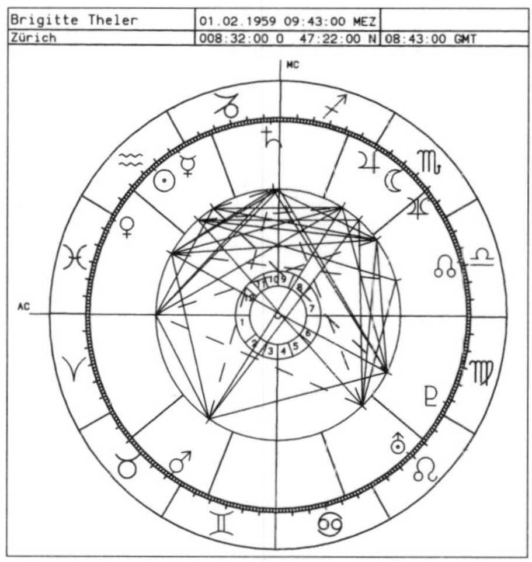

BRIGITTE THELER, geboren 1959, nach langjähriger Tätigkeit als Lehrerin besuchte sie die Schule für Erwachsene (SFER) und schloß dort ihre Ausbildung in psychologischer Astrologie und Psychosynthese als Diplom-Astrologin ab. Seit vielen Jahren arbeitet sie in eigener Praxis, ist Redaktorin der Zeitschrift ASTROLOGIE HEUTE und leitet Astrologieseminare in Zürich und München.

Benutzte und empfehlenswerte Literatur

ASTROLOGIE

Oskar Adler, Das Testament der Astrologie (4 Bde.). München 1991-93 (Hugendubel)
Akron, Das Astrologie-Handbuch. München 1995 (Hugendubel)
Hajo Banzhaf, Der Mensch in seinen Elementen. München 1994 (Goldmann)
Hajo Banzhaf / Anna Haebler, Schlüsselworte zur Astrologie. München 1994 (Hugendubel)
Linda Goodman, Astrologie sonnenklar. Bern-München 1969 (Scherz)
Liz Greene, Kosmos und Seele. Frankfurt 1978 (Krüger)
Liz Greene / Howard Sasportas, Entfaltung der Persönlichkeit durch psychologische Astrologie. München 1988 (Hugendubel)
Gertrud I. Hürlimann, Astrologie. Zürich 1988 (Astroterra)
Nicolaus Klein / Rüdiger Dahlke, Das senkrechte Weltbild. München 1986 (Hugendubel)
Nicolaus Klein, Glück und Selbstverwirklichung im Horoskop. München 1994 (Hugendubel)
Tracy Marks, Astrologie der Selbst-Entdeckung. Hamburg 1989 (Hier & Jetzt)
Fritz Riemann, Lebenshilfe Astrologie. München 1976 (Pfeiffer)
Hans-Hinrich Taeger, Internationales Horoskope Lexikon (3 Bde.). Freiburg 1991/92 (Bauer)
Claude Weiss, Horoskopanalyse (2 Bde.). Zürich 1984-86 (Astroterra)

PSYCHOLOGIE

Marie-Louise von Franz, Die Erlösung des Weiblichen im Manne. Frankfurt 1980 (Insel)
Marie-Louise von Franz/James Hillman, Zur Typologie C.G. Jungs. Fellbach 1980 (Bonz)
C.G. Jung, Aion, Gesammelte Werke 9/I. Olten 1976 (Walter)
C.G. Jung, Typologie. Olten 1972 (Walter)
C.G. Jung, Grundwerk (9 Bde.). Olten 1984-1985 (Walter)
Emma Jung, Animus und Anima. Fellbach 1983 (Bonz)
Fritz Riemann, Grundformen der Angst. München 1961/82 (Reinhardt)